价值投资

看懂股票投资
背后的逻辑

赵李南 ———— 著

浙江大学出版社

图书在版编目（CIP）数据

价值投资 ：看懂股票投资背后的逻辑 / 赵李南著. ——
杭州 ：浙江大学出版社，2021.10
ISBN 978-7-308-21657-9

Ⅰ．①价… Ⅱ．①赵… Ⅲ．①股票投资－研究 Ⅳ.
①F830.91

中国版本图书馆CIP数据核字（2021）第166657号

价值投资：看懂股票投资背后的逻辑

赵李南 著

策　　划	杭州蓝狮子文化创意股份有限公司	
责任编辑	黄兆宁	
责任校对	陈　欣	
封面设计	王梦珂	
出版发行	浙江大学出版社	
	（杭州市天目山路148号　　邮政编码　310007）	
	（网址：http://www.zjupress.com）	
排　　版	杭州林智广告有限公司	
印　　刷	杭州钱江彩色印务有限公司	
开　　本	710mm×1000mm　1/16	
印　　张	20	
字　　数	272千	
版 印 次	2021年10月第1版　2021年10月第1次印刷	
书　　号	ISBN 978-7-308-21657-9	
定　　价	65.00元	

献给女儿，爸爸希望你这辈子能够得一以宁

本书英文符号中文对照表

英文符号	中文含义
BS 模型	布莱克－舒尔斯期权定价模型
CPI	消费者物价指数
FDA	美国食品药品监督管理局
FDIC	联邦存款保险公司
g	净利润增速
GNI	国民总收入
IRR	内部收益率
ln	自然对数
LTCM	长期资本管理公司
M_0	现金
M_1	狭义货币
M_2	广义货币
PB	市净率
PE	市盈率
PPP	购买力平价
R	投资回报率
r	利率
ROA	总资产收益率
ROE	净资产收益率
R^2	测定系数

劳动力陷阱
——为何一部分人会过得如此穷忙?

在厦门,大多数出租车司机都是外地人。笔者经常与出租车司机聊天,发现一个令人惊奇的事实,这些外地人来厦门的时间不短,少则五六年,多则二三十年。其中有一部分,是在厦门生活了30年的"外地人",迄今也仍然没有在厦门定居,每年过年的时候仍然会回老家。因为房子是户口迁入、子女读书及其他绝大多数社会关系的关键,所以,在中国人的理念中,没买房就不算是定居,也不算是本地人。

1998年我国实行住房市场改革,由原来的"单位分房"改为"市场开发、自由交易"。这个改革措施极大地造福了中国老百姓,甚至可以这样评论,如果没有这个制度的改革,我们的城市化进程就是空谈。国家统计局数据显示,1998年,我们的城镇化率为30.4%,至2016年,我们的常住人口[①]的城镇化率已经达到了57.35%,户籍人口的城镇化率则为41.2%。

---

① 常住人口指的是在某地居住6个月以上的人口,6个月是国际通用标准。

　　根据历年的统计年鉴数据，1976 年"文革"结束后至1998 年住房市场化改革的大约20 年里，年均竣工的住宅面积为8200 万平方米，按照人均30 平方米计算，每年解决270 万人的居住问题。从1999 年至2015 年，年均竣工的住宅面积为5 亿平方米，同样按照人均30 平方米计算，每年解决了1600 万人的住房问题，16 年间累计解决了2.5 亿人的住房问题。这样的住房建设规模是自人类诞生以来最大的，堪称"世界奇迹"。

　　请注意，城镇化率的两个口径统计有16.15 百分点的差异，这个差异中的群体在中国总计有2.23 亿人，前文提及的出租车司机就是其中的一员。我们不禁要问：为什么在1998 年至2016 年这将近20 年的时间里仍然有这么多人没有按照传统意义上理解的安家落户在城市？

　　我们不能以今天的收入来衡量1998 年的房价，认为那时候买房是件很轻松的事。按照国家统计局的数据，1998 年我国城镇居民人均可支配收入为5425.1 元，消费支出为4331.6 元，储蓄为1093.5 元，即城镇居民平均每人每月储蓄91.13 元。根据中国经济信息网的统计数据，1998 年全国房地产开发企业住宅平均销售价格为1854 元/ 米^2。两者的比值，即房价储蓄比为20.34，也就是说，一个普通劳动力需要20.34 个月的时间才能够买1 平方米的房子。我们把时间轴推移至2016 年，根据国家统计局的数据，2016 年城镇居民人均可支配收入为33616 元，城镇居民人均消费支出为23079 元，人均储蓄为10537 元，2016 年的商品住宅平均销售价格[①]为7202 元，则房价储蓄比为8.2。从全国平均值来看，我们的储蓄增长速度远远快于房价上涨速度。由于房地产市场大规模地建设住宅，买房的

---

① 国家统计局公布住宅销售面积和住宅销售金额两个数据，笔者计算的商品住宅平均销售价格＝住宅销售金额／住宅销售面积。这样的计算方式得出的是全国平均住房价格，由于我们日常比较关注的是二线以上的核心城市的房价，所以直觉上两者会有差异。

难度在降低。

司机师傅列举的没买房的原因:一是凑首付很困难,二是当时贷款很困难。于是,这个群体就错过了从1998年至2017年这将近20年时间的财富大升值浪潮,这期间全国的房价年均涨幅为7.4%,部分城市的特定地区,比如厦门瑞景新村的房价[①]的年均涨幅约为20%。

鉴于上述的情况,我们假设有甲、乙两个人,两者在1998年的收入相同,支出相同,储蓄也相同。不同之处在于,甲在1998年以借贷的方式购买了住房,每年的收入用来偿还借款。乙无负债,并将以后每年的储蓄用来投资银行存款。我们利用1998年至2017年的全国平均商品房价格和金融机构存贷款基准利率上浮20%来模拟两个人的财富增长,结果如图1所示。

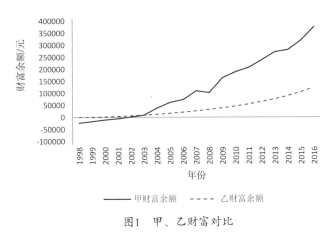

图1　甲、乙财富对比

最初的几年里,甲的财富余额一直为负值,生活的确很难过。但几年

[①] 瑞景新村是厦门岛内的一个居民小区,建成时间为1999年。根据笔者对多位厦门老居民的访谈,瑞景新村在2000年左右的住房价格是1200~1500元/米²,2016年的价格在4.5万~5.2万元/米²之间。

后，甲的财富余额开始迅速超过乙。这就是笔者所指的劳动力陷阱，劳动力陷阱指的是：一个家庭仅仅靠劳动力而不依靠财产权来获取收入。如果我们不跨越劳动力陷阱，财富增值的速度就会非常缓慢，应对家庭风险的能力就比较低。那如何才能脱离劳动力陷阱，避免陷入穷忙的一生？在社会稳定、产权制度受到法律保护的大前提下，要解决这个难题，总计有三个步骤需要执行。

第一步，储蓄。积累财产非常之重要，尽量在每个月的收入中结余资金。这个是基石，如果没有储蓄，接下来的都是空谈。

第二步，找到一种让资本增值的方式。房地产、股票、债券、股权、黄金、古玩、艺术品，这些都是资产增值的方式。并且要能够理解你选择的那种增值方式，看得透，看得准。

第三步，执行。看准后就要下大注，并且坚定不移地长期执行。

在本书中，我们主要谈的是第二步中的股票。基于对主要投资品市场[1]的研究，在中国城市化率近60%的大背景下，房地产的价格增速在未来30年内不会继续维持高速增长[2]。但这里所指的是均价，不排除一线城市和核心二线城市的房价仍然有继续高速增长的可能。而全球各国债券市场的收益率一直是跑输股票市场的[3]，因此债券市场也主要是机构投资者的游戏乐园。机构投资者（主要是银行）可以利用低成本杠杆增加收益。

对于个人投资者，最为可行的方式是利用股票市场跨越劳动力陷阱。炒股一直被认为是"赌博""不务正业"的代名词，但我们需要避免陷入偏

---

[1] 按照市值进行计算，中国最大的投资市场是房地产，其次是债券市场，股票排第三位。
[2] 详见笔者的拙作《中国的房地产业向何处去》。
[3] 详见E. 迪姆森，P. 马什，M. 斯汤腾. 投资收益百年史[M]. 戴任翔，叶康涛，译. 北京：中国财政经济出版社，2005:150.

见，引用芒格的一段话，即"如果你的工具只有一把锤子，你会认为任何问题都是钉子"。

笔者认为，炒股总计有四大支柱：

第一支柱，获得客观知识的方法。这个支柱是在方法论层面，最关键的核心点在于，用什么方法能够使得我们获得可靠的、客观的规律。我们要清楚，一个部落内的首席大巫师可能认为摸鼻子跟下雨之间有因果关系，这种因果关系是不可靠的，而在封闭经济体内货币发行量与通胀呈现的因果关系是可靠的。引申出的一个问题是，在什么样的条件下，未来是可以预测的，或是在什么样的条件下，未来是不可预测。比如天气系统虽然是一个复杂系统，但是仍然可以对天气进行短期的预测。对金融泡沫或政治事件而言，预测会改变事件的进程，所以这个是二阶复杂系统，是无法进行预测的。我们要清楚自己的能力圈在哪里，不做没有把握的事。

第二支柱，市场的本质是什么。这个支柱的核心问题在于解答股票价格究竟是由什么因素决定的。这个问题是国内外金融学界研究得最多的，目前绝大多数的学者认为股票价格遵循随机游走模型，认为股票价格不可预测。我们需要研究清楚股票价格究竟是否像大多数学者认为的这样。

第三支柱，商业的本质是什么。这个支柱的核心问题是什么样的商业模式能够长期维持高额利润，并且能够不断地抵抗入侵者，最终给股东带来丰厚的回报。这个问题的一个衍生问题是商业和人性的关系，即什么样的产品才能够触及消费者的心灵。

第四支柱，风险控制。它包括三个部分。第一，我们要有逆向思维。我们要知道采用何种商业模型的企业会取得长期竞争优势。我们也要总结出一个负面清单，一旦企业在这个清单之列，我们就知道它是不可能伟大的。

第二,我们要知道你该为一个伟大的企业支付多少价格。我们知道,支付高价格是毁灭投资回报率的一个重要因素。伟大的企业有很多,但伟大的企业出现诱人价格的机会却不多。第三,我们要知道在何种情况下卖出股票。

本书中所提及的大部分案例都是对历史的挖掘,试图去寻找这些具有优秀投资回报率的公司背后的逻辑。部分案例是对于未来的展望,这些展望是建立在大量的假设基础上的,这些假设会随着客观环境的改变而改变。因此,本书的任何案例都不构成投资建议。

衷心感谢我的父母、妻子和女儿,没有你们的支持,本书不可能完成。也衷心感谢母校西南财经大学,她给了我方法论、知识和家庭。

希望各位读者指出本书的不足之处,欢迎来信交流,我的邮箱是huiyujijin@163.com。

第一部分　投资基本功：如何建立有效的投资框架

第一部分

投资基本功：
如何建立有效的投资框架

在一本讲述价值投资的书的开篇，我希望给读者讲述清楚的是哲学和思想的起源问题。这个问题如此之重要，故放在开场来讲述。大约在30万年到3万年以前，非洲大陆出现了智人，智人脱离了猿属，形成了独立进化分支，并且进入了采集时代；大约在4000年以前，智人进化成了有社会组织结构的人类，于是人类进入了农业、帝国和宗教的时代；大约在500年以前，人类掀起了工业革命，让我们进入了工业、民主和科学的时代。

人类的大脑经历了漫长的进化，其中大部分过程都处于采集时代，这导致了我们的大脑更为适应采集时代的自然环境。而人类的文明社会建立不过短短的几千年的历史，人类开始系统地研究科学方法的时间则更短。这样的背景下，人类的大脑擅长处理客观图形问题，比如人脸识别、对道路地形的识别，等等。但是人类的大脑对逻辑、数字和概率的处理能力很差，因为在漫长的采集时代，我们并不需要计算出某个采集范围内有多大的概率会遇到剑齿虎。采集时代，大脑处理剑齿虎的方法更为实际，通过沟通来实现团队合作，迅速发现危险并进行反应，以此来解决剑齿虎问题。现如今，人类所面临的问题越来越复杂，对逻辑、数字及概率的处理能力要求很高，我们的大脑并不能够准确地认识客观事实。

举个例子，读者看到一条蛇张开嘴的图会有何种感受？

我们的人脑在视觉的作用下，看到这幅图片会感到不适或者恐惧。试想，你如果在你家的车库里碰到这条蛇会有何反应？我们的大脑在处理这个问题上会非常迅速，会给我们的身体发出一个迅速逃离的指令，让我们远离危险。这是因为我们的大脑经历了长期的进化，告诉我们迅速逃离是最优策略。我们那些对毒蛇感兴趣的，并凑近观察的祖先，或许最终都因此被毒死，没能够将他们的基因遗传给后代。所以，自然的选择让我们的大脑对危险反应十分迅速。

但事实真的如此吗？其实有种蛇叫猪鼻蛇，这种蛇性情非常温顺，受到惊吓的时候会翻出肚皮装死。也就是说，在看到图时，我们的大脑欺骗了我们，让我们把一个不存在的危险当成了实质的危险。大脑对我们的身体下达了指令，而我们的身体依据大脑下达的指令采取了行动，下意识想要逃离。对应到金融市场上，市场暴跌会导致投资者不断地卖出股票，这些投资者这么做的依据并非是逻辑和实证的结果，而是大脑导致的动物性行为。由于市场的暴跌，我们的肾上腺素刺激大脑做出这样的指令，大脑对危险的迅速决策导致了我们做出错误的行动。理性分析的结果是，市场暴跌会使股票的估值相对便宜，未来才有更好的收益，故这时候应该做的是买入，而不是卖出。

另外一个对金融市场影响较大的人类行为是从众行为。"假设5万年前你与朋友们在塞伦盖蒂一起外出狩猎、采摘椰果，忽然你的伙伴们全都跑了。你会怎么做呢？你会停在原地，挠挠头皮，思考你看到的是一只狮子，还是别的没有危险但看上去像狮子的动物？不，你会跟在你的朋友身后奔跑，能跑多快就跑多快。等你身处安全之地时，你可以事后再反思。谁不这么做，谁就已经因为物竞天择而被淘汰了。这一行为模式深深根植在我们体内，我们至今还在使用它。"①

在漫长的进化历史中，从众行为是最优策略。但是，当今社会已经比自然社会复杂很多倍，从众行为作为植入我们大脑的基本思维模型，受到的局限越来越大。很多人买卖股票的行为，是受和几个朋友在吃饭时谈论的话题驱使的。一个理性的投资者，在面临分析和解决金融市场投资的问题时，所依靠的不该是我们大脑中被植入的简单的思考模型，而应该是经过严格程序逻辑推理和实证分析得出的结论。

---

① 罗尔夫·多贝里. 清醒思考的艺术你：最好让别人去犯的52种思维错误：[M]. 朱利华，译. 北京：中信出版社，2016:14.

第 1 章　发现金融现象背后的稳定规律

> 矮墙的作用像是傀儡戏演员在自己和观众之间设的一道屏障，他们把木偶举到屏障上头去表演。
>
> ——柏拉图

追溯源远流长的世界历史，我们知道有两种文明一直在延续：一种是起源于古代中国的文明，另外一种是起源于古希腊的文明。

但是，目前的世界经济、政治、科技、军事等关于人类生存的各方面的重大框架，却是依据西方人的思维构建的。比如经济学，在中国的古代思想里仅能找到寥寥数语——《论语》中的"不患寡而患不均"和《史记》的最后一篇《货殖列传》等。股市就是个地道的西方舶来品，股票的产生可能与西方的新教伦理具有一定的关系，因为股票本身代表的是对公司无差别的权利。让我们简略地回顾一下这波澜壮阔的思想发展史。

中西方认识论的差异

哲学主要包括三部分：方法论、价值论和形而上学。方法论包括逻辑学与认识论，研究人类如何获得可靠的知识；价值论主要包括伦理学和美学，研究的是人伦道德、人生存在的意义；形而上学包括了本体论和宇宙论，旨在解释超越客观现象而存在的规律。[①]

公元前 6 世纪左右，古代中国和古希腊都出现了一次思想大讨论。古代中国涌现了一大批的思想家，形成了道家、儒家、墨家、法家、兵家、阴阳家等主要的学派。直至公元前 2 世纪左右，董仲舒统一中国思

---

① 威廉·佩珀雷尔·蒙塔古. 认识的途径[M]. 吴士栋，译. 北京：商务印书馆，2012:1-5.

想，儒家思想得到了空前的重视，其他的学派才逐渐地没落。古希腊有苏格拉底、柏拉图和亚里士多德等重要的哲学家，各种思想百花齐放，直至古希腊被罗马征服。从最初的哲学争论开始，我们就可以预见中国与古希腊会走上不同的两条路。中国着重发展了价值论和形而上学，而古希腊着重发展认识论和形而上学。到了 12 世纪，中国思想（价值论）在朱熹的影响下集大成，而欧洲则展开了文艺复兴。

在中国两千年来最为推崇的儒学思想中，基本上找不到如何认识客观世界、获得客观知识的指导。这导致一部分中国人对于客观知识的把握仅停留在现象层面，没有穿透到规律层面。现象是人可直接感知的，比如下雨就是一种现象。导致下雨的原因则是我们所说的"规律"，比如古代有人认为下雨是东海龙王导致的，现代科学认为下雨是太阳蒸发了液态水导致的。掌握了规律后，我们可以凭借规律预测、控制、制造现象。同理，我们在金融市场中，观察到大量的现象，然后使用各种工具进行分析，力图找到金融市场的规律，并试图以此达到预测、控制和制造这些金融现象的目的。

董仲舒"罢黜百家，独尊儒术"后，儒家伦理学更是统治中国传统思维，形成了做人甚于认识世界的思维模式。最后愈演愈烈，朱熹《四书集注》完善了伦理学体系，导致那个时期的知识分子彻底抛弃认识论。朱熹之后，当时中国许多知识分子只研究如何做人，对于客观知识不闻不问。最后导致的结果如何呢？网易新闻曾经有过一篇报道：

> 1857 年 4 月 25 日的《伦敦新闻画报》刊发了一幅意味深长的漫画，该漫画出自中国人之手，原作者已不可考，由《画报》以版画的形式重绘刊出。画中的怪物狰狞可怖，似乎不属于古代神怪传统中的任一类型。它仿佛天外来客，历代的妖怪图谱中都难找到这副

尊容。这幅漫画题为"Chinese caricature of an English sailor"，即：中国漫画里的一名英国水手。这海怪其实是一名来华的英国水手。解说文字的笔画扭曲，当是西方画工未习中文，纯粹依原图的字形摹刻所致，经辨识并加句读，现抄录如下："此物出在浙江处州府青田县，数十成群。人御之化为血水，官兵持炮击之，刀剑不能伤。现有示谕军民人等，有能剿除者从重奖赏。此怪近因官兵逐急，旋即落水，逢人便食，真奇怪哉。"

古希腊的毕达哥拉斯则认为数是构成世界的本质，所以古希腊的认识论直指形而上的数字。相对于中国传统认识论，古希腊的认识方式是一种左脑思维[①]。在毕达哥拉斯提出形而上学后，亚里士多德又开创性地提出了逻辑学。时至今日，我们认识世界、认识经济的途径都是采集各种数据，将现象转换为数字，靠逻辑推理出相应的结论，然后进行实践检验。

以中西医为例来对比中西方思维方式的不同。对于同一个现象，中西医的看法及思维方式完全不同。比如中医和西医都会对人体脉搏这个重要的现象进行观察、分析，得出结论。中医靠诊脉来断定人体的病变，中医诊脉并非是通过计数的方式进行的，而是通过感官进行的。比如正常人的脉象在春天应该摸起来像琴弦，在冬天应该像石头。《黄帝内经》中将脉象分为"弦""洪""毛""石"，分别对应春、夏、秋、冬。春天的时候本该是"弦"脉时，而患者却出现了"洪"脉，这代表着过早地出现了木生火的情况，即"逆之则伤肝，夏为寒变，奉长者少"。[②]

西医则通过采集脉搏的数据去绘制心电图，其背后的逻辑是，当心电图出现异常情况时，可以推断是何种原因导致的心脏问题。对于同样

① 我们的大脑有两个半球，左脑更擅长处理逻辑、数字，右脑更擅长处理画面、图像。
② 牛兵占，路广林，周俊丽. 黄帝内经素问[M]. 北京：中国盲文出版社，2013:4.

一个现象，中西医的分析方法、推理逻辑和结论都大相径庭，这说明两者的思维逻辑和文化背景不同。

抛弃认识论，造成了神秘主义在中国大行其道。金融市场上的流行逻辑也受到了影响。在散户心中 A 股市场一直存在一个神秘的"主力"。这个"主力"主宰着小到个股、大到全市场的涨跌，主宰着市场的内幕消息发放，甚至影响着监管层的监管政策。逻辑告诉我们，在日均成交金额超过 1 万亿元的股票市场内，没人敢称自己是主力[①]。

另外一个证据是《上海证券交易所统计年鉴 2015 卷》，主要的数据如表 1–1、表 1–2 所示。

表1–1 年度各类投资者买卖净额情况（2014）[②]

投资者	买卖净额/ 亿元	交易占比/%
自然人投资者	2590	85.19
一般法人	−1306	2.98
沪股通	686	0.22
专业机构	−1969	11.6
其中：投资基金	−375	3.99

表1–2 年末各类投资者持股情况（2014）[③]

投资者及持股情况	持股市值/ 亿元	占比/%	持股账户数/ 万户	占比/%
自然人投资者	51861	23.51	3006.01	99.77
其中：10 万元以下	5901	2.68	2325.73	77.2
10 万~30 万元	7104	3.22	415.07	13.78
30 万~100 万元	10037	4.55	192.63	6.39
100 万~300 万元	8667	3.93	53.27	1.77
300 万~1000 万元	7706	3.49	15.36	0.51
1000 万元以上	12446	5.64	3.94	0.13

---

① 2015 年曾经有 1.2 万亿元资金统一听指挥，参与救市行动。这个资金量可以被称为市场的主力，但是这个主力仍然被套牢。截至 2018 年夏，我们的主要股指都没有回升到救市时的位置。
② 数据来源：《上海证券交易所统计年鉴 2015 卷》。
③ 数据来源：《上海证券交易所统计年鉴 2015 卷》。

续表

投资者及持股情况	持股市值/亿元	占比/%	持股账户数/万户	占比/%
一般法人	135525	61.44	3.89	0.13
沪股通	865	0.39	0.0001	0
专业机构	32323	14.65	2.89	0.1
其中：投资基金	8288	3.76	0.12	0

按照上述两张表，一般法人在市场上的交易占比最少，将近3%，而自然人交易占比为85.19%，专业机构为11.6%。可见，从交易的角度，自然人是有话语权的。从市值的角度，自然人持有23.51%的市值，法人持有61.44%的市值，机构持有14.65%的市值。法人的61.44%的市值是基本不动的状态，故从市值的角度自然人又占有话语权。

按照上述分析，市场上根本没有主力。认为市场有主力的想法与那种对英国水手的错误认识有着一致的思想来源，就是缺乏科学精神。通过研究主力行为去研究股票价格的方法，从方向上就是错误的。

西方哲学的坎坷

西方哲学的进化史并非一帆风顺，西方哲学发展的漫长历史过程中涌现出了无数大家，这些哲学大家为人类认识世界的方法做出了巨大的贡献。时至今日，西方的哲学和自然科学仍然在不断地进化，而这个进化的过程，我们称之为开放哲学。我们在此简要回顾一下历史上的几次数学危机。

公元前5世纪，毕达哥拉斯学派认为宇宙是由整数或者是整数之比构成的，但希帕索斯发现等腰直角三角形的直角边与斜边的比不是整数之比，因此被毕达哥拉斯派的人抛入大海。但根号2很快就引起了数学思想的大革命。这个发现导致了希腊的数学脱离了"算学"，而成为真正意义上的数学。在此之前，古希腊数学也是从解决实际问题出发的，属于计算技术范畴。但是，当古希腊人发现现实世界中找不到一个根号2

这样的"无理数"时，这种发现引发了希腊数学革命，让古希腊数学从"算学"中脱离出来，这点是古希腊数学超越古代中国、古埃及的一个重要原因。最终希腊数学形成了逻辑与公理体系的演绎数学——《几何原本》。科学史上把这件事称为"第一次数学危机"。

18世纪牛顿和莱布尼茨发明了微积分，但是当时的人们并未认识到微积分作为数学理论基础的重要性，当时的人们认为一个函数只要是连续的就是可微的。19世纪，魏尔斯特拉斯给出了第一个处处连续但处处不可微函数的例子，这让人们意识到连续性与可微性的差异。第二次数学危机使得人们开始反思数学分析的基础，并导致了集合论的诞生。

公元前6世纪，克里特岛人埃庇米尼得斯说道："克里特岛人总在撒谎。"罗素后来抽象化地把这样的集合悖论描述为"罗素悖论"，至今仍未解决的罗素悖论是"第三次数学危机"。罗素在解决这个悖论时，将所有的陈述分为两类：一类是涉及自身的陈述，另一类则不是。罗素认为只有第二类陈述是完整的、有确定真值的。自我指认的陈述则是不可能辨别真伪的。

大数学家戴维·希尔伯特在1900年国际数学大会上发表的演讲中提出他对数学领域尚未解决的23个问题。其中之一就是数学的完备性问题，即能否通过证明的方法去证明数学系统内的定理都是完备的、自洽的。20世纪20年代，希尔伯特向全世界的数学家抛出了个宏伟计划，其大意是建立一组公理体系，使一切数学命题原则上都可由此经过有限步来推定真伪，使得数学体系内的定理都是完备和自洽的。但是到了1931年，一个名字叫作库尔特·哥德尔的年轻人却发表了"哥德尔不完备定理"。哥德尔证明出一个系统内部一定会存在一个定理，这个定理既不是真，也不是假。或者说，一个系统的自洽性并不能在该系统内完成证明。哥德尔不完备定理彻底地破灭了数学是完美科学的梦境。

20 世纪的量子物理学理论认为，原子在你观察它之前，其实并不存在你观察到的位置。你之所以看到原子在那里，是因为你观察了它，它的概率瞬间坍缩。原子的分布是概率性质的，由此，概率论开始引入物理领域。令人费解的是，在宏观和微观世界的联系中，还有一只薛定谔的猫[①]，倒逼物理学家探索意识和物质之间的关系。

我们发现，在数学及物理学一次又一次地进化中，伴随着公认的常理一次又一次地被打破。相比于金融学，数学和物理学研究起来更容易获得结论。第一，现象严格遵循逻辑关系；第二，现象可控制单一变量，所以我们可以观察变量对结果的影响。但是，金融学并不具备这样的特点，金融变量之间的关系很难用简单的逻辑进行推理，我们也很难去控制单一变量进行试验。所以，金融学中的结论相比于物理学和数学中的结论更加不可靠。数学和物理学是开放的哲学，在进化的过程中不断地刨根究底、去伪存真，这也是这两门学科统治目前世界的一个非常重要的原因。[②]

卡尔·波普和科学证伪主义

在处理上述的问题时，我们更为偏重采用卡尔·波普的"科学证伪主义"，即所有的原理都是有其局限性的，在尚未证伪目前的原理之前，我们姑且相信这些原理是可以指导实践的。这样的理念需要的是一个开放

[①] 薛定谔的猫是一个想象实验。把猫关在一个密闭的盒子里，盒子里有一个量子开关，这个量子开关后边连着毒药。如果量子激发了开关，则猫就会死去；如果量子没有激发开关，则猫就是活着的。当打开这个箱子的同时，这个量子是否激发这个开关就是已知的了，概率就在开箱的瞬间坍缩了。但是，在没有开箱之前，这只猫就处于一种既是死了又是活着的叠加状态。这个理念对于理解股票价格的本质有很大的帮助，股票的历史价格也仅是概率的坍缩，并不是确定的。

[②] "开放"这个概念是卡尔·波普提出的，其社会学的主要论述可参见《开放社会及其敌人》。开放的意义在于，世界上并非存在唯一真理，主张唯一真理的社会都被称为"封闭社会"。封闭社会宣扬终极真理，根据人类认识的发展历史看，终极真理很可能是不存在的。同样地，在认识论的领域，开放的思想就是科学证伪主义，即一切的科学结论都是可以被证伪的。每当科学进步时，我们都发现了使用范围更广泛的科学理论，但这些理论在未来仍然还会被颠覆。这样，科学才一次又一次地进化，指引人类前进。

的社会。

如图 1-1 所示，美联储估值模型是将标普 500 指数的预期收益率（1/*PE*）与美国 10 年期政府债券利率进行比较，该模型根据债券收益发出是否买卖股票的信号。标普 500 指数的预期收益率小于 10 年期债券收益率，表明股票被高估，反之则表示低估。

图1-1　美国10年期国债利率与标普500指数1/*PE*[①]

我们发现从 1962 年至 2009 年这 47 年的时间内，标普 500 指数的 1/*PE* 与美国 10 年期国债利率走势高度一致。从 2009 年开始，标普 500 指数的 1/*PE* 大幅度上扬，但国债利率却在下降。这个现象对我们上面所述的科学证伪主义很有现实意义。当重复 47 年的观察都在支持 10 年期国债利率在影响股票市场估值（或者反过来说，股票市场的估值在影响 10 年期国债利率）时，2009 年却开始出现证伪的反例。这相当于是对以往理论的一个冲击，在面临这个冲击时，我们需要找出过去 47 年生效的逻辑基础，分析每个逻辑环节是否发生了相应的改变，以此来完善这个理论，形成一个更为开放的理论。在金融市场上，固定关系失效是常有

[①] 数据来源：Online Data Robert Shiller，http://www.econ.yale.edu/~shiller/data.htm。

的现象，我们能做的就是不断地向西方古代先哲学习，不断地进行逻辑检验、历史检验和实践检验。

探究规律的三个步骤

探究规律可以分为三个步骤，分别是逻辑检验、历史检验和实践检验。

逻辑检验

1. 现象

逻辑检验从现象开始。金融市场每天都会发生各种现象，有些现象会持续，有些现象则稍纵即逝，而我们所做的第一步就是必须通过这些现象来分析其背后的规律，掌握了规律我们才能够在预测未来时比别人多想一步。

举个例子，祈雨巫术曾广泛存在于世界各地区、各民族的历史中，从日本的原始部落到北美印第安人，从澳大利亚的土著到俄罗斯的先民，都有专门的祈雨法师来企图人为控制雨水的降落。即使到了近代，在一些已进入现代社会的民族中，这种巫术活动仍然存在。

《晏子春秋》里面有个故事。齐景公问晏子说："天好久没下雨了，术士说是因为鬼怪在山里作怪，我多征点税收祭祀山神行不行？"我们看晏子回答的逻辑。晏子说："这根本没用，草木是山神的头发，天那么久不下雨，你以为山神不想下雨吗？"

这个事情离我们其实不远。我们的资本市场也在经常祈求央行降息。从 2012 年开始，我国金融市场无风险收益率大幅度提升，在刚性兑付的历史背景下，信托产品达到了年化 12% 左右的收益率，银行理财产品达到了年化 6% 的收益率，国家开发银行发行的政策性金融债券（简称国开债）在 2014 年年底也达到了 6% 的收益率。与此对应的是，沪深

300 指数的 1/PE 从 2009 年一路攀升至 2014 年最高的 12%。如果用齐景公的逻辑等央行降息，那么央行的确在 2012 年年中降息了，但结果是股市一直熊了两年。

央行降息导致股市上涨，这只是简单的形象思维产物。利率对股票价格的影响我们会在本书第二部分讨论。当时是在中国宏观大幅度加杠杆的背景下，制造业、房地产和地方政府平台三大融资主体的市场实际利率居高不下，如图 1-2 所示。

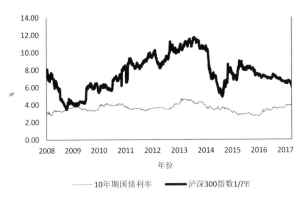

图1-2　沪深300 的1/PE 与债券市场利率①

另外一个非常有意思的现象，就是恒生 AH 溢价指数，如图 1-3 所示。为什么同一家企业在两地上市，同股却不同价？

---

① 数据来源：Wind。

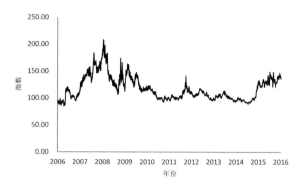

图1-3 恒生AH溢价指数[①]

内地市场在2007年和2015年的大牛市中，皆跑赢了香港市场。是不是内地的投资者的确要比香港的投资者不理性？观察到这样的一个现象后，我们需要在逻辑上提供一个能够解释这个现象的原因，而这个原因越稳定，对我们的价值就越大。在此提出以下几方面的原因：

- 受到内地蓝筹股估值走低的影响；
- 市场参与资金减少，造成市场定价失灵（成交量）；
- 香港资金流出，导致香港资产跌价（国际收支平衡、外储、存款）；
- 国际投资者对中国经济前景看淡，导致对香港上市公司未来盈利能力的担忧；
- 香港市场因为香港地缘政治问题被边缘化（香港市场融资量）；
- 香港政治风险；
- 美国退出量化宽松（Quantitative Easing, QE）预期，以及由此导致的美元加息和美元升值预期。

---

① 数据来源：Wind。

　　从逻辑上提出上述几种原因后，我们要为每个原因找到能够对应的可量化指标进行对比。经过实证的分析才能够确定可靠的关系。

　　通过实证分析，基本上可以排除香港市场定价失灵、资金流出、被边缘化这些因素。恒生指数的1/PE与美国10年期国债利率的差值（见图1-4）在2000年至2007年这段时间内都是小范围波动的，2008年迅速走高是由于金融危机的影响。但是，从2012年开始，这个差值再次走高，最主要的原因是香港市场受到了2012年至2014年A股蓝筹股走低因素的影响。中国内地的融资需求旺盛，导致了中国内地的利率高企，这影响了A股蓝筹股的估值，同时也就影响了恒生指数的估值。

图1-4　恒生指数的1/PE与美国10年期国债利率差值[1]

　　但是从2015年开始，中国内地的蓝筹股出现了估值修复行情，这个行情一直持续到了2017年。这期间虽然恒生指数也有同步上涨，但是涨幅依然低于A股。这主要是受到两个因素的影响：第一是A股投资者对风险的偏好度远大于港股投资者，A股的PE波动幅度远远高于港股，这说明在A股市场更容易出现羊群效应。第二是港股受到了美元加

----

[1] 数据来源:恒生指数公司。

息预期的影响。香港地区的外汇一直采取盯住美元的政策，这个政策导致了香港的利率环境和美国的利率环境相同。而恒生指数的上市公司中有 60% 是在中国内地开展经营的，因此这部分上市公司的报表需要将人民币折算为港币，如人民币贬值会导致这部分的折算利润降低，也就导致了香港市场的估值走低。

2. 相关性、因果和反身性

观察到现象后，我们需要对现象进行分析，主要的分析逻辑有三种，分别是相关性、因果和反身性。相关性是一种简化的做法，就是将一个很难直接解释得清楚的东西，转换成另外一个相对容易分析的东西，即 A = B。因果性是找出事物的原因和结果，即 A → B。反身性是 A 影响 B，同时 B 反过来也影响 A，即 B = f(A)，且 A = f(B)。金融市场上，大部分的原因都很难像经典物理学那样，形成一个稳定的公式关系，这注定了金融市场相对难以理解。

通过回归分析手段，我们很容易确认 A 与 B 是具有相关性的。但是，想确定 A 与 B 谁是因、谁是果，纯粹从数据的角度出发是不可能的。这时候我们需要借助逻辑推理。A 和 B 两种因素相关，总计有 4 种情况，分别是：A 是 B 的原因（或 B 是 A 的原因）；A 与 B 互为因果（反身性）；A 与 B 同时受到 C 或 C/D/E……的影响；A 与 B 之间没有任何因果关系。

1）A 是 B 的原因（或 B 是 A 的原因）

这是最简单的一种情况，医学上的双盲实验就是利用对照组的统计分析，证明 A 是 B 的原因。为了证明某种药品对一种疾病起作用，需要设置三个分组，甲组给予 1.5 倍药量，乙组给予正常药量，丙组给予安慰剂。最终，如果病情转好的比率是甲 > 乙 > 丙的，则可以直接将药品与病情转好的相关性认定为因果关系。

股票市场上的历史数据挖掘很大程度上与药品双盲实验的原理相同，比如可以将历史的股票分为三组，分别是高市盈率组、中市盈率组和低市盈率组，观察这三组产生回报率的差异，我们就可以认定市盈率是不是股票收益率影响因素之一。

2）A 与 B 互为因果

互为因果又被称为"反身性"，这是索罗斯提出的概念。但是，早在索罗斯提出这个概念之前，人类社会就广泛存在了反身性现象。反身性的产生是由于人类认识的不完备性，即人类不可能完全准确地认识客观事物。人类在认识不完备的条件下行动，就会有行动的偏见，这个偏见又会影响客观事物的进程，客观事物的进程反过来又强化了人类的偏见。

宗教就是一个很好的案例。人们信仰某个宗教，进而致力于传播这个宗教，吸引新的教众加入。伴随着新信徒的加入，宗教的教义开始不断被强化，进一步扩大了宗教的影响力。教众和教义之间的关系就是互为因果的。

同样地，一个帝国的兴起和衰亡也受到反身性的影响。越来越多的人相信希特勒的鼓吹，相信了德意志民族的优越性，加入了纳粹的党卫军，然后党卫军也就吸引了越来越多人的加入。加入党卫军民众的数量与党卫军所崇尚的德意志民族优越性的邪恶理论，这两者互为因果。但是，这两者也会起到另一种作用，当全世界人民联合起来的反法西斯战争彻底地粉碎了德国的种族优越梦之后，越来越多的德国人开始醒悟，认为希特勒将他们带入了歧途。随着越来越多的人放弃了德意志民族优越理论，党卫军的势力也就逐渐地消散在历史长河中。

甚至在客观世界领域内也存在这样的关系。量子力学中的研究发现量子之间有一种纠缠态，一旦一对量子呈现纠缠态时，无论这两个量子的物理距离有多远，它们的状态一定都是一致的。A 量子在宇宙的这端向左转动，B 量子在宇宙的另外一端也会向左转动。这两个状态是同时发生的，并没有先后顺序，两者状态之间的关系就是互为因果的关系[①]。

在金融市场领域，这样的反身性现象更为常见。股指的期货和现货价格之间是互为因果的，股票的融资余额与股价是互为因果的，银行信贷量与房地产价格也是互为因果的。在金融领域，反身性是产生正泡沫和负泡沫的关键原因，由于认知偏见和传播会导致人群形成一致性预期，一致性预期会导致泡沫的产生。这使得金融市场的分布逃逸出正态分布的 6 倍标准差区间，更为接近幂律分布，在本书的第二部分中我们会继续探讨这个问题。

3）A 与 B 同时受到 C 或 C/D/E……的影响

很多时候，A 与 B 的相关，是因为 A 与 B 同时受到了 C 或者 C/D/E……的影响。比如房价和地价之间的相关性关系，大量的文献认为房价的决定性因素是地价，认为地价上涨是房价上涨的原因。其实这个结论是对的，但是这个结论并没有给我们提供什么有用的建议。这些分析非常喜欢举的例子就是面包贵的原因是面粉贵。这样的推理过于停留在第一层次思维，没有更深地去研究面粉贵的原因。我们可以换个角度思考，房价与地价其实是另外一些因素的结果。人口数量、人口结构、货币环境、投机需求等因素都在同时影响房价和地价。从这个角度入手去解释 A 与 B 的关系，能看得更为透彻，得到的结论也更有实际价值。

4）A 与 B 之间没有任何因果关系

欧洲中世纪时期的医学认为人患精神病的原因是血液受到了恶魔入侵，所以应该对精神病人实行放血治疗法。在一神论基督教的统治之下，产生这样的归因是顺理成章的。同时，接受实际放血治疗的精神病患者

---

① 详见中国科学院院士、中国科技大学教授郭光灿的公开课"中国科学技术大学公开课：来自量子世界的新技术"，http://open.163.com/special/cuvocw/liangzijishu.html。

的确有稳定、安静的现象。放血和安定这两个现象强化了血液是病因的
解释。但是，并不能证明血液被恶魔入侵就是导致精神病的原因，分析
如下：

> A：精神病的原因是血液被恶魔入侵。
>
> B：放血之后精神病人安定，放血治疗有效。
>
> 这当中，A与B是一种相关性。但并不能以此断定A是B的原因。
>
> C：所有人被放血之后都会安定。
>
> 精神病人属于所有人的一部分，因此，精神病人被放血之后会
> 安定。C才是B的原因。因此，通过B不能推出A。

历史检验

大多数情况下，经济学或者金融学并不允许我们进行变量控制实
验，历史检验是金融市场中找出稳定关系的常见做法。在第二部分我们
会讨论详尽的历史检验案例。在此处我们讨论历史检验的理念。上一节
谈过，金融市场的关系并非像经典物理学那样可控，在进行数据分析及
历史检验时，我们需要注意以下几点。

1. 概率空间不断发生变化

概率空间指的是概率的范围。比如，一个六面的色子，仅有六种可
能性，一个正十二面体的色子则有十二种可能性，两者的概率空间不同。
在分析时，一定要搞清楚概率空间，这是基础，否则我们算出的概率一
定是有问题的。

举个例子，笔者认为，战争之后房价暴涨是一条普遍规律。从逻辑
上解释是因为，战时各国投入相当多的兵力参战，国内的主要经济部门
都会萎缩，军工部门会迅速地扩张。战时，很少有人愿意投资不动产，

建设住房，导致住房的供给减少。战争结束后，军人返回自己的家乡，最重要的事情就是结婚生子，因此对房地产的需求扩张，而供给却没有那么快恢复。这个逻辑下，我们观察到的美国、德国、日本等主要国家的房价在二战之后都发生过上涨。

但是，上述规律有一定的前提条件。如中国房地产市场和美、日、德房地产市场的情况并不相同。新中国成立后我们的住房价格并没有出现明显的上涨，主要是因为我国并没有实行住房的市场化制度。新中国成立后，全国 90% 的人口分布在农村，通过自己建设住房的方式解决了居住问题。换句话说，在美国、日本等国，二战后房地产价格上涨是大概率事件，但放在另外一个空间——没有市场化的中国，房价上涨就变成了小概率事件，甚至不可能事件。但当我们从 1998 年开始实行住房市场化改革之后，住房价格变化就开始遵循了市场供求逻辑。由于我们从二战结束后至 1998 年这段时间内的城市住房供给量太低，市场化改革后的房价呈现爆发式上涨。从另外一个角度，假设世界上不存在二战，那么就不会出现建筑业中断和士兵集体返乡这样的需求集中增长，美、日、德的房价也不会在 20 世纪 50 年代有那样大的涨幅。所以，规律的使用有一定的前提条件，那就是概率空间要相同。

2. 时间跨度长，国家范围广

上文我们谈到了概率空间问题。由于各段历史时间内，我们的法律基础、经济政策都不尽相同，采用历史数据来证实某项规律时，我们一定要做到时间跨度长、调查范围广，这样可以避免一叶障目、不见泰山的错误。

以《中国奶业白皮书（2014）》的调查为例。"我们的调查结果表明，随着家庭可支配收入水平的不断提高，城市居民人均牛奶消费量会持续提高，从家庭月可支配收入低于 4000 元的 33 千克 / 年上升到月收入水平 14000 元以上的 47 千克 / 年。而农村居民的人均牛奶消费量在收入达到最高收入组（即 14000 元 / 月）之前基本上维持 20 ～ 30 千克 / 年之间，而当收入达到 14000 元以上时，农村人均牛奶年消费量达到与城市对应收入组相同的水平。从消费频率来看，以牛奶为例，最高收入组（14000 元 / 月及以上）中近 40% 的消费者几乎每天都消费牛奶，而在最低收入组 (4000 元 / 月以下) 该比例还不足 20%。对于酸奶，我们可以得出相似的结论。这一结果意味着，收入可能仍是中国当前农村乳制品消费的最主要制约因素，但在未来，随着农村收入水平的进一步提升，中国农村对牛奶等乳制品的需求量将显著上升。"[1]

按照世界银行的统计，2015 年日本的人均收入为 42310 国际元[2]，中国的人均收入为 14320 国际元。按照白皮书中的理论，日本的人均鲜奶消费量应该远远高出中国。但实际情况是，根据联合国粮农组织公布的数据，日本 2012 年至 2014 年鲜奶消费量均值为 32 千克 / 人，中国为 23 千克 / 人，日本的鲜奶消费量虽然高出中国，但并没有高出很多。很多收入低于日本的国家，比如新西兰、印度、俄罗斯、土耳其、乌克兰、乌拉圭和巴基斯坦，它们的牛奶人均消费量远高于日本。更为广泛的跨国样本的数据分析如图 1-5 所示。

---

[1] 中荷奶业发展中心. 中国奶业白皮书（2014)[R/OL].(2015-02-04)[2019-6-12].http://www. sddc.org.
[2] 国际元，即世界银行按照购买力平价理论将各国货币统一折算成的货币单位,以方便各国之间的指标进行比较。因汇率市场存在一定的管制,相比于统一按照即期汇率折算成美元,国际元在国际横向的样本国家比较中更为可靠。

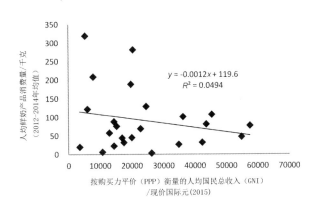

图1-5 24 国[1] 样本收入对牛奶消费量影响[2]

结果，我们看到的是，人均牛奶消费量与人均收入毫无关系。

为什么两者结果会不同？就是因为概率空间不一样。我们讨论收入影响牛奶消费量的前提是：第一，样本从低收入国家向高收入国家中进行过渡；第二，人群中乳糖不耐[3] 比例不发生重大变化。注意到概率空间的适用性问题，我们才能够更为清楚地分析是哪些因素在影响某种现象，然后在未来的预测上才能够避免盲人摸象式的错误。

实践检验

我们对观察到的现象进行逻辑解释，并通过历史检验不断地精筛选出既符合逻辑又符合历史的规律后，这个规律就可以用来指导我们的实践。我们对总结出来的分析框架进行实践检验，再进一步修正，以此来保证框架是在不断进化的，是开放式的。

---

① 24 个国家包括：孟加拉国、巴基斯坦、印度、乌克兰、印度尼西亚、南非、阿尔及利亚、中国、巴西、墨西哥、伊朗、土耳其、阿根廷、乌拉圭、智利、俄罗斯、马来西亚、韩国、新西兰、日本、加拿大、澳大利亚、沙特阿拉伯、美国。

② 数据来源：世界银行、联合国粮农组织。

③ 乳糖不耐，指人体对乳糖酶的分泌减少，人无法消化乳糖，从而产生腹胀、腹泻等症状。

经历了 2013 年的限酒令，资本市场对白酒行业未来前景的看法十分消极。白酒行业的两个代表贵州茅台和五粮液的股价都双双从 2013 年的高点腰斩。但笔者却十分看好这个行业。引用一段霍华德·马克思的经典著作《投资最重要的事》中的话，内容如下：

　　第一层次思维说："我认为这家公司的利润会下跌，卖出。"第二层次思维说："我认为这家公司利润下跌得会比人们预期得少，会有意想不到的惊喜拉升股票，买进。"[1]

当时的分析是，白酒具有千年的文化底蕴，需求并不会因为限酒令而萎缩。所以，这个行业的前景并没有大多数投资者想象的那么悲观。2014 年初，五粮液的市净率在 1.6 倍左右，市盈率 7 倍左右；贵州茅台的市净率在 3 倍左右，市盈率 9 倍左右。我们理所当然选择五粮液。当时笔者是根据类似图 1-6 的框架来进行研究的。

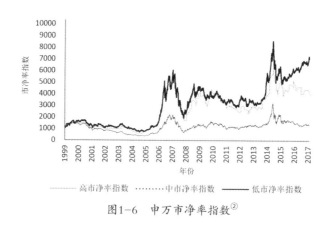

图1-6　申万市净率指数[2]

---

① 霍华德·马克思. 投资最重要的事[M]. 李莉，石继志，译. 北京：中信出版社，2012:19.
② 数据来源：申万研究所。

　　申万研究所根据市净率的高低制定了市净率指数[1]，可以明显看到的是，低市净率指数大于中市净率指数，中市净率指数大于高市净率指数。这张图足以证明市净率的高低是影响股票收益率的原因之一。但后来的茅台和五粮液的复权股价走势图[2]，如图 1-7 所示。

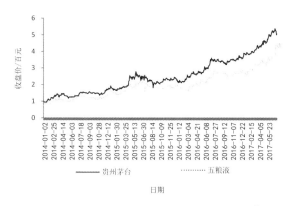

图1-7　贵州茅台与五粮液的股价走势图[3]

　　高市净率的茅台的确跑赢了低市净率的五粮液。对于这个问题，笔者进行了深入的思考与研究，修正了原有的模型，即以合理价格买入伟大企业的策略，比以便宜价格买入好企业的策略更优。

---

① 申银万国股价系列指数是由申银万国证券研究所通过简单透明的编制方法编制的反映市场股价变化的以辅助投资为主要目的的指数。由申银万国行业股价系列指数和申银万国市场风格股价系列指数构成。其中市净率系列指数以市净率为划分标准，包括高、中、低市净率指数，主要表征不同市净率股票的股价走势。高市净率指数表征成长类股票的股价走势，低市净率指数表征价值类股票的股价走势，中市净率指数表征界于价值与成长类股票之间的股价走势。
② 复权股价走势图，指按照股票的实际涨跌绘制的股价走势图。
③ 数据来源：通达信。

第2章　　区分可预测与不可预测

> 唯一真正的知识就是知道自己无知。
>
> ——苏格拉底

"拉普拉斯的恶魔"

拉普拉斯精通数学、物理和概率论，是科学决定论的拥护者。1814年，拉普拉斯做出以下这些后来被称作"拉普拉斯的恶魔"的假设。"我们应当把宇宙的现状看作它先前状态的结果以及它的后继状态的原因。假定在某一时刻，有一种之后能够把握自然界所有的力以及组成自然界的一切事物的特定状况——这种智慧博大精深，足以对所掌握的资料进行分析——那么，它就能将宇宙间从最庞大的物体到最微小的原子的运动全都囊括于同样的公式之中，对于它来说，没有什么是不确定的，未来，一如过去，都呈现在它的眼前。"[①]

简单来说，科学决定论认为宇宙存在一个终极公式，通过这个公式人类可以知道宇宙的全貌，知道宇宙的过去与未来将会怎样。这个理论的铁杆粉丝都是在科学史上鼎鼎有名的人物，如牛顿、拉普拉斯、爱因斯坦。爱因斯坦就此问题与哥本哈根学派的波尔进行过多次论战[②]。至今，上帝是否掷色子这个问题仍然未有定论。

相比于数学和物理学，金融学正处于小学阶段。在此，我们并不深入地去探讨世界的本质。我们吸收一些关于哥本哈根学派和复杂科学的

---

① 陈克艰. 上帝怎样掷色子：因果性、概率与归纳[M]. 成都：四川人民出版社, 1987:7.

② 布鲁斯·罗林布鲁斯, 弗雷德·库特纳. 量子之谜：物理学遇到意识[M]. 向真, 译. 长沙：湖南科学技术出版社, 2013:147-280.

研究思想即可。第一章中我们谈过硬科学通过逻辑和实证方法获得客观知识，复杂科学为这个框架提供了一个修补。复杂科学，即研究复杂系统的科学，有别于简单的线性系统（比如牛顿力学），复杂系统更多是非线性的，甚至没有明确的函数表达式，即初始输入条件的微小变化导致预测结果的差异很大。现实世界中，很多系统都是复杂的，比如地震现象、天气、金融泡沫等。

对于复杂系统的预测几乎是不可能的[①]。地震就是一个复杂系统，美国国家地质调查局直接承认地震无法准确地预测。这里的准确预测指的是像这样的预测："在 ×× 年 ×× 月 ×× 日，×× 城市会发生 ×× 级的地震。"其原因在于，地震是一个自组织临界[②]系统。目前，我们非常清楚地震的原因是地壳运动，从理论上讲，我们可以利用对每一块岩石的压力、结构的观测值，建立一个模型来预测地震的爆发地点、时间和级别。但是，这所有的细节观测几乎不可能，同时，自组织临界系统不允许像线性系统那样仅研究最主要的因素（抓主要矛盾），因为自组织临界系统是非线性系统，任何一个微小的因素都会导致结果的巨大差异。对应到地震

---

① 复杂系统又可以分为一阶复杂系统和二阶复杂系统。一阶复杂系统指的是预测结果并不影响未来事件的系统，比如天气就是一阶复杂系统。对于这类系统，人类现在能够做到短期的预测。二阶复杂系统指的是预测结果又会影响未来事件是否发生，比如政治事件就是一个二阶复杂系统。如果某位社会学家预测一个暴君统治的社会将会发生动乱，而这个暴君又相信了这个社会学家的预测，致力于改善民生问题，最终将会导致社会暴乱不发生。这种二阶复杂系统，人类目前没有一个很好的方法进行预测。

② 巴克（Bak）、汤超和维森菲尔德（Wiesenfeld）做过一个研究：他们让沙子一粒一粒落在桌上，形成逐渐增高的一小堆，借助计算机模拟精确地计算每在沙堆顶部落置一粒沙会连带多少沙粒移动。初始阶段，落下的沙粒对沙堆整体影响很小；然而当沙堆增高到一定程度，落下一粒沙却可能导致整个沙堆发生坍塌。他们由此提出一种"自组织临界"（self-organized criticality）的理论。沙堆一达到"临界"状态，每粒沙与其他沙粒就处于"一体性"接触，那时每粒新落下的沙都会产生一种"力波"，尽管微细，却有可能贯穿沙堆整体，把碰撞依次传给所有沙粒，导致沙堆发生整体性的连锁改变或重新组合；沙堆的结构将随每粒新沙落下而变得脆弱，最终发生结构性失衡——坍塌。临界态时，沙崩规模的大小与其出现的频率呈幂函数关系。

上来讲，任何一个微小的地壳运动如果没被囊括至观测模型中，都会导致预测结果不准。所以，截至目前，人类都无法预测地震。但，地震发生的级别和次数遵循古登堡－里克特定律，即统计地震的发生次数与震级，横坐标为地震发生的次数，纵坐标为地震的震级，地质学家古登堡发现了这个图像符合幂函数。目前地质学家可以对地震进行这样的预测："在未来××年内，××城市发生××级以上地震的概率为××%。"

同样，金融泡沫何时破灭也无法预测，因为金融泡沫也是一个自组织临界系统，由众多投资者构成的"自组织"，使得任何外部的微小变化都可能导致金融泡沫的破灭。同样，金融市场中也存在古登堡－里克特定律。我们对中证全指的数据进行处理：第一步，求出每日收益率；第二步，对收益率取绝对值；第三步，将中证全指的收益率绝对值由高到低进行排序。得到如图 2-1 所示的结论。

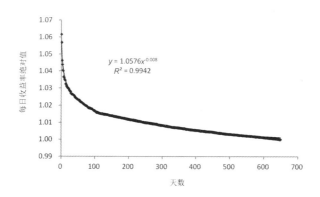

$y = 1.0576x^{-0.008}$
$R^2 = 0.9942$

图2-1 中证全指收益率绝对值+1 的幂律分布[1]

按照传统的理论，金融市场的收益率服从的是对数正态分布，但对

---

[1] 数据来源：通达信。

数正态分布无法解释美国 1987 年的股灾。1987 年 10 月 19 日，美国道琼斯指数一天就下跌了 22.6%，标普 500 指数下跌了 20.47%。如果用对数正态分布去解释，按照过去 180 个交易日的标普 500 指数日收益率均值为 –0.1%，标准差为 1.88%，当日标普 500 指数的波动超过了 10 个标准差——通俗地说，这是个万年难得一遇的现象。如果按照幂律分布去解释，这个现象就好比 9 级以上的地震，并不是万年难得一遇的。与这种超级大地震的预测类似，金融市场的短期暴跌也是无法预测的。

罗伯特·希勒的问卷列出了 1987 年当天发生的主要 10 个新闻事件，让投资者按这些新闻事件对股价崩盘的影响程度打分。最终的结果显示，投资者好像认为几乎每个事件都与下跌有点相关。投资者选出的最重要的影响因素是：10 月 19 日上午道指下跌了 200 点。"在市场巨幅下跌的日子，投资者可能正在对价格变化本身做出反应，而没有对任何具体的新闻做出反应。"[1]

幂律分布形成的原因就是系统内部有某些因素相互关联，最终导致了"网络效应"，投资者见到市场情况不好，就竞相卖出，相互踩踏，产生了市场暴跌。因此，我们能够观察到市场波动率远远超过正态分布的预测范围。

警惕幸存者偏差

相信读者都听过"读书无用论"这样的观点，特别是在网络及自媒体上广泛流传的某位著名企业家对这种观点的支持。我们也可以经常举出周围人中这样的例子，某某人初中毕业就出去打工，现在闯出名堂来了，有自己的企业，非常成功。这个案例就是典型的幸存者偏差。

---

① 罗伯特·希勒. 市场波动[M]. 文忠桥,卞东,译. 北京: 中国人民大学出版社,2007:363.

我们运用统计学及概率论的方法分析一下这个观点，根据国家统计局公布的 2010 年第六次全国人口普查结果[①]，调查覆盖的 6 岁及以上人口总数为 12.42 亿人，其中受过大学本科以上教育的人口数为 0.5 亿人，占比约为 4%。这意味着，在我国随机抓取 6 岁及以上的 1000 人，其中有 40 个接受过大学以上的高等教育，960 个未接受过高等教育。我们假设：主张读书无用论的，受过高等教育的人成功概率为 50%，未受过高等教育的人成功概率为 60%；主张读书有用论的，受过高等教育的人成功概率为 50%，未受过高等教育的人成功概率为 10%。然后计算成功人数，如表 2-1 所示。

表2-1 读书无用论概率分析表

样本分析项目	受过高等教育	未受过高等教育
总样本数/ 人	40	960
主张读书无用论的成功概率	50%	60%
读书无用论下的成功人数/ 人	20	576
主张读书有用论的成功概率	30%	10%
读书有用论下的成功人数/ 人	12	96

我们发现，无论是主张读书有用还是无用，最终的结果都表明未受过高等教育的成功人数高于受过高等教育的成功人数。所以，在我们的周围非常容易举出某人没读过什么书，但非常成功的例子。我们的大脑非常擅长分析案例与现象，但不擅长分析概率问题。在读书有用无用这个问题上，我们不能以案例来推导结论，因为这犯了评判标准的错误。这种以偏概全的评判标准错误，被称为"幸存者偏差"。产生幸存者偏差的两个主要原因如下：

第一，我们的大脑讨厌不确定性，我们喜欢一切都是被我们理解和

---

① 因写作时，第七次人口普查还未出结果，故以第六次人口普查数据为依据。

掌控的，虽然很多时候事实并不是这样。我们的大脑在这点上欺骗了我们，让我们认为当今观察到的现象都是必然的。这种情况本质上是因为我们的大脑不擅长处理概率问题。我们身处的世界有无数种可能性，但我们的历史仅仅沿着一个特定的路线发展下来，我们的大脑告诉我们这是必然的。

第二，我们大脑记忆的特点决定了我们的大脑无法记忆过多的信息。我们的大脑能够记住中国第一个进入太空的英雄是杨利伟，至于第二个、第三个是谁，相信很多人是不大清楚的。我们大脑对事物的记忆数量是有限制的。我们的大脑仅仅看到了成功的那几个案例，事实上这几个案例仅是冰山一角，至于大多数平庸或者失败的案例则永远地被隐藏在海面之下。也就是说我们的大脑在分析和处理幸存者偏差这方面的能力很弱。

在商业领域中，幸存者偏差的现象很重要。英特尔公司，作为微处理器产业的领头羊，其股价在 1972 年至 2015 年期间创造了 17.92% 的年化收益率，在美股 1926 年至 2015 年近 100 年的历史中排名第 9 位[1]。如果有人从 1972 年开始持有英特尔的股票，那么到目前的投资收益率将可以与巴菲特比肩[2]。

安迪·格鲁夫作为英特尔的掌门人，在其《只有偏执狂才能生存》一书中详细地讲述了英特尔从存储芯片业务到微处理器业务战略转折的过程。英特尔公司最初的业务主要是存储芯片，并不是微处理器。20 世纪

---

[1] 参见 Bessembinder H. Do Stocks Outperform Treasury Bills ?[J] *Journal of Financial Economics*，2018,129（3）: 440-457. 该论文计算了月收益回报率，笔者将其计算的月度收益率折算成年化收益率。

[2] 根据巴菲特 2018 年致股东的信，伯克希尔哈撒韦的美股账面价值从 1965 年到 2017 年的年化增长率为 19.1%。账面价值与股价表现仍然是有差异的，特别是对少数股权来讲，所以这里所说的是"比肩"。

60 年代至 70 年代，英特尔在存储芯片领域幸存了下来。然而游戏到这里并没有结束。20 世纪 80 年代，日本存储芯片厂商开始进入美国市场，日本厂商的存储芯片性价比远远高于英特尔的产品，导致英特尔的盈利迅速地下滑。

在这样的情况下，英特尔放弃了已经经营了将近 20 年的存储芯片业务，转而进入了微处理器业务领域。这个转型的过程相当痛苦，也相当精彩。英特尔从存储芯片向微处理器转型的过程中很多因素具有偶然性。转型期间，英特尔的管理层犹豫不决，相反是中层管理人员花大力气投入微处理器的业务。从这个角度来讲，英特尔能够创造出如此高额的投资回报率，很大程度上归结于它是一名行业内的幸存者。我们的大脑错误地将这种偶然现象当成了必然现象，因此会有那种如果当时我买入了英特尔股票我就会进入福布斯富豪榜的想法。

纵观美国和中国的商业史，像英特尔这样能够在战略转折点上成功跨越鸿沟的企业并不多见，大部分曾经非常卓越的企业最终都会消失在茫茫的历史长河中。从另外一个角度来讲，这类似于生物界的物种进化，一些老的物种消失掉，一些更为适应环境的新物种诞生。不断地有旧的产品、公司灭亡，经济才会发展，消费者的生活才会越来越好。

对客观事物进行分类

回到未来的预测和不可预测这个问题上，通过前文的分析，笔者偏向于认为在目前人类的理解能力下，特别是在社会科学类这样的软科学领域，世界是概率性的。无论是政客、商人、经济学家、作家或记者，声称未来一定是某种样子的，这样的观点都值得怀疑。如果发现一个企业的管理层大讲企业未来必然的发展愿景，那么我们对这家企业也要持审慎态度。

根据客观事物的特点，我们将客观事物分为三个系统，分别是线性系统、非线性系统和复杂系统。按照目前的科学发展情况，线性系统和精确的非线性系统能够预测。按照参数是否稳定，将系统细分为五种系统，如表 2-2 所示。

表2-2 系统分类

参数稳定性	系 统	表达式	可预测性	举 例
稳定	精确的线性系统	$Y = kX + b$，其中 k 与 b 为已知常数	可以精确预测	生产1吨玻璃所需的硅砂数量、乘坐地铁去机场所需时间
不稳定	不精确的线性系统	$Y = kX + b$，其中 k 与 b 为估计常数	可以模糊预测	M2与CPI之间的关系、高考成绩与读大学档次的关系
稳定	精确的非线性系统	$Y = f(X)$，其中 f 为非线性函数且参数为已知常数	可以精确预测	狙击手的弹道计算、象棋电脑软件的程序
不稳定	不精确的非线性系统	$Y = f(X)$，其中 f 为非线性函数且参数为估计常数	不可预测	期权定价的BS公式、金融泡沫预测领域的LPPL模型
	复杂系统	无表达式，具有自组织临界现象和幂律分布	不可预测	地震预测、音乐的曲谱(1/f噪声)

精确的线性系统，指的是两种或多种因素之间存在精确的线性关系。例如生产1吨玻璃需要多少硅砂、燃料都是非常确定的，可以非常精准地预知，我们不需要反复试验就能知道结果如何。同样，乘地铁去机场所需的时间也是可以精确预测的。精确的线性系统是最简单的一类系统，我们的大脑十分擅长处理这类问题，处理这类问题的能力似乎是

与生俱来的。在精确的线性系统里，结果是已知的，并不存在什么不确定性，这类似于本章第一节讲述的"拉普拉斯的恶魔"的假设。

不精确的线性系统，指的是两种或多种因素之间存在线性关系，但是线性关系的参数并不稳定。以高考成绩为例，一个省份内排名前100名的考生几乎都可以考上985或者211大学，但是这个关系是不那么精准的。有些考试成绩排名靠前的考生，可能因为志愿没填好最终没能考上985或者211大学。这个关系虽然不那么稳定，但是具有统计学意义。高考成绩最终会影响考生读哪个层次的大学，这个是可以作为我们的决策依据的。本书中我们研究的系统大部分属于这个范畴，用线性回归的方式计算测定系数（R^2值），在经济和金融领域，一般情况下R^2超过0.6都会被认为具有显著的线性关系。

精确的非线性系统，指的是两种或多种因素之间存在非线性关系，非线性关系的函数具有表达式，且表达式的参数是确定的。比如狙击手计算弹道，弹道是一个典型的抛物线。由于重力，子弹的飞行并不是水平的，而是会呈抛物线，逐步地下降。因此，在不同的距离瞄准，所需的标尺高度不同。距离越远，标尺的高度就需要越高，这样子弹向上发射的抛物线就越高，最终才会击中目标。在诸如数学、物理学和化学这样的硬科学领域，研究的大部分系统都属于精确的非线性系统。我们的大脑几乎处理不了精确的非线性系统的计算。我们能够心算加减乘除，但是我们很难心算乘幂、对数、三角函数，更别说更复杂的非正常空间的其他函数，这个领域是极具天赋且受过专业训练的科学家的舞台。

不精确的非线性系统，指的是两种或多种因素之间存在非线性关系，非线性关系的函数具有表达式，且表达式的参数是不确定的。期权定价是个非常好的案例，期权的BS模型[1]中有一个参数是基础标的的波

---

① BS 模型：布莱克–舒尔斯期权定价模型。

动率，这个波动率是个无法准确估计的参数，特别是在长期范围内，期限跨度长的期权基本上没办法定价。这点与第一章中讲到的概率空间不断变化有关，用方差的方法计算得出的波动率会因为基础标的市场的概率空间不断发生变化而变化，无法准确地计算。

最后一个类型的系统是复杂系统[1]，这个系统内部存在某种样式的网络效应，导致了整个系统在统计学上服从幂律分布。我们在"拉普拉斯的恶魔"那一小节讲过，人类目前的能力无法对这个系统的衍化做出预测。

掌握预测未来的三个原则

我们在经济领域和金融领域碰到最多的预测类型都属于第二类，即不精确的线性系统。根据笔者的个人经验，在这个系统内，讨论预测的原则如下：

- 逻辑解释原则：逻辑上可以解释两者的线性关系；
- 概率空间一致原则：在可以预见的未来内，概率空间不能变化；
- 排除伪线性系统原则：注意伪线性系统，即实际是复杂系统或非线性系统，在历史的某一阶段表现出了线性，以此进行预测的结果是不可靠的。

我们分别讨论上述三个原则的具体预测情况。

---

[1] 复杂性科学被称为21世纪的科学，它的主要目的就是要揭示复杂系统的一些难以用现有科学方法解释的动力学行为。与传统的还原论方法不同，复杂系统理论强调用整体论和还原论相结合的方法去分析系统。

逻辑可解释原则

这个原则在第一章中我们已提到过。A 和 B 两种因素相关，从逻辑上分析总计有四种情况，分别是：A 是 B 的原因（或 B 是 A 的原因），A 与 B 互为因果（反身性），A 与 B 同时受到 C 或 C/D/E……的影响，A 与 B 之间没有关系。

罗森维在其管理学著作《光环效应：何以追求卓越，基业如何长青》一书中提到一个统计学案例："从前，一位颇有名气的统计学家开展了一项研究，结果表明在 19 世纪的美国，因聚众酗酒被拘留的人数和浸礼会传教士人数之间关联紧密。他的研究显示两者之间的关系真实而密切。不过我们或许也可以认为其实两者毫无瓜葛，它们均有增长不过因为同时受到了另外一个因素的影响，也就是美国人口总数的大幅上升。"[1]

同样，我们能够观察到，在美国互联网泡沫期间，主要互联网企业的利润也大幅上升。这两者就互为因果，股票市场的行情高涨，导致了企业发行股票融资相对容易，新业务的开展就相对容易，利润也就上升，利润上升进一步刺激股价上涨。我们发现两个因素或者多个因素存在相关性时，应该谨慎地从逻辑上发现上述相关性的四种情况，如果找不到逻辑上的关系，最后预测基本上也是失败的。

概率空间一致原则

第一章中解释过概率空间，在此我们考察一个预测失败的案例——美国哈佛大学经济学教授 N. 格雷戈里·曼昆在 1989 年写了一篇论文，即《生育高峰、生育低谷与住宅市场》（The Baby Boom, the Baby Bust, and the Housing Market）。曼昆在此文中构建了房地产需求模型，以此预测房价，得出的结论是：由于生育低谷的一代人正步入买房的年纪，20 世

---

[1] 罗森维. 光环效应：何以追求卓越 基业如何长青[M]. 张湛，译. 北京：北京师范大学出版社，2007：79.

纪 90 年代美国住房需求增长会比过去 50 年间缓慢得多，如果住房需求与住房价格的关系在未来不发生改变，真实的房价会在未来 20 年大幅下跌。

但是人有失足、马有失蹄，享誉盛名的曼昆在预测房地产价格上栽了大跟头。美国 1990 年至 2000 年房地产真实价格 [①] 累计上涨了 10.11%（1955 年至 1998 年 43 年间美国真实房价累计上涨了 3.95%），在 2000 年至 2005 年房地产真实价格上涨了 54.66%。《广州日报》在 2014 年采访了曼昆，在《广州日报》的记者提出要曼昆预测中国经济未来会如何时，曼昆直言："我觉得经济学家很不擅长预测。我们从经济史学到的是，经济学家倾向于不使用这种方法。"这印证了苏格拉底那句富有哲理的名言——"唯一真正的知识就是知道自己无知。"可见一个人知道得越多，就会理解自己不知道的也越多。

在这里介绍下曼昆这篇文章的逻辑。第一步，曼昆通过统计 74565 个美国家庭样本测算出各年龄段的住房支出曲线；第二步，根据过往和将来预估的人口数据，测算出人口总的住房支出，并进行指数化，测算住房需求指数；第三步，将住房需求指数与房价进行回归分析。

图 2-2 中的虚线是曼昆预测的住房需求指数，实线是住房价格，两者的历史拟合度很好。但后来房价大幅上涨，与曼昆的预测完全相反。那么，为什么横跨了近 30 年的历史数据拟合度如此之好，但在预测未来时却错了呢？我们需要分析曼昆预测出错的原因在哪里。

我们按照曼昆提供的数据，将 1930 年至 2014 年人口的住房需求进行对数指数化处理 [②]，结果如图 2-3 所示。

---

① 真实价格指的是剔除 CPI 的价格。
② 对数处理是一种数据的处理方式，类似将绝对值坐标轴转换成了百分比坐标轴，这样可以对数据的波动性有更直观的观察。

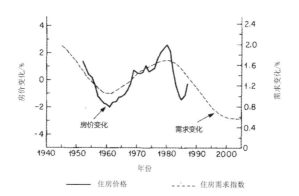

图2-2 曼昆预测的住房需求与房价①

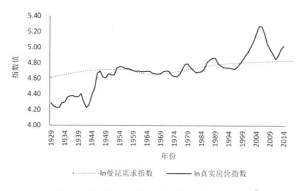

图2-3 曼昆需求指数与美国房地产价格②

我们发现曼昆有两个预测错误：第一，按照美国1990年至2014年的真实人口结构数据计算得出的曼昆需求指数，与曼昆在1989年预测的

① 数据来源：Mankiw N G, Weil D N., The Baby Boom, The Baby Bust, and the Housing Market [J]. *Regional Science and Urban Economics, Elsevier*, 1989, 19(2):235−258. https://ideas.repec.org/a/eee/regeco/v19y1989i2p235−258.html

② 数据来源：（1）Online Data Robert Shiller, http://www.econ.yale.edu/~shiller/data.htm。（2）Mankiw N G, & Weil D N. The Baby Boom, The Baby Bust, and the Housing Market[J]. *Regional Science and Urban Economics*, 1989, 19(2): 235−258。（3）Wind 数据库。

结果不同；第二，即便是曼昆预测对了人口结构变化，曼昆需求指数仍然预测不了 1998 年至 2005 年的美国房地产大牛市。

第一点，曼昆对人口结构的预测错误是美国移民导致的。曼昆在其文章中也列举了美国人口调查局 1940 年至 1980 年之间的人口预测，与真实的结果相差甚大。那么，从这点来看，人口预测也是个难度较大的事情。如果没有移民因素，美国的 14 ~ 65 岁人口占比无法在 2000 年前后回升（见图 2-4、图 2-5）。

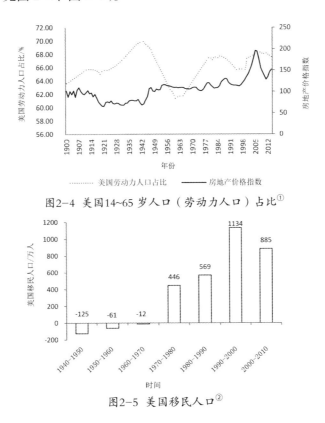

图2-4　美国14~65 岁人口（劳动力人口）占比①

图2-5　美国移民人口②

---

① 数据来源：Wind。
② 数据来源：美国人口调查局。

第二点，我们根据真实的人口结构数据绘制的曼昆住房需求指数，仍然解释不了 1998 年至 2005 年的房地产价格高涨。这里的原因归结于曼昆的年龄与住房需求的关系是根据 1970 年的数据样本建立的。这说明，2000 年前后的住房需求增大了，概率空间变了。

20 世纪 90 年代的美国房地产市场，房价越涨，拥有住房的人数反而越多（见图 2-6）。所以，曼昆的预测错了，因为他忽视了概率空间会发生变化。随着住房价格的上涨，人们购买住房的意愿反而更为强烈，这是一个反身性的过程。

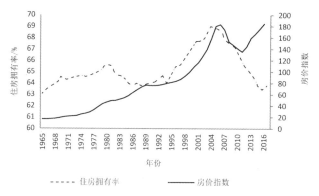

图2-6 美国住房拥有率与美国房价指数的关系[1]

在投资过程中，我们会遇到概率空间改变的问题，根据笔者的经验，需要注意如下几点：

第一，不断地修正假设。预测未来是建立在大量的假设基础之上的。比如，人均酒类消费支出会伴随着人均收入的增长而增长，我们可以对未来的人均收入进行估计，以此来估计人均酒类消费支出的增长情况。但是，这个假设的基础是消费者对某种类型的酒类需求是稳定的，

---

[1] 数据来源：美国人口调查局。

比如近些年国内的消费者对啤酒的偏好度就在下降，类似的事情也发生在方便面身上。一旦我们意识到，这些概率空间的改变影响到了我们做出的假设，我们就需要对假设进行调整，不断地修正对未来的预测。

第二，有些瞬息万变的产业根本就做不出合理的预测。比如半导体硬件产业、互联网产业、原研药研发产业，这些产业内部的技术进步非常之快，很难对产业未来 10 年的形态进行展望。而有些产业，比如银行业、酿酒业、酱油业、烟草业、旅游业，在未来 10 年内也不会有什么重大的变化。所以投资应该尽量避免涉足瞬息万变的产业。虽然事后我们可以看到这些产业内可以产生很多伟大的公司，给股东带来丰厚的回报，但大多数这些伟大的企业其实就是幸存的企业。我们看到的是一种幸存者偏差，而我们的大脑误认为这种偶然性是一种必然。

第三，多搜集历史案例和跨国案例。有时候，我们在当前的环境中看不清楚结果，但是当我们回溯历史时，很多类似的事件早已经在历史中发生过。巴菲特在 1999 年的太阳谷大会中对互联网泡沫的预见性分析就是基于其背后的历史功底做出的，因为类似的投机行为早在 20 世纪初就已经有了，那时候人们是对铁路进行投机，最终导致了 1893 年至 1898 年的经济危机。同样，有些事物在一个国家的范围内难以理解，但通过跨国的分析，我们会更好理解。

排除伪线性系统原则

有一部分非线性系统或者复杂系统，在某一段历史时期内会表现出线性系统的特点，非常难以察觉，我们在预测时要小心谨慎。

美国的加利福尼亚州是地震最多的一个州，因为它正好处于美国的西海岸，环太平洋地震带上。加州的帕克菲尔德位于圣安地列斯断层上，每隔几十年就会发生约 6.0 级的中等地震：1857 年、1881 年、1901 年、1922 年、1934 年和 1966 年。美国地质调查局的两个地震学者巴昆（W. H.

Bakun）和兰德（A. G. Lindh）在 1985 年指出，如果排除 1934 年的地震，这些地震每 22 ± 4.3 年发生一次。从 1966 年算起，他们预测下一次地震有 95% 的可能性将在 1988 年左右发生，或者最晚发生在 1993 年。因此，美国地质调查局和加利福尼亚州建立了"世界上最先进和最密集的监测仪器网"之一，试图识别地震发生时的任何前兆。

时间不断流逝，1993 年来了，1993 年过去了，然后什么都没有发生。最终在 2004 年 9 月 28 日，帕克菲尔德发生了 6.0 级地震，但没有预警或明显的前兆。美国地质调查局的网站上有一份卡伦·费尔泽（Karen Felzer）做的 PPT[1]，题目是"地震能够被预测吗？"（Can Earthquakes Be Predicted?）其中提及这件事时作者的感叹是："预测每隔 22 年在加州帕克菲尔德就会发生 6.0 级地震，就像老实泉！"[2]

那么，巴昆和兰德犯了什么错误？按照我们提出的第三点原则，加州帕克菲尔德地震表现出来的是一个伪线性系统。实际上，地壳是自组织临界系统，即复杂系统，根本不存在表达方程式。在 1857 年至 1966 年这段时间内表现出的线性关系仅仅是一个随机的现象。这样纵跨 100 年的历史仍然存在随机现象，这与地壳本身的概率空间也有关系。地壳运动的时间计算都是以"亿年"为单位的，所以 100 年对于我们人类来讲几乎是极限，但对于地壳来讲，仅仅是掷了一次色子。幸好，根据过往的经验，商业领域的概率空间不大。

预测的难度

总体上来讲，预测未来是一件十分有难度的事，我们需要小心谨慎。对于在商场或者金融市场上使用真金白银的投资者来讲，任何一个

---

[1] 详见 https://pasadena.wr.usgs.gov/office/kfelzer/CalPolyTalk2.pdf。

[2] 原文为 "M 6 earthquakes predicted at Parkfield every 22 years, Like Old Faithful!" 其中，老实泉（Old Faithful）是美国黄石国家公园内的一口大型间歇式热喷泉，因喷发间隔和持续时间十分有规律（平均约每隔 66 分钟喷发一次，每次 2 至 5 分钟）而得名。

不起眼的疏漏都可能葬送一笔投资，我们在实践分析的路上需要不断地反思我们的方法，以谋求进步。索罗斯说过："大部分人都不愿意承认自己的错误，而我却会为发现自己的错误而感到由衷的高兴，因为我知道，它能使我免遭金融灾难。"

1985 年 4 月，可口可乐公司决定要放弃沿用了数百年的配方，改用新配方生产新可乐，最为主要的原因是要应对百事可乐的竞争。如图 2-7 所示，1979 年开始，百事可乐的营收超越了可口可乐。百事可乐当时采用"盲测直播"的方式来做推广，消费者在不知道哪杯可乐是百事可乐、哪杯是可口可乐的情况下，品尝后揭晓答案，结果是大家都说百事可乐好喝[1]。

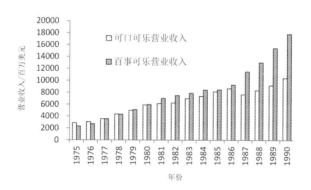

图2-7 1975-1990 年可口可乐与百事可乐营业收入对比[2]

可口可乐为了挽回失去的市场份额，决定开发新口味的可乐，以应对挑战。可口可乐开发的新可乐满意度在盲测中超过百事可乐 6% 至 8%。在新旧测试中，有 55% 的消费者喜欢新可乐，新可乐的测试前后

---

① Schindler R. M. The Real Lesson of New Coke: The Value of Focus Groups for Predicting the Effects of Social Influence[J].*Marketing Research*, 1992,4(4):22-27.
② 数据来源：Fortune。

覆盖了美国 20 万的消费者群体[1]。可口可乐公司信心满满地将新可乐推向市场之后，却遭遇了惨痛的失败。"从班戈到布尔班克，从底特律到达拉斯，几千名传统可乐的拥护者愤起抵制'新可口可乐'，要求传统口味重新回到市场。"[2]到了 1985 年的 7 月，可口可乐公司再次进行市场调查，偏爱新可乐的消费者下降至 30%。[3]最终，在消费者的压力之下，可口可乐公司恢复了老可乐的生产，新可乐计划宣告失败。

苹果公司前 CEO 乔布斯则对市场调查的方法嗤之以鼻，乔布斯曾经说过："很多时候人们不知道他们想要什么，直到你拿给他们看。"[4]我们比较关注的是可口可乐这次预测失败的原因。罗伯特·西奥迪尼在其《说服力》一书中对该问题的解释是损失厌恶，即当人们知道这个产品买不到时，就会更喜欢它。从心理学的角度出发，消费者的损失厌恶其实是不安全感导致的。安全需求是马斯洛需求层次理论中的第二层次，这个层次是仅高于生存需求的一个层次。损失厌恶心理在人群中极为常见，追求安全的需求基本上覆盖了 100% 的人群，违背了这个重要心理学原理的经营策略是十分危险的。

另外，从创新扩散[5]的角度来讲，第一次产品使用更多的传播路径是新闻媒体；第二次产品使用更多的传播路径是人际关系。这个理论很好地解释了为什么新可乐在推出前有 55% 的接受度和在刚刚上市时火爆

---

[1] Schindler R M.The Real Lesson of New Coke: The Value of Focus Groups for Predicting the Effects of Social Influence[J].*Marketing Research*, 1992,4(4):22−27.

[2] 罗伯特·西奥迪尼.说服力:说服他人的50个秘密[M].冯银银,译.天津:天津教育出版社,2009:96.

[3] Schindler R M.The Real Lesson of New Coke: The Value of Focus Groups for Predicting the Effects of Social Influence[J].*Marketing Research*,1992,4(4):22−27.

[4] 阿伦·拉奥,皮埃罗·斯加鲁菲.硅谷百年史:伟大的科技创新与创业历程（1900−2013）[M].闫景立,侯爱华,译.北京:人民邮电出版社,2016:226−240.

[5] E. M. 罗杰斯.创新的扩散[M].唐兴通,郑常青,张延臣,译.北京:电子工业出版社,2016:317−383.

销售，但上市后不久消费者的接受度就变为 30% 这一现象。在参与市场调查时，每个消费者都是相互独立的，而产品一旦上市，消费者对产品的看法会形成人际传播，即线性系统变成了复杂系统。这个人际传播是一个反身性的过程，在负反馈效应的刺激下，更多的消费者开始倒戈，结果是新可乐失败。

我们关注三原则在该案例中的应用。第一，逻辑解释原则。逻辑上讲，55% 的消费者认同新可乐等于 45% 的消费者不认同新可乐。那么，"将老可乐停产，上市新可乐"就等同于"推出一个重要营销计划，得罪你 45% 的客户"。问题十分明了，操作上至少不应该直接停产老可乐。第二，概率空间一致原则。很多预测失败的重要原因都在这里，由于没有预计到 45% 这部分客户会产生如此坏的社会传播效应，最终导致了整体消费者看法的改变，让 70% 的客户都更为接受老可乐。第三，排除伪线性系统原则。在某些领域，消费者是非常善变的，在一定的范围内是线性系统，但当调查结果或者依据调查结果所采用的经营策略与基本的心理学原理对抗时，这个系统立马变得混沌，导致后果不可预测，让企业的管理层措手不及。

关于市场调查失败的案例还有福特埃泽尔汽车的失败以及美国雷诺烟草控股公司研发无害烟草的失败。这些案例的共同特点就是在市场调查阶段都取得了良好的效果，但新产品一旦上市就立马失败。当然，从市场调查至产品的真正上市，也有很多成功的案例。总体上来讲，通过消费者调查去预测整个产品的接受程度是一个非常好的方法，但我们在应用该方法的过程中，要注意上面提出的三原则。

拓展你的能力圈

每个人都有自己擅长的领域。中国的古话叫："行家伸伸手，就知有没有。"一个心脏外科领域的医生可能对心脏搭桥手术所需要的搭桥材料、术后治疗药物的效果了如指掌。如果他喜欢喝白酒，他可能对主要品类的白酒的口味、消费者评价及白酒的价格也十分了解。但他可能不大喜欢中医（一般情况下，受过西医系统教育的人都非常难以接受中医），所以阿胶这种产品为什么会有那么多消费者购买，对于他来讲是件非常难以理解的事情，更不用谈基于他的经验对阿胶的销售进行预测。这就是每个人的能力圈。

每个人的能力圈大小不尽相同，这与每个人的教育背景和生活经历等因素相关。我们在进行商业活动或者投资时，谨记不要做超出能力圈的事情。如果不能够充分理解未来 10 年某个产业将如何变化，我们最好不要涉足这个领域，因为看不透的就是风险。

能力圈是可以拓展的。在投资领域，或者软科学领域，拓展能力圈最好的方法就是研究历史。比尔·盖茨回忆说巴菲特初次见他时，透露了一种"分析力测试"的方法："第一次见面那天，他还给我推荐了他自己在做的分析力测试，非常有趣。首先，他会选择一个年份，比如 1970年，查看当时 10 家总市值最高的公司。然后前进到 1990 年，看看 20 年后这些公司发展得如何。"[1] 这个方法对于拓展能力圈非常有效果。

在国内，国泰君安证券研究所曾经在 2002 年出版了《未来蓝筹：中国行业龙头研究》，使用这本书来追溯 2002 年至 2016 年这 15 年的历史，是拓展能力圈的一个重要方法。我们现在广泛接受的必然现象，在 2002年其实都是一种或然现象。当年的乳业龙头是光明乳业，规模一直大于伊利股份，现在的情况是伊利反而成了龙头；当年的五粮液无论是营业收入、净利润或者零售价格都比茅台好，而目前的情况是茅台在引领白

---

① 卡萝尔·卢米斯. 跳着踢踏舞去上班[M]. 张敏，译. 北京：北京联合出版公司，2017:151.

酒产业；当年最大的制药企业是哈药集团，而在统计的榜单上根本找不到恒瑞医药的身影。诸如这样的案例非常多，仔细研究历史上产业变化是拓展能力圈的一个重要方法。

另外，拓展能力圈需要具备芒格式思维，即跨学科思维。按照芒格的说法，我们的客观世界并不是割裂的，只不过是各种学科为了自己的研究方便才硬生生地划分出界限。

笔者一般遵循的方法是这样的：第一，从会计学的描述结果出发，即企业的 ROE（净资产收益率）在某一段历史时间内，与社会平均水平之间的关系，是高于均值、围绕均值波动，还是低于均值。从会计的角度去归纳 ROE 变化的原因，是杠杆，是毛利，还是周转率。

第二，从源头寻找经济学的解释。主要考察产业的供求关系、产业内部的规模效应、产业的渗透率、产业技术的创新。最终，确认一个最主要的影响因素，并去考察这个因素在未来发生变化的可能。

第三，去寻找心理学、进化论或者生理学的解释。产业存在的意义就是满足人的需求，我们对所有商业及投资活动的分析最终都归结于对人的分析。人的需求在不同的经济阶段会表现出不同的模式，但本身并不经常发生变化，所以能够找到心理学的依据，去做出更为可靠的预测。关于产业的分析，我们在本书的第三部分会进行详尽的讨论。

第3章　　判别投资框架的有效性

> 蜩与学鸠笑之日："我决起而飞，抢榆枋而止，时则不至，而控于地而已矣，奚以之九万里而南为？"适莽苍者，三餐而反，腹犹果然；适百里者，宿舂粮；适千里者，三月聚粮。之二虫又何知！
>
> ——《庄子·逍遥游》

不可不知的基础概念
复利与现值

马克·鲁宾斯坦的《投资思想史》一书，把现值概念引入股票定价的功劳给了约翰·伯尔·威廉姆斯："虽然我们已经知道并不是威廉姆斯发明了现值的概念，但他扩展了该概念，并提出，在确定条件下，股票的价值等于它所有未来股利的现值。"[1] 可以毫不夸张地说，约翰·伯尔·威廉姆斯的现值思想是金融理论中的第一原理，这个原理的地位好比力学中的牛顿三定律。

我们先解释下复利。设初始投资资金为 C，年投资回报率为 r，投资期限为 n，则期末投资者的资产总值 $= C(1+r)^n$。

复利是股票产生高投资回报的最重要原因。企业通过原始资本的投入，将资本转化为存货，再把存货销售出去变成资本，增值的部分会累积在企业，企业继续使用资本进行投资，在这样的复利效应下，企业会不断地扩大其利润，给投资者带来丰厚的回报。

同样地，长期稳定的投资回报带来的结果也是可观的。我们考虑这样

---

① 马克·鲁宾斯坦. 投资思想史[M]. 张俊生,曾亚敏,译. 北京: 机械工业出版社,2012:96.

一个情景：A 投资者在第一年的投资结果为盈利 100%，第二年亏损 40%，第三年盈利 50%；B 投资者的投资每年盈利 25%。三年后，A 投资者的收益率为 80%，B 投资者的收益率则为 95%。这就是复利导致的差别。

现值则是与复利相反的概念。假设现在你有两种选择，第一种是有人立马给你 1000 元，第二种是在投资回报率为 10% 的情况下，有人在第一年年底给你 400 元，第二年年底给你 400 元，第三年年底再给你 400 元。那么，从现在的角度考虑，哪种方案更值得？你应该如何选择？

我们这样来考虑这个问题，假设投资回报率为 10%，未来三年每年要拿到 400 元的收入，折算到现在的价值是多少。与复利相反，我们需要计算的是初始金额，即现值。

$$现值 = \frac{400}{1+10\%} + \frac{400}{(1+10\%)^2} + \frac{400}{(1+10\%)^3} = 994.74\ 元。$$

即，我们在期初用 994.74 元才能得到"第一年年底 400 元，第二年年底 400 元，第三年年底 400 元"这样的回报。所以，表面上看起来获利更多的第二种方案，考虑到折现，从现在的角度分析反而是不值得的。

复利和现值的概念是所有现代金融理论的基础，各种类型的金融产品定价最终都归结于复利和现值问题。

技术分析

技术分析一直是处于主流学院派理论之外的旁支，股票投资方法大体上分为两类：一类是以研究股票公开市场历史交易价格为基础的，该类理论被称为技术分析，认为通过股票历史价格，可以对其未来的价格进行预测。另一类是以研究公司基本面为基础的，该类理论被称为基本面分析，认为未来公司盈利向好，则股票未来的价格会上涨。本小节我们简要地介绍和分析下技术分析流派。

马克·鲁宾斯坦的《投资思想史》并没有特意提及技术分析，可见正统的学院派是如何不待见这个理论的。大体上讲，技术分析以是否有数学手段的引入划分，分为旧技术分析和新技术分析流派。其中，旧技术分析流派主要包括：趋势理论、K线理论或者K线理论的变种。新技术分析流派则以芝加哥学派为代表，我们会在下一小节细谈。

趋势理论的核心思想是，股本的价格一旦形成某种趋势后会有动力延续。其背后的逻辑是社会心理学原理，由于人是社会性动物，我们的行为更多的是取决于其他人的行为，而并非个人的性格、智力、生活经历等因素。[①] 所以，投资者买入导致股票价格上涨，股票价格上涨吸引更多的投资者买入，下跌反之。在这件事上，智力因素的作用几乎为零。英国皇家学会会长、英国著名的物理学家牛顿公爵也曾经和普通民众一样疯狂地参与炒作南海公司的股票。

最后的结果可想而知，牛顿再也不炒股票了。趋势理论的最重要缺陷是，行情一定会反转，但具体在什么时间点反转却无法预测。最终导致的结果就是，投资者追涨杀跌，参与了整个泡沫，最终都是南柯一梦。

K线理论的核心思想是，通过对K线和成交量的分析，能够大概推算出市场投资者的筹码分布，从而测算出主要的支撑位置和压力位置，进行相应的操作。背后的逻辑是，当股价上涨至前期集中成交的价格时，会有大部分的投资者得以解套，立即卖出，导致股价承压。当股价跌至前期集中成交的价格时，会有大部分的投资者开始亏损，持股不动，导致股价企稳。

这是个盲人摸象式的错误。第一，这个理论首先假定了一只股票的主要交易是由一个投资者完成的，即传说中的主力。因为如果是众多股

---

① 该原理的证明详见加利福尼亚大学洛杉矶分校 Dr. Matthew Lieberman 的公开课，http://open.163.com/special/opencourse/socialpsychology.html.

票交易者形成的集中成交区域，仅能够说明的是投资者的分歧比较大，并不能说明在集中成交区域，大部分投资者会采取一致行动。投资者采取一致行动的后果是股票形成单边趋势，或者根本无法成交，不会形成集中成交区域。第二，市场中并不存在主力。机构投资者是主力吗？从总体上讲，机构投资者的决策与散户的决策并无任何差异。①

至于其他的 K 线理论也需要推敲。三根阳线的排列被称为"红三兵"，暗示着股票即将上涨。如果这个理论成立，我们可以依照相同的逻辑认为，大前天下雨，前天下雨，昨天下雨，所以接下来可能会经常下雨。2015 年 6 月 12 日，上证指数达到了最高点 5178.19，从此开始腰斩之路。而 6 月 10 日、11 日和 12 日三天的 K 线正好都是阳线，是完美的"红三兵"。

芝加哥学派

1959 年，马科维茨出版了《投资组合选择：投资有效分散化》。1990 年马科维茨因其贡献的均值 - 方差模型获得诺贝尔经济学奖。马科维茨也因此成为芝加哥学派投资理论的奠基人物。笔者将芝加哥学派归为新技术分析的重要原因是他们用股票历史收益率的方差来衡量股票的风险。

方差是统计学概念，用来衡量一组统计样本的离散性，方差越大，说明统计样本的离散程度越大。

方差 $= \sum (X-\mu)^2 / N$。其中 X 为样本观测值，μ 为所有的 X 的均值，N 为样本观测值数量。从意义上讲，方差代表着样本观测值偏离均值的幅度。如用其来衡量教师的绩效是比较贴切的。假设 2 名教师，分别教 A 班级和 B 班级，每个班级 5 名学生，成绩表如表 3-1 所示。

---

① 详见：约翰·博格. 共同基金常识 10 周年纪念版[M]. 巴曙松，吴博，等译. 北京：中国人民大学出版社，2011:245-262.

表3-1 两个班级学生成绩的方差分析

名次与统计项目	A 班级	B 班级
第一名	96	90
第二名	85	89
第三名	79	78
第四名	67	66
第五名	57	61
平均成绩	76.8	76.8
成绩方差	232.2	172.7

A 班级最高分比 B 班级高，两班平均分相等，同一排名上 A 班级超过 B 班级成绩的学生有 3 名。但 A 班级的方差比 B 班级大很多，这代表着 A 班级学生的学习成绩并不是那么平均，高低差距相比 B 班级大。如果没有方差指标，我们很难在两组样本中进行这样的比较。同样地，如果经过 3 次模拟考试，B 班级的方差一直都小于 A 班级，我们就可以做出这样的预测：总体上讲，B 班级的学生成绩稳定性高于 A 班级，会在接下来的正式考试中获得相对于 A 班级更稳定的成绩。

但是，以股票过去的收益率方差衡量股票市场未来的风险，这样的做法就值得商榷了。逻辑上讲，这种方法是在利用股票过去的价格轨迹对未来进行估计。由于股票价格特定轨迹是投资者博弈的概率空间下形成的（关于这一点我们会在下一章具体讨论），用过去概率空间下形成的样本值，去预测未来股票的风险，逻辑上并不可行，这与我们之前举的下雨的例子如出一辙。

以沪深 300 指数为例，我们画出了近 10 日收益率方差与近 200 日收益率方差，如图 3-1 和图 3-2 所示。

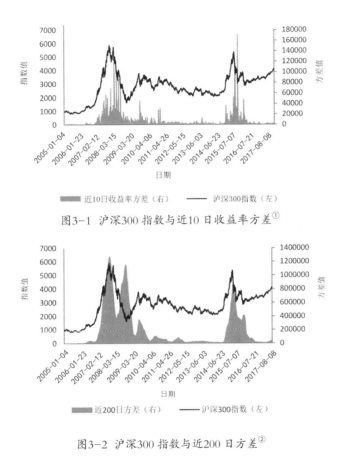

图3-1 沪深300 指数与近10 日收益率方差①

图3-2 沪深300 指数与近200 日方差②

　　根据对两幅图分析的结果，方差衡量风险是滞后的，无法对未来的风险进行预测。那么，为什么方差可以衡量学生的成绩，却无法衡量股票市场呢？根本原因在于股票市场是个复杂系统，其每日的概率空间在不断发生变化。比如2000 年的互联网泡沫、2007 年至2008 年的全球金融危机、2015 年的"改革牛"，这些都是不停变化的外部条件，投资者的

---

① 数据来源：Wind。

② 数据来源：Wind。

博弈结果仅仅是股价众多可能性中的一种。所以，用方差来衡量风险仅仅是技术分析的一个变种而已。

通过方差衡量风险，在实际投资过程中是行不通的。长期资本管理公司（LTCM）是芝加哥学派实践的一个重要代表。LTCM 的创始人主要包括所罗门债券投资部的负责人约翰·梅里韦瑟（John Meriwether），两位对布莱克－舒尔斯期权定价模型（BS 模型）做出重要贡献的诺贝尔经济学奖得主罗伯特·莫顿（Robert C. Merton）和迈伦·斯科尔斯（Myron Scholes），以及原美联储副主席小代维·穆林斯（David W. Mullins Jr.）。LTCM 主要从事债券及固定收益市场的套利与投机业务。它的交易策略有很多种，包括直接的债券单边投机、股票配对交易、收益曲线对冲套利、指数套利、垃圾债券、并购套利、互换利差交易和股票波动幅度交易。其中，让它损失最为惨重的两种交易是股票波动幅度交易和互换利差交易。

股票波动幅度交易与 BS 期权定价模型有关。BS 模型中有一个波动率参数，也是唯一一个确定不了的参数。波动率指的是股票价格在未来一定时间内的波动幅度。在公开市场上，并没有"波动率"可以进行交易，但是可以通过卖出股票期权的方式实现对"波动率"的交易。当股票的预期波动率走高时，对应的股票期权价格也会走高。如果股票的预期波动率服从正态分布（或对数正态分布），则可以在超过 3 倍标准差处进行反向交易，即卖出股票期权。

假设投资者甲买入 A 公司的股票。他长期看好 A 公司，但担心短期内 A 公司的股价下跌，于是向投资银行买入一份看跌期权合约，当 A 公司股价下跌时，甲有权向投资银行以不变价格出售 A 公司股票。这份看跌期权的交易价格会与 A 公司的股票价格呈现相反的走势。可以理解为甲为其持有的 A 公司股票买了一份保险，期权费就是甲付出的保险费。投资者乙，经过研究 A 公司后认为，目前市场的看跌期权价格高估了，即市场给出的保险费太高，因为 A 公司未来 1 年内最大的波动率为 20%（这个波动率在 3 倍标准差之外），可以根据 20% 的波动率，通过 BS 模型计算出看跌期权价格。当看跌期权的价格超过 BS 模型计算出的价格时，则沽出看跌期权。投资者乙采用的交易策略就是股票的波动幅度交易。"长期资本管理公司抛空股票期权的价格，是以市场价格每年的波动幅度为 19% 作为基准的。"[1]

我们利用芝加哥期权交易所公布的波动率指数（CBOE Volatility Index）计算股票波动率，该指数是根据标普 500 的平价期权计算的未来 30 天内的波动率。数据为 1990 年 1 月 2 日至 2018 年 3 月 6 日期间累计 7100 个交易日样本数据，如图 3-3 所示。

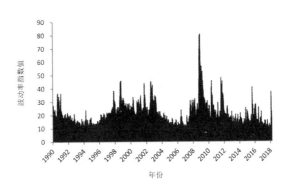

图3-3　芝加哥期权交易所波动率指数[2]

累计 7100 个交易日样本的均值为 19.35，标准差为 7.87，3 倍标准差的上限为 42.96。按照正态分布概率计算，大于 42.96 的概率为 0.135%，对应 7100 个交易日应该有 9.58 个交易日是大于 42.96 的。但

① 罗格·洛温斯坦. 赌金者：长期资本管理公司的升腾与陨落[M]. 孟立慧，译. 上海：上海远东出版社，2006:153.
② 数据来源：雅虎财经。

是，实际上 7100 个交易日中有 120 个交易日大于 42.96。最为极端的 2008 年 11 月 20 日，波动率达到了 80.86，超过了 7 个标准差范围，按照正态分布计算的概率为 0.0000000000002776%，按照一年 250 个交易日计算，这个事件应该 1 万亿年发生一次。所以，波动率分布绝对不是正态分布。但将波动率取对数之后，按照对数正态分布计算的结果仍然无法解释，计算过程如下：

均值＝2.90

标准差＝0.35

3 倍标准差上限＝3.95

理论超过 3 倍标准差上限的交易日＝9.58

实际超过 3 倍标准差上限的交易日＝53

同理计算出的，2008 年 11 月 20 日 ln(80.86) = 4.39 的概率值为 0.0001%，应该 400 年才出现一次。所以，波动率分布也绝对不是对数正态分布。

那么，通过上述的分析可以看出，采用标准差衡量的策略其实并不是十分可靠的。无论是正态分布还是对数正态分布计算出的概率，相对于实际上发生的概率都低得多。

LTCM 的另外一个交易策略——互换利差交易——与利率互换有关。利率互换指的是，签署互换协议的双方相互向对方支付不同性质的未来现金流利息。例如，甲公司在债券市场发行了一笔为期 5 年、票面利率为 5 年期国债到期收益率[①]+500BP 的通胀债券。那么，甲公司这笔

[①] 到期收益率，即可以使投资购买债券获得的未来现金流量的现值等于债券当前市价的贴现率，一般记为 r。国债的到期收益率波动反映了经济体的通货膨胀率水平，通胀率高时 r 上升，反之下降。

债券的利率实际上是浮动的，通胀率高的时候，甲公司所需支付的利率就高，通胀率低的时候，甲公司所需支付的利率就低。这样对甲公司未来 5 年内的财务规划造成了困难，因为每年所需支付的财务费用相对不可预测。甲公司可以通过利率互换将浮动的利息支出转换为固定的利息支出。甲公司与投资银行 A 签署一项利率互换协议，甲公司向投资银行 A 支付年 9% 的固定利息，投资银行 A 向甲公司支付 5 年期国债到期收益率 +500BP 的浮动利息。这样，甲公司的浮动利息支出义务就变成了固定利息支出义务。甲公司向投资银行 A 支付的年 9% 的利率被称为 "互换利率"（swap rate）。"互换利差"（swap spread）则指的是互换利率减基础标的利率的差值。假设合约签署日的 5 年期国债到期收益率为 3.5%，则该笔互换交易的 "互换利差" 等于 9% − (3.5%+5%) = 0.5%。

在美国的场外交易市场有公开的对不同期限国债的互换利率报价。比如我们要计算 30 年国债互换利差，可以采用公式 "30 年期的国债互换利差 = 30 年期国债互换利率 −30 年期国债到期收益率"。互换利差交易指的是对上述的互换利差进行空头或者多头的交易。因为实质上，互换利率是市场对国债利率的未来预期的均值，类似于股指期货与指数之间的关系，两者的趋势应该是一致的。从历史统计来看，互换利差也相当稳定，当互换利差上升至 40BP 以上时，空头的交易策略具有相当大的收益可能性。进一步讲，这种交易策略，其假设基础是互换利差的波动幅度是正态分布的，可以用历史互换利差的方差衡量交易的风险。

1998 年 8 月 17 日，俄罗斯政府宣布将延期偿还它们所欠的所有债务。俄罗斯违约的预期导致全球所有金融机构的一致行为就是买美国国债，美国国债的利率迅速下降，如图 3–4 所示。

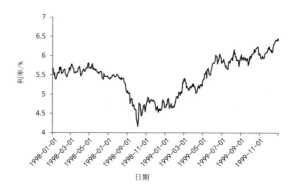

图3-4 美国10年期国债利率（1998—1999）①

美国国债利率的迅速下降，导致了美国国债互换利差的迅速上升（见图3-5），这对LTCM的打击是致命的。1998年9月23日，LTCM无法再维持经营，在美联储的主持下，多家投资银行对其注资然后被接管。

图3-5 美国30年期限国债互换利差（1994—1998）②

在LTCM被接管之后，国债互换利差继续上升，上升的幅度完全超出LTCM的想象力，其后的走势如图3-6所示。

① 数据来源：圣路易斯联储。
② 数据来源：彭博。

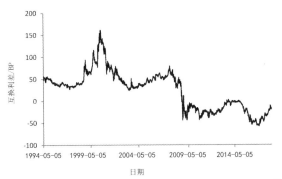

图3-6 美国30年期限国债互换利差（1994—2017）[1]

以事后诸葛亮的看法，LTCM 遵循的国债互换利差交易模型，只不过是历史长河中的一小段，1994 年至 1997 这三年，只是上帝掷了一次色子。凭借这样的交易策略，LTCM 的破产几乎是必然的。

根据罗格·洛温斯坦提供的数据，LTCM 在 1998 年 1 月 1 日至被接管期间，主要的交易类型损失如表 3-2 所示。

表3-2 LTCM1998 年 1 月 1 日到被接管期间不同交易品种的损失额[2]

交易类型	损失金额/ 亿美元
俄罗斯及其他新兴市场	4.3
发达国家的直接交易（如直接沽空日本债券）	3.71
股票配对交易（如大众汽车和壳牌石油）	2.86
收益率曲线对冲套利交易	2.15
标普500 股票指数交易	2.03
垃圾债券	1
并购套利	基本持平
互换利差交易	16
股票波动幅度交易	13

---

① 数据来源：彭博。

② 数据来源：罗格·洛温斯坦. 赌金者：长期资本管理公司的升腾与陨落[M]. 孟立慧，译. 上海：上海远东出版社，2017:153.

总结 LTCM 的失败，最为主要的原因就是用方差这个因素衡量投资风险。方差是滞后的，概率空间也在变化，这种方法犯了"刻舟求剑"的错误。

当然，芝加哥学派并非所有的思想都不可取，马科维茨的均值－方差模型认为，在给定的组合中，可以找到一个最优的组合，即预期收益率不变的情况下，承受的风险最低。在未考虑公司基本经营情况的前提下，分散化的组合有利于降低整体投资的风险，这从理论上和实证检验上都可以证明。这也是大多数投资者都跑不赢沪深 300 的重要原因：大多数投资者并没有对其所投资股票对应的企业进行深入的分析，从而导致其持有的股票风险超出沪深 300 组合的风险，最终跑输市场。

投资框架的实战检验
投资界的九大高手

如何衡量各家投资理论的实战性？我们利用倒推法来实现，在法律框架内，投资框架正确的才能获得财富。所以，我们把 2017 年福布斯全球富豪榜排名前 100 中财富来源为投资的名单抽取出来，如表 3-3 所示。

表3-3 福布斯投资领域财富排名

排名	姓　名	2016 年净资产/亿美元	2006 年净资产/亿美元	财富增长幅度	年龄	财富来源	居住地	国　籍
2	沃伦·巴菲特	756	460	64.35%	86	伯克希尔·哈撒韦	美国	美国
30	乔治·索罗斯	252	85	196.47%	86	对冲基金	美国	美国

续　表

排名	姓　名	2016 年净资产/亿美元	2006 年净资产/亿美元	财富增长幅度	年龄	财富来源	居住地	国　籍
45	瓦利德王子	187	200	−6.50%	62	投资	沙特阿拉伯	沙特阿拉伯
49	詹姆斯·西蒙斯	180	40	350.00%	78	对冲基金	美国	美国
54	瑞·达利欧	168	40	320.00%	67	对冲基金	美国	美国
55	卡尔·伊坎	166	97	71.13%	81	投资	美国	美国
92	史蒂夫·科恩	130	30	333.33%	60	对冲基金	美国	美国
96	菲利普·安舒茨	125	78	60.26%	77	投资	美国	美国
96	罗纳德·佩雷尔曼	125	70	78.57%	74	杠杆收购	美国	美国

上述 9 人中，没有一个是做传统技术分析的，也没有一个是芝加哥学派的（但他们大部分都受到过芝加哥学派系统的教育）。我们对上述 9 人简要的概述如表 3-4 所示。

表3-4 九大高手概要

姓 名	公司名称	毕业院校	主要投资观点或风格	历史业绩	资产管理规模
沃伦·巴菲特	伯克希尔·哈撒韦	内布拉斯加大学林肯分校，哥伦比亚大学	以合理的价格买入优秀的企业，并长期持有	1964 年 至2016年，年化回报率19%	6200 亿美元
乔治·索罗斯	量子基金	伦敦经济学院	基于开放社会、反身性的概念对宏观经济进行分析，发现全球主要经济体的汇市和股市交易机会，通过使用杠杆及空头实现收益	1969 年成立至2011年，索罗斯基金管理公司旗下的量子捐赠基金年均投资回报率达到20%	300 亿美元
瓦利德王子	王国控股公司	美国旧金山门罗学院、雪城大学	基于对公司基本面的分析，购买困境中的公司的股票，买入杰出的公司的大量股份	不详	121 亿美元
詹姆斯·西蒙斯	文艺复兴科技公司	麻省理工学院、加州大学伯克利分校	西蒙斯领导大奖章对冲基金（Medallion）以电脑运算为主导，运用数学模型在全球各种市场上进行短线交易	1989 年 到2009年间，他操盘的大奖章基金平均年回报率35 %。文艺复兴机构期货基金（RIFF），2007 年至2015年年化回报率为2.86%	150 亿美元

---

① 数据截至2015年底。

姓 名	公司名称	毕业院校	主要投资观点或风格	历史业绩	资产管理规模
瑞·达利欧	桥水投资公司	长岛大学、哈佛商学院	严格遵循"不把所有鸡蛋放在一个篮子当中"的理念，投资组合多元化在纯阿尔法基金中得到了极致性体现。该基金在全球金融市场配置资产组合，包含8个资产类别：发达国家货币、新兴市场货币、名义利率产品、名义利率价差产品、通胀挂钩债券、主权国家和企业信贷、股票、大宗商品。"控制风险是始终如一的话题"，达里欧说："因为我不能确定（任何一个市场的未来走势），我不想进行任何集中式投资。"即便桥水投资公司已经在投资领域摸爬滚打了40年，它依然会犯错误，更精确地说，它的判断准确率只有60%左右。"如果不能实现充分的多元化，投资组合在某些时段将会面临不可接受的风险敞口。因此，我们已经建立起一个包含一系列低相关资产的投资组合，确保基金投资收益的平稳性。"	旗下阿尔法基金，自1991年至2015年，在扣除管理费用后，平均每年为投资者创造9.91%的收益，而且只有3年收益率为负。旗下全天候基金在1996年至2014年扣除管理费后的收益率始终维持在8%左右，最高水平出现在2005年，为8.6%，最低水平出现在2012年，为7.4%	1500亿美元

续 表

姓 名	公司名称	毕业院校	主要投资观点或风格	历史业绩	资产管理规模
卡尔·伊坎	伊坎资本	普林斯顿大学、纽约大学（中途退学）	巨量购入看中的上市公司股份后坐稳战略股东位置并迫使公司做出管理或策略的改革，使股价在短时期内快速上升。伊坎并不关心企业发展，只考虑如何从收购和出售股票中获利，其因此也被称为"企业掠夺者"和"企业狙击手"	1968 年至2011 年间伊坎旗下公司的年化投资回报率为31%	317 亿美元
史蒂夫·科恩	SAC 资本、72 点资产管理公司	宾夕法尼亚大学	科恩以"一个贪婪的市场信息收集者"而闻名，2010 年 SAC 资本被美国证监会提起内部交易公诉	1992 年至2010 年，平均年收益率超 30%	120 亿美元
菲利普·安舒茨	安舒茨集团	堪萨斯大学	以并购土地开采石油起家，其后并购不断深入体育、娱乐产业。客观上难以统计他的投资回报率和资产管理规模	不详	不详
罗纳德·佩雷尔曼	麦克安德鲁斯及福布斯控股公司	宾夕法尼亚大学	通常，他会选择买进一家其他投资者都看不上的公司，修修补补之后出售给其他行业巨头。计算这些企业报表中的各种数字，控股、优化进而达到大幅增值的目标，是佩雷尔曼最擅长的技能	不详	不详

通过上表，我们观察到，能够在长期稳定盈利方面做得最好的两位投资大师是排名第一的沃伦·巴菲特和排名第二的乔治·索罗斯。本节重

点考察乔治·索罗斯的投资之道。关于巴菲特的投资智慧，在本书第 11 章会专门进行讨论。

乔治·索罗斯的投资之道

索罗斯是犹太人，1930 年出生于布达佩斯，1949 年进入伦敦经济学院，师从罗宾斯。索罗斯对罗宾斯的经济学丝毫不感兴趣，并在学生时代开始批判市场均衡理论。索罗斯在伦敦经济学院更为感兴趣的是近代哲学家卡尔·波普。卡尔·波普的科学证伪主义解决了科学史上的归纳法难题，对索罗斯产生了深刻的影响。基于科学证伪主义，索罗斯开始构建他自己的本体论和认识论。索罗斯具有深厚的哲学功底，其公开发表的著作很多，最著名的两本为《金融炼金术》和《开放社会：改革全球资本主义》。索罗斯的著作较为偏重的是哲学理念，而非操作层面的技术性问题。我们将索罗斯的分析框架归结为如下四点理论：反身性、不可预测性、可错性和创造性谬误。

1. 反身性

在传统的硬科学领域（量子力学诞生之前），我们观察的现象是客观的。地球围绕太阳公转就是一个客观现象，不以我们的意志为转移。所以，科学家们对这类现象进行归纳、实证，形成定理。牛顿物理学三定律就是这样诞生的，相对论也是这样诞生的。量子力学之后，由于观测者会对观测的客观现象产生干扰，客观现象不再那么客观。在观测量子之前，量子其实是一团雾状的概率云，量子存在于这团云的任何地方，只有当观测者去观察量子时，量子的概率会瞬间坍缩至观测者看到的位置[1]。

在软科学领域，客观现象根本不存在。人群参与历史进程，历史进程也反过来影响人群的想法。比如二战时期，希特勒鼓吹日耳曼人是世

---

[1] 感兴趣的读者可阅读布鲁斯·罗林布鲁斯的《量子之谜：物理学遇到意识》一书。

界上最优秀的民族，德国的老百姓信了，发起了灭绝犹太人的战争。这是第一步，即参与者决定了历史进程。接下来，被侵略的苏联人开始同仇敌忾、奋起反击，苏联人认为自己是战争中正义的一方，他们反抗法西斯的侵略。这是第二步，历史进程又反过来影响人群的想法。如此往复，不断地循环。这一帧一帧连续的事件和群体意识形成了历史，也构建了当前的社会。

金融市场领域作为软科学最好的实验室，存在大量的反身性现象。特别是正泡沫的产生和负泡沫的产生，完全由反身性主导。由于某种基本面因素产生变化，向好发展→股票价格上涨→投资者观察到股票价格上涨→买入股票→导致股票价格进一步上涨→某种基本面因素开始向坏发展→股票价格停滞→股票价格下跌→投资者卖出→股票价格进一步下跌。这是市场产生泡沫的一个完整的过程。

因此，我们在分析某项投资时，要考虑反身性因素。由于反身性的广泛存在，市场群体会产生正泡沫和负泡沫偏见，我们借助这些集体性的偏见来发现盈利机会。戴维斯对这个过程的总结十分到位，未来公司的盈利上升与股票的估值上升，被称为戴维斯双击。相反的情况被称为戴维斯双杀。多头标的最好的情况就是戴维斯双击。

值得注意的是，并非所有的金融产品都会产生反身性现象，但有反身性现象的金融产品才有大的交易机会。"在任何情况下反身性模型都不能取代基本分析，它的作用仅限于提供基本分析所欠缺的成分。原则上这两种方法可以调和，基本分析试图确立潜在价值如何反映在股票价格中，而反身性理论则表明了股票价格如何影响潜在价值，一幅是静态的图景，另一幅则是动态的。"[1]

---

[1] 乔治·索罗斯. 金融炼金术[M]. 孙忠，侯纯，译. 海口：海南出版社，2016:11.

2. 不可预测性

软科学中的现象广泛存在反身性，并不像传统硬科学领域中的现象那样严格遵循因果关系。参与者本身的想法与现象之间相互影响，使得我们对理论的检验基本上无法完成，还使得我们对未来的预测难度加大。

在硬科学领域，真理的检验标准是做出的预测与实验观察的现象一致。比如爱因斯坦的相对论可以用日食来证实，也可以用洲际导弹的打击轨道来证实。但是在参与者的意识会影响现象的领域，现象的产生变成了一种概率，也就是说，最后观察到的现象是有可能发生的，也有可能不发生的。比如，著名的兰德咨询公司最自豪的案例是它把一份关于中国会进行抗美援朝的报告在朝鲜战争结束后卖给美国国防部。兰德公司在中国未出兵朝鲜之前，对美国国防部的开价是 500 万美元。战争结束后，国防部为了检讨战争教训，以 200 万美元从兰德公司购买了这份"过时的报告"。如果中国的确最后没有出兵朝鲜呢？兰德公司引以为傲的分析逻辑和分析结果会不会很尴尬？

由于理论具有不可检验性和集体行为的预测难度很大，我们很难把握具体的时间点。索罗斯在其书中披露了他曾经参与互联网泡沫做空失败的案例，索罗斯在市场高点到来前的空头仓位使得他最终没能够等到胜利曙光的到来，如图 3-7 所示。

我们在股票软件中可以清晰地看到过去泡沫的高点在哪里，但身处其中之时，我们难以判断高点究竟在哪里。

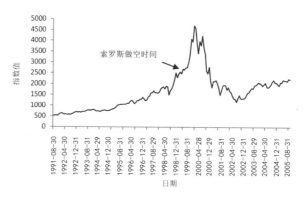

图3-7　纳斯达克指数①

3. 可错性

基于反身性、偏见和不可预测性，索罗斯推导出了可错性，即任何对事物的认知或人类构建的框架都不是完美的。这个不完美的框架时刻接受着可错性，才能进一步完善，更好地适应客观世界和时代的发展。

"可错性的意思是指，参与者的思维与事物的实际状态不一致，行动往往会带来出人意料的后果。事情未必一定与预期相悖，但却往往会这样发展。许多平凡的日常事件不会与预期有太大的出入，但与预期有出入的事件一般来说更有意义，因为这些事件可能改变人们对整个世界的看法，而且可能引发一个反身性过程，一个自我证实、自我加强和自我毁灭的过程。当它发生时，这种过程会促使流行的观点与事态发展背道而驰，而且很难保证它们会再回到原来的发展轨道。在通常情况下，错误往往会被纠正，但是当某种观点能够自我证实时，其错误性要等到很久之后才会表现出来，而这时有关的现实情况已经发生了变化。"②

我们在第一章考察了西方硬科学的进化史，每次科学取得的重大突

---

① 数据来源：通达信。

② 乔治·索罗斯. 开放社会：改革全球资本主义[M]. 王宇，译. 北京：商务印书馆，2001:26.

破都源于对过去的原理及常识的打破，这样的进化使得西方物理学和数学这两门学科目前在统治世界。

"大部分人都不愿意承认自己的错误，而我却会为发现自己的错误而感到由衷的高兴，因为我知道，它能使我免遭金融灾难。因为我假设每一种投资方案注定有缺陷，我很想知道这些缺陷到底是什么，这并不阻碍我的投资业务，相反，当我知道潜在的危险时，我反而感到安全，因为它能够告诉我寻找什么迹象以避免损失。任何投资都不可能永远提供超常收益。即使一个公司具有稳固的市场地位、出色的管理和不同寻常的利润边际，股票也会被高估，管理层也会变得自满，竞争或管制环境也会发生变化。因此，聪明的做法是找出自己美中的不足。当你知道错误在什么地方时，就会在市场竞争中立于不败之地。"[①]

索罗斯的这点总结极为精炼，应用至投资实战，笔者的理解是，投资者必须清楚的是，他建立的任何投资标的都务必找到其风险触发条件。比如，茅台的最大问题在于茅台的经销商经常在茅台价格上涨时囤货，在茅台价格上涨预期的情形下，消费者根本买不到茅台。有一些因素会导致茅台经销商预期茅台价格会下跌，又开始集体甩货，最终导致茅台的价格下跌。甩货导致了经销商向茅台厂拿货的意愿不强，最终形成茅台报表上的应收科目。所以，当一些触发茅台经销商甩货的条件起作用时，应该予以警惕，小心评估它们会对茅台造成的影响。好在，茅台的存货是一种伴随时间而增值的产品。

不同的标的，其风险触发条件是不同的，不可一概而论。但，凡是投资标的，必然不是完美的，如果不知道投资标的的风险点在哪，最好不要盲目投资。巴菲特曾经说过："玩扑克牌时，总会有个人是傻瓜，如

---

① 乔治·索罗斯. 开放社会:改革全球资本主义[M]. 王宇,译. 北京:商务印书馆,2001:50-51.

果你不知道是谁，那么就有可能是你。"

4. 创造性谬误

令人困惑的是，索罗斯既否认市场的可预测性，也否认了完备框架的存在，这个观点之下如何让人进行投资？索罗斯竟然凭借对金融市场的这种认识，登上了福布斯富豪榜的第 30 位？

"我会以我提出的某一种假说作为我投资的理论基础，这一假说必须不同于人们已经普遍接受的观念，两者之间差异越大，潜在利润就越大。"[1]

"与科学的不同之处在于，在金融领域中，能够带来利润的假说不一定都是正确的，因为它具有反身性，所以只要它能够为大家普遍接受，也就足够了。但是，一个错误的假说不可能永远流行，这就是我喜欢依据那些有望为人们普遍接受但却有缺陷的假说进行投资的原因，但前提条件是我必须知道它的缺陷是什么。这一观点可以使我及时脱手。我把我的有缺陷假说称为'创造性谬误'，这是我的历史理论以及我在金融市场上取得成功的基础。"[2]

索罗斯的投资逻辑认为由于人类认识的偏见导致了反身性的产生，而反身性决定了未来根本无法预测。但是客观事物接受可错性，即集体性认识的偏见总有一天是要纠正其错误的。从这点出发，索罗斯定义了"创造性谬误"，即他的投资方法需要找到一个假说，这个假说必须与大众的预期有差距，因为大众的预期是错的，市场会纠正这个错误。索罗斯在其《金融炼金术》一书中披露了其参与的投机房地产贷款信托基金的一个案例，全文如下[3]（索罗斯的原文并没有注释，该文章的注释都是笔

---

① 乔治·索罗斯. 开放社会：改革全球资本主义[M]. 王宇，译. 北京：商务印书馆，2001:51.
② 乔治·索罗斯. 开放社会：改革全球资本主义[M]. 王宇，译. 北京：商务印书馆，2001:51.
③ 乔治·索罗斯. 金融炼金术[M]. 孙忠，侯纯，译. 海口：海南出版社，2016:16-19.

者根据自己的理解增加的）。

抵押信托[①] 案例研究

（1970 年 2 月）

概　念

　　表面上，抵押信托类似于预期实现高额当期收益率的共同基金，实际却不然。抵押信托的魅力在于它们能够以超过账面价值的溢价出售追加股份，从而为股东带来资本收益。如果信托单位账面价值为 10 美元，股本收益率12%，以每股20 美元的价格抛售追加股份，令其股本翻番，账面价值将升至13.33 美元，每股收益将由1.20 美元升至1.60 美元[②]。

　　出于对高收益和每股收益高增长率的预期，投资商们愿意支付一笔溢价。溢价越高，信托（的股票）就越容易满足他们的预期。这个过程是一个自我加强的过程，一旦进展顺利，信托就可以在每股收益上表现出一种稳定的增长，尽管实际上它将收益全部作为股息支付了出去。较早参与这一过程的投资商能够享受到高额股权收益、上升的账面价值以及超出账面价值的不断上涨的溢价的综合效益。

分析步骤

　　证券分析的惯用方法首先是试图预言将来的收益水平，然后

---

① 抵押信托，此处主要指的是房地产抵押贷款信托，运作模式是，由出资人共同成立，管理人将出资人的资金投向于房地产贷款，以获得收益，并将收益分配给投资人。其有别于国内的信托。为了便于理解，读者可以将美国的这类房地产企业贷款信托理解成一个企业法人，进行独立的上市交易，交易的标的即信托的份额。

② 索罗斯在此处并没有讲清楚算法。我们举这样一个案例便于读者理解，初始信托的资产为1000元，有100 份，每份信托单位的面值为10 元。现在有新的投资者要加入这个信托，但新加入的投资者出资1000 元，仅能够占有50 份信托单位，每份的价格为20 元。增资后，信托的总资产为2000 元，总份数为150 份，则每份的信托单位面值为13.33 元。原来的每份信托收益为10 元×12%，即1.2元。增资后的信托收益为13.33×12%，即1.6 元。这个过程的实质是后进入的投资者必须溢价购买信托份额，先前进入的投资者就享受了这份溢价。

推测投资商可能愿意为这一收益而支付的股票价格。这一方法不适用于分析抵押信托,因为投资商为这些股票支付高价的意愿是决定将来收益的重要因素。[1]

在此,我将就整个自我加强的过程做出预言,而不是分别预言将来的收益和估价。首先要确定彼此相互加强的三个要素,用它们勾勒出一个可能的发展过程的脚本。这三个因素是:

1. 抵押信托资本的实际回报率[2];

2. 抵押信托规模的增长率[3];

3. 投资商的认可,比如,在给定的每股收益增长率下投资商所愿意支付的市盈率[4]。

脚 本

第一幕:目前,建筑贷款的实际收益处于最佳状态。不但利率高而且损失处在一个相对较低的水平上。住宅需求尚未得到充分满足,新住宅很容易找到买主;资金短缺;顺利进展的工程在经济上被证明是合算的。仍在开业的建筑商比之繁荣末期时更为富裕和可靠,他们将竭力加快施工进度,因为资金实在是太昂贵了。不错,劳动力和原材料的紧缺造成了违约和延误,但上涨的成本容许抵押信托毫无亏损地清偿他们的承付款项。货币供应紧张,临时资金来源相当有限。投资商已经开始接受抵押信托的概念,因而新信托的成立和现有信托的扩张成为可能。自我加强的序列过程启动了。

第二幕:一旦通货膨胀压力减轻,建筑贷款的实际收益率就会

---

[1] 原因详见上一个注释的案例。

[2] 指的是信托资产在管理人的投资下,实质产生的抵押贷款回报率。

[3] 指的是后加入投资者的规模。

[4] 指的是溢价率,即追加投资者愿意以超出多少信托面值的价格进行追加。

下降。① 但是，与此同时却会出现一个房地产的旺季②，可以指望在有利可图的利率水平下获取银行贷款。由于杠杆比例升高，即使实际收益下降，股权资本收益率仍然得以维持③。市场膨胀，投资商日渐友好，超出账面价值的溢价一帆风顺。抵押信托公司可以充分收获溢价的好处，并且其规模和每股收益同时迅速上升。既然进入这个领域不受限制，抵押信托公司的数量也就不断增加。

第三幕：自我加强的过程将一直持续，直至抵押信托公司争取到建筑贷款市场的一个可观份额。日益加剧的竞争迫使他们冒更大的风险。建筑行业弥漫着投机的气味，呆账增加了。房地产的繁荣难以为继。全国各地都出现了房产过剩的现象，房地产市场趋向疲软，价格暂时下降。此时，必定有一些抵押信托公司在其资产组合中出现大量的拖欠贷款④。银行就会感到恐慌，要求各个公司按贷款额度偿还。

第四幕：投资人的失望情绪影响了对整个板块的估价，较低的溢价和放慢了的增长率将反过来降低每股收益的增长⑤。市盈率下降，整个板块进入了淘汰期。幸存的企业走向成熟：几乎没有新的进入者，还可能会实施某些管制，现有的企业将稳定下来并满足于适当的增长率。

---

① 和平时期，利率的主要影响因素为通胀率。

② 利率的下降，会刺激房地产的消费。一方面，源自利率下降，贷款买房的成本会降低；一方面，源自大众积极认可利率降低会导致房价上涨，进而刺激买房。

③ 笔者理解，此处指的是房地产抵押贷款信托本身也在向银行借贷，以放大自己的杠杆倍数。净资产收益率＝杠杆倍数× 总资产回报率。只要信托贷款产生的利率高于信托向银行借贷的利率，杠杆越大，房地产抵押贷款信托的回报率就越大。

④ 房地产开发商的自有资金比率其实很低，其能够偿还贷款的前提是房屋能够成功销售。

⑤ 即没有新近投资者愿意付出高于信托面值的价格加入这个信托了。考虑与我们之前那个例子相反的情形。

评　估

淘汰过程在相当长的时间后才会见分晓。在此之前，抵押信托公司早已在规模上实现了成倍的扩张，抵押信托的股份将会取得巨额的收益。暂时不存在令投资人踌躇不前的威胁。

当前的真实威胁在于自我加强的过程能否启动。在如此严重的市场衰退期间，甚至12%的股权资本收益率也不能吸引投资商付出任何溢价。由于担心这一点，我们更倾向于期待另一种环境的来临。在那种环境下，12%的收益会比今天更有吸引力。最好是在近几年集团企业和计算机租赁公司的自我加强过程结束[①]，进入淘汰期之后。在这样一种环境里，应该会有可资用于刚刚开始的自我加强过程的充足的货币供应，特别应当认识到的是，它已经成为场内唯一可能的游戏了。

即使这一程序未能启动，投资商也可以找出避免账面价值下降的办法。新的信托公司以账面价值加上包销佣金（通常为10%）的股价上市，绝大多数最近成立的信托公司以仍然适中的溢价销售其股份，我们应该记得，当其资产充分用于临时贷款后，抵押信托公司账面上的盈利，在不记杠杆作用时为11%，在1:1的杠杆条件下为12%[②]。超出账面价值的适中溢价，甚至在没有增长的情况下似乎也是合理的。

如果自我加强的程序真的启动了，善于经营的抵押信托公司的股东们在未来几年里就可以享受包括高额的股权资本收益、账面

---

① 即资金关注点，其他关注点都无法吸引资金时，资金会被吸引至房地产抵押贷款信托的投资上来。

② 1000元的信托资产，信托向银行以10%的贷款利率再贷款1000元，即杠杆比率为1:1。信托投放贷款的收益率为11%，则，自有资金部分的收益为1000元×11%＝110元。贷款部分产生的收益为1000×（11%-10%）＝10元。则，总收益＝自有资金部分收益+贷款部分产生的收益＝120元。所以，1:1的杠杆下，信托资产的回报率＝120元/1000元＝12%。

价值上升和溢价上升的综合效益。至于其资本收益的潜力，可以回想一下近期股市历史中那些自我加强过程起始阶段的情景。

索罗斯的这个投机案例严格遵循了其分析框架，我们对这个案例做如下的要素提取：

假说：出于对高收益和每股收益高增长率的预期，投资商们愿意支付一笔溢价。溢价越高，信托（的股票）就越容易满足他们的预期。这个过程是一个自我加强的过程，一旦进展顺利，信托就可以在每股收益上表现出一种稳定的增长。

创造性谬误：投资人的失望情绪影响了对整个板块的估价，较低的溢价和放慢了的增长率将反过来降低每股收益的增长。市盈率下降，整个板块进入了淘汰期。

假说无法实现的后果：最低 12% 的年化收益率。

反身性分析无法取代基本分析：通过这个案例，我们了解到反身性分析的基础是扎实的基本面分析，两者需要有机地结合起来。

整个市场的演变完全遵循了索罗斯的预计，索罗斯在这次案例中获利颇丰，后面的故事如下：

我大力投资于抵押信托公司，市场对那份研究报告的反应超出了我的预期，因此而获利就是很自然的了。接着我为自己的成功忘乎所以，在不景气时积压了一笔客观的存货，我坚持着，甚至还增加了我的存货，我密切注意这些企业的发展长达一年之久，适时卖掉了我的存货并获利丰厚。此后我即同这一板块断了联系，直到数年后问题开始暴露出来。我禁不住想开设一个空头账户，可是由于我不再熟悉这个领域而受挫。不过，当我重读了自己几年前写下的这份报告后，我为自己的语言所折服，我决定几乎不加分别地卖空这一板块的股票。当股价下降时，我卖空额外股份，保持我的敞口水平。早先的预言实现了，大部分的抵押信托公司破产了。我在空头的盈利超过了100%——考虑到空头的最大利润就是100%，这种成绩简直匪夷所思（其解释是由于我一直在抛售额外的股份）。①

---

① 乔治·索罗斯. 金融炼金术[M]. 孙忠，侯纯，译. 海口：海南出版社，2016:20.

第二部分

市场与价格：
影响投资收益率的因素

第二部分我们主要谈股票投资的第二支柱——市场的本质是什么。核心问题在于需要解答股票价格究竟是由什么因素决定的。这个问题是国内外金融学界研究得最多的，目前绝大多数的学者认为股票价格遵循随机游走模型，即股票价格不可预测。这部分内容我们将探究股票价格究竟是否像大多数学者认为的那样。

第4章　市场可以有效反映股票的价格吗？

你不能听市场先生的话，以为他肯定是正确的。市场
先生的话，你要听，但是听的时候多留心，我抓住他犯傻
的时候，就扁他一顿。

——巴菲特

有效市场假说

尤金·法玛（Eugene F. Fama），有效市场假说（the efficient markets hypothesis，EMH）的集大成者，芝加哥学派的代表性人物，2013年获得诺贝尔经济学奖。简单来讲，有效市场假说认为股票的价格完全准确地反映其对应公司基本面的信息，投资者无法通过股票的交易获得超额收益。这一假说的逻辑基础是市场竞争，由于为数众多的投资者在研究关于公司任何基本面的消息，并迅速地做出反应，导致公司的股价立即反映了公司基本面变化，从而导致了投资者总体上无法通过交易股票获得超额收益。按照有效市场假说，由于股票市场的价格严格地反映了关于公司基本面的消息变化，而公司未来的基本面是无法预测的，因此股票的价格也就无法预测，股票的价格遵循随机游走模型，或者说股票的收益率满足对数正态分布。在实证方面，主要可以通过相关性检验、游程检验、交易规则检验等方式为有效市场假说提供证据。

笔者按照对数正态分布随机数生成股票价格，然后截取了一段真实沪深300指数的走势，对比如图4-1所示。

图4-1　利用对数正态分布随机数生成的股票价格与截取沪深300指数的真实股票
价格（1000个交易日）

那么，上图中（a）与（b）究竟哪个是真实数据？哪个是用随机数生成的呢？单凭肉眼观察，其实很难区分。在1000个左右交易日的范围内，随机数的确可以做到以假乱真。我们把周期拉长至3000个交易日，如图4-2所示。

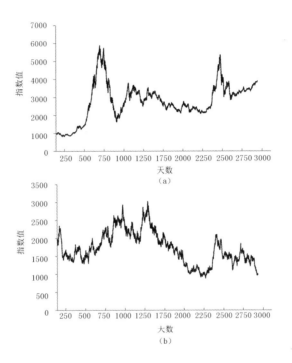

图4-2 利用对数正态分布随机数生成的股票价格与截取沪深300指数的真实股票价格
（3000个交易日）

相信此时，很好区分哪个是真实数据，哪个是随机生成的。那么，原因在哪呢？可能是我们对图 4-2（a）太熟悉了。图 4-2（a）有两个明显的特点，分别是 2007 年的大牛市和 2015 年的大牛市，这两次大牛市让我们对这幅图印象深刻。如果我们将图 4-2 转换为日收益率分布图，则观察的效果更为明显，如图 4-3 所示。

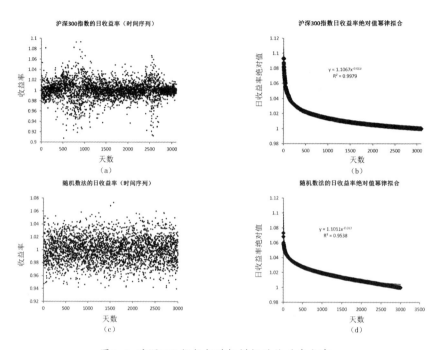

图4-3 沪深300指数与随机模拟的收益率分布

图 4-3 的（a）和（c）两张图，收益率逃逸出 0.94～1.06 界限的点，（a）明显多于（c）。同样地，（b）和（d）两张图中，（b）超过 1.08 的点明显多于（d）。所以，我们看到了按照幂律拟合（b）可以达到 0.9979，而（d）只有 0.9538。正是这些逃逸出去的点导致了股票市场的剧烈波动。

我们无法很好地区分图 4-1 中两幅图的差别，根本原因在于，股票市场在短时期内的收益率分布的确是满足对数正态分布，但是时间周期一旦拉长就呈现出幂律分布。换句话说，在短期内，投资者与投资者之间相互独立分析股票价格，这时候股票的价格显现出完全的随机性，市场非常有效，我们很难通过这样的市场去赚钱；然而，在长期的某一段时间内，投资者与投资者之间开始相互影响，市场主流观点会在投资者之间传播，或者市场本身在影响投资者的一致行为，市场的波动性放大，市场收益率的点逃逸出正态分布的概率限制，最终形成了幂律分布，而每当市场在投资者的一致行为影响下，都会形成大幅波动，从而形成急速的牛市和熊市。而这样的波动则是超额收益的来源，按巴菲特的描述是："当别人贪婪时，你就该恐惧；当别人恐惧时，你就该贪婪。"按索罗斯的描述是："与科学的不同之处在于，在金融领域中，能够带来利润的假说不一定都是正确的，因为它具有反身性，但只要它能够为大家普遍接受，也就足够了。"

行为金融理论

与法玛同年获得诺贝尔经济学奖的是罗伯特·希勒（Robert J. Shiller），耶鲁大学的金融学教授，行为金融学领域的先驱。希勒曾师从查尔斯·金德尔博格（Charles P. Kindleberger），且受其影响，非常关注金融泡沫领域。希勒对有效市场假说提出质疑。按照有效市场假说，股票的价格是对未来股利的无偏估计。但长期看，股利的波动性很低，而股价的波动性却很高，如图 4-4 所示。

图 4-4 是标普 500 指数的价格与盈利，我们观察到股票价格的波动性要远远大于盈利的波动性。

我们发现，标普 500 指数的价格围绕其价值在上下波动。这个现象在我们国家的股票市场中也存在，具有普适性，如图 4-5 所示。

那么，由于盈利或者股利[①]长期表现出相当稳定的特点，而股票的价格则围绕其上下波动，采用 PE 指标可以预测股票未来的收益率。罗

---

① 盈利与股利两者完全具有正相关性，盈利是获得股利的原因。从股票定价上讲，这仅仅是会计上对于控制权与非控制权的区分而已，在经济意义上，两者不存在差别。所以，在应用于这两者与股票价格的关系上，我们并未着重区分。

伯特·希勒用30年期的移动平均 PE[1] 去预测收益率，如图4-6所示。

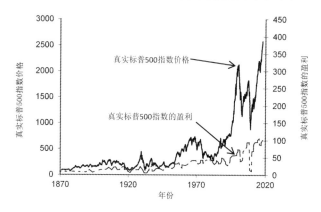

图4-4　市场过度波动[2]

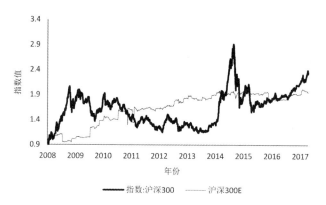

图4-5　沪深300指数的价格围绕其盈利上下波动[3]

---

[1] 解释因子的计算公式为：P（t）/ave（E30），其中P（t）为当前的股票价格，ave（E30）为过去30年间的净利润均值。被解释因子的计算公式为：P（t+10）/P（t），其中P（t+10）为10年后的股票价格，即股票的10年期涨幅倍数。

[2] 数据来源：罗伯特·J.希勒.非理性繁荣[M].廖理，施红敏，译.北京：中国人民大学出版社，2001：202－203.

[3] 数据来源：CEIC数据库。

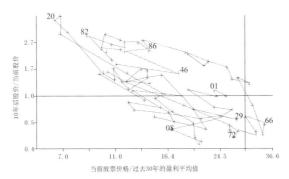

图4-6 30年期移动平均PE预测标普500指数10年收益率（1901年至1986年）①

结果显示，两者具有明显的负相关性，随着时间的拉长，预测收益率的 R^2 在上升，10年的 R^2 为0.432，30年的 R^2 为0.615。②

至此，我们看到罗伯特·希勒的相关研究对有效市场假说是一个强有力的挑战，用巴菲特的话表述即为"股市达成欢腾共识，你得支付更高买价"。从经验上来讲，笔者更为赞同罗伯特·希勒的相关研究成果，当然对有效市场假说也不能小觑，市场的整体有效性越来越高，获得超额收益的机会也越来越难，在众多聪明投资者激烈竞争下，想获得超额收益既要具有远见，又要小心谨慎，这是投资之路令人非常着迷的一个特点。

市场先生理论

回到本章开头的引文，这是2008年巴菲特在与加拿大韦士敦大学

---

① 数据来源：Shiller R J. Price-Earnings Ratios as Forecasters of Returns:The Stock Market Outlook in 1996[EB/OL]. （2016-03-11）[2018-11-20] http://www.econ.yale.edu//~shiller/data/peratio.html
② 罗伯特·J. 希勒. 市场波动[M]. 文忠桥,卞东,译. 北京:中国人民大学出版社,2007:363.

毅伟商学院（Ivey Business School）的学生交流时说的一段话。[1]市场先生理论是巴菲特的老师格雷厄姆提出的，巴菲特将这个理论在实践应用中发挥得淋漓尽致。在《格雷厄姆投资指南》一书中，格雷厄姆的表述如下：

> 假设你拥有某一私营企业1000美元的小额股份。你的一个同伴，不如称为市场先生，非常乐于助人，每天告诉你关于他对你的股份价值的想法，另外根据情况他提出购买你的股份或是卖出你的一些股份。有时根据你自己对该公司的发展前景的了解，他的想法好像是可行的、正确的。但是，他经常过于兴奋和担心了，有时你甚至觉得他的建议有些愚蠢。如果你是一个自信的投资者和明智的商人，你会让市场先生每天的意见来决定你对自己1000美元股份的看法吗？在你同意他的想法时，或你想同他做交易时，或当他供给你一个高得不可思议的价格时，你可能会很高兴把股份出售给他。而当他出一个极低的价格时，你可能也会同样乐意从他那里购买一些股份。但其他时候，你将更加明智地根据公司关于其运营和经济状况的报告来形成自己的判断。[2]

经过本章前两节的分析，相信我们已经认识到这样的观点：大部分时间内的股票价格是有效的，或者说对于投资者来讲是无利可图的；只有当股票市场开始狂躁，价格出现大幅的波动时，这时候市场的价格就无效

---

① 详见：A Discussion of Mr. Warren Buffett with Dr. George Athanassakos and Ivey MBA and HBA students [EB/OL].（2008-03-31）[2018-10-06] https://www.ivey.uwo.ca/cmsmedia/2809438/buffett-2008.pdf.。

② 本杰明·格雷厄姆.格雷厄姆投资指南[M].王大勇,仓文彬,译.南京:江苏人民出版社,2001:54-55.

了，对投资者来讲是赚钱的大好机会。这是对股票市场最为基础的认识，但在实践中仍然有很多方面执行起来是很困难的。因为大部分的时间里，好公司的价格一点都不便宜，而价格很便宜的公司看起来又很有问题。

这个即霍华德·马克思在其《投资最重要的事》一书中所谈的"第二层次思维"。第一层次思维是：这是一个好投资机会。第二层次思维则是：这个投资机会是不是也被其他人看好，导致了这个机会所需付出的成本很高？同样，关于负面的投资思维，第一层次是：这是一家非常糟糕的企业，有很糟糕的前景。第二层次则是：这家企业真的有那么糟糕吗？是不是其他人过于悲观了，导致对这家公司的估价太低了？这个思维其实是反人性的，我们人性中很重要的一些思维方式和行为都是依靠他人的看法，这是因为这样的方式非常适合个体在自然环境下的生存，我们的大脑在自然环境下进化了数十万年，非常擅长以这样的方式去解决问题。我们来看以下两篇"旧闻"。

旧闻一：(《中国工业报》，2007 年 03 月 27 日 A02 版)

　　未来一段时间内，世界钢铁价格将随着世界经济的发展而平稳运行，处在一个温和上涨走势当中。对于钢铁业来说，机会是长期存在的，关键是要相信市场经济的运行有它自身的规律。这一规律，曾经造就了美国钢铁业的辉煌，而后又造就了日本钢铁业的光辉，那么下一个辉煌会在哪里？答案是，世界钢铁业发展的下一个里程碑将树立在中国，中国将凭借其成本和规模的比较优势书写世界钢铁业发展的又一丰碑。[①]

旧闻二：(《21 世纪经济报道》，2015 年 10 月 26 日 13 版)

　　世界范围内看，过去30年，只有伊拉克曾因战争经济收缩五

---

① 分享"钢铁红利"——世界钢铁业下一里程碑在中国？[N]. 中国工业报,2007-03-27(A02).

成,经济衰退10%的希腊,就引发了欧元区危机。今年上半年数据显示,博彩业不景气导致澳门经济收缩四分之一,对澳门各界来说,这无疑是一个严峻挑战。

与博彩业处境类似的是房地产业。家住澳门半岛南湾一带的叶先生告诉《21世纪经济报道》记者,他所住的小区单元价格已经比去年跌去了四成左右。澳门统计局数据显示,这一带的住宅总体价格在去年第二季度为20.7万澳门元每平方米,而至今年第二季度,这一价格跌到了11.8万澳门元每平方米。

此外,外围经济影响供求关系,旅客来澳门的人数亦减少,澳门整体酒店房价下跌。来自深圳的周小姐告诉《21世纪经济报道》记者,今年以来她突然发现澳门的高档酒店价格便宜了很多。"今年6月我来澳门发现,金沙城喜来登酒店的房间大约是800澳门元一晚,但我这次来,居然不到600澳门元。"[1]

我们观察上述两篇报道发出之后相关的上市公司的股价,如图4-7、图4-8所示。

在一片大好的欢呼声中,钢铁业给投资者带来了沉重的打击;相反,在一片唱衰之声中,博彩业却给投资者带来了意外的惊喜。从本质上来说,上述引用的两篇旧闻都是霍华德·马克思所说的"第一层次思维"。大多数新闻稿都是在几天之内写作完成的,高产的记者基本上都是一天一篇。因为新闻的第一要素是"新",所以新闻在把握事物的本质上存在弱点。普通投资者每天接触最多的就是这样生产出来的新闻,所以新闻媒体对股票市场产生了强大的影响力。阅读特定行业的新闻之后,流行的观点就会在投资者之间传播,导致看好或看衰市场的现象,如2007年

---

① 卜凡. 连续16个月下滑:澳门深度调整[N].21世纪经济报道,2015-10-26(13).

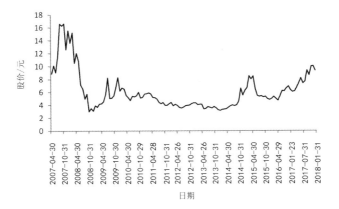

图4-7 2007年3月以来的宝钢股份股价（前复权）[1]

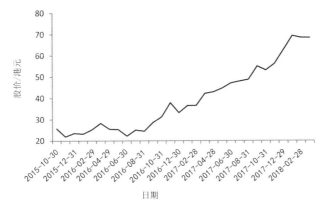

图4-8 2015年10月以来的银河娱乐股价（前复权）[2]

[1] 数据来源：通达信。

[2] 数据来源：通达信。

市场十分看好钢铁业，而 2015 年市场十分不看好博彩业。市场先生就这样给你报出了一个很高的钢铁股的价格，一个很低的博彩股的价格。

聪明的投资者如何去实现"第二层次思维"？如何去评估市场先生报出的价格究竟是高了，还是低了？这些问题在本书的第三部分和第四部分我们再做讨论。

第 5 章　　如何提高股票收益率

> 王言：象为何类？其触牙者，即言象形如芦菔根；其
> 触耳者，言象如箕；其触头者，言象如石；其触鼻者，言
> 象如杵；其触脚者，言象如木臼；其触脊者，言象如床；
> 其触腹者，言象如瓮；其触尾者，言象如绳。
>
> ——宗文点校《涅槃经》

公式背后的逻辑

马克·鲁宾斯坦在《投资思想史》一书中认为，约翰·伯尔·威廉姆斯（John Burr Williams）是首位提出股利折现模型的经济学家，该模型后来经过麦伦·J. 戈登（Myron J. Gordon）和伊莱·夏皮罗（Eli Shapiro）重新阐述后，被普遍称为"戈登增长公式"。该公式的表述如下：

$$P = \frac{D}{r-g} \tag{5.1}$$

其中，P 为股票价格，D 为第一期期末股票股利，r 为未来永续期限内的利率，g 为未来永续期限内的年化几何平均股利增长率。

该公式是根据现值计算公式得出的，是现值的一种简化表达方式。根据经验，在具体的应用中，该公式更适用于股票指数的衡量，能够粗略地估计指数的估值是否合理。对于个股来讲，该公式的意义不大，因为它暗含的一个重要假设就是股利是永续的。这点假设是极为不合理的，因为没有公司能够长久存在。但这并不能说该公式一点不可取，它的思想还是十分正确的。

我们先看下面的案例。

案例一：

A 开了甲公司，初始投入资金为 100 万元，假设其并未举债。每年甲都将所赚的利润再次投入公司运营当中，并一直维持总资产收益率＝10% 不变。

10 年后，A 不想继续经营甲公司，进行清算，此时甲公司的价值为 $100 \times (1+10\%)^{10} = 259.37$ 万元。我们假设甲公司的资产都可以按照这样的价格清算掉，则在这 10 年间，A 获得的净利润为 159.37 万元。A 在这 10 年间的年化复利收益率为 10%。

案例二：

A 开了甲公司，初始投入资金为 100 万元，假设其并未举债。每年甲都将所赚的利润再次投入公司运营当中，并一直维持总资产收益率＝10% 不变。

如果甲公司的股票可以上市交易，假设第 5 年时 A 股东转让 100% 股权给 B，转让价格为 200 万元，则 A 的实际获利为 100 万元。此时，A 在这 5 年间的年化复利收益率为 14.9%。这是 A 会卖出公司的原因。

又过了 5 年，B 投资者不想继续经营甲公司，进行清算，此时甲公司的价值为 $100 \times (1+10\%)^{10} = 259.37$ 万元。我们假设甲公司的资产都可以按照这样的价格清算掉，则在这 5 年的时间里，B 投资者的净利润为 59.37 万元，B 在这 5 年间的年化收益率为 5.34%。

我们对比上述两个案例，甲公司基本情况是一模一样的，累计寿命 10 年，创设时投入了资本 100 万元，清算时回收资本 259.37 万元，在这 10 年间的创造的年化回报率为 10%。不同之处在于，在案例一中甲公司的所有权人一直都是 A，未发生过股权的转让，故 A 在这 10 年间的收益率就等于 10%，而在案例二中，股权发生过一次转让，A 持有了前 5

年的股权，B 持有了后 5 年的股权，转让发生在第 5 年年末，转让价格为 200 万元。这个转让价格导致了 A 的投资回报率为 14.9%，B 的投资回报率为 5.34%，A 与 B 在第 5 年年末转让时，甲公司的净资产为 161万元，转让价格为 200 万元，两者的比值为 1.24，这个比值被称为市净率，市净率是在 A 与 B 之间分配甲公司经营成果的根本原因。我们发现，在案例二中，甲公司创造的利润并没有发生变化，只不过是这些利润在 A 和 B 两个所有权人之间进行分配了，A 获得了 100 万元利润，B获得了 59.37 万元的利润。

根据上述案例，我们可以将一定时间内的股票所有权转让推广至 n 个人之间，我们定义 E 代表公司在一定时间内的累计净利润，E_i 代表这 n 个人中的第 i 个人所获得的 E 当中的归属的那一份。则有：

$$E = \sum_{i=1}^{n} E_i \qquad\qquad (5.2)$$

即，把所有交易者看成一个整体，在不考虑其他费用及税收的情况下，所有交易者的盈利总和与公司的盈利总和相等。该公式代表着股票的价格与上市公司的净利润之间存在正相关关系。当 E 越大时，由于投资者之间的竞争，股票的价格就会越高。

我们假设某一位投资者从 0 到 t 年持有该公司的股票，买入成本为 P_0，卖出价格为 P_t，买入时公司的所有者权益为 B_0，卖出时公司的所有者权益为 B_t，买入时的市净率 PB_0，卖出时的市净率为 PB_t，则该投资者持有期回报率 R 为：

$$R = \sqrt[t]{\frac{P_t}{P_0}} - 1 = \sqrt[t]{\frac{PB_t \times B_t}{PB_0 \times B_0}} - 1 \qquad\qquad (5.3)$$

在不考虑分红，留存收益全部再投资的前提下，定义 $\overline{ROE}$ 为 $0 \sim t$ 时刻内公司净资产收益率的年化几何平均数，则有：

$$B_t = \left(1 + \overline{ROE}\right)^t \times B_0 \tag{5.4}$$

则有，

公式一：

$$R = \left(1 + \overline{ROE}\right) \times \sqrt[t]{\frac{PB_t}{PB_0}} - 1 \tag{5.5}$$

公式一被称为"ROE-PB"模型，该公式是本书描述市场的本质中最为重要的公式。该公式描述了 4 个变量之间的关系，首先是投资者的持有期年化投资回报率 R，公式中有 3 个参数，第一个是年化几何平均 $\overline{ROE}$，与投资者回报率 R 正相关。在前述的案例中，$\overline{ROE}$ = 10%。

第二个是 $\dfrac{PB_t}{PB_0}$（因为 PB_0 是已知数），这个参数被称为 PB 变化幅度，简记为 ΔPB，与 R 正相关。在案例二中，A 的 ΔPB = 1.24，B 的 ΔPB = 0.8。

第三个是 t，即持有期的长度，被称为平滑参数，因为 $\lim\limits_{t \to +\infty} \sqrt[t]{\dfrac{PB_t}{PB_0}}$ = 1。当 $t > 1$ 年时，这个参数可以使得 ΔPB 平滑，并使得 ΔPB 趋近 1，持有期越长，R 受到 ΔPB 的影响越小，受到 $\overline{ROE}$ 的影响越大；持有期越短，R 受到 ΔPB 的影响越大，受到 $\overline{ROE}$ 的影响越小。

在本章的后文，我们将会探讨 ΔPB 的变动也会受到 $\overline{ROE}$ 的影响。在案例二中，假设公司仍然按照 10% 的速度增长，如果我们把 B 持有的时间拉长至 20 年，则 B 的持有期收益率会变成 8.81%，与 5.34% 有明显的提高，这就是 t 的平滑作用。

巴菲特在其 1983 年度致股东的信的附录中给出了一个非常富有智慧的案例分析，能够很好地解释该公式的含义。巴菲特指出，为好公司支付的溢价被称为"经济商誉"，这是"以合理的价格买入伟大的企业"的策略远比"以便宜的价格买入一般的企业"的策略高明的根本原因。巴菲特列举了喜诗糖果和一个普通公司的对比案例，笔者将巴菲特的举例简要概述如下：

在期初，有两种买入策略。

第一，买入喜诗糖果：所有者权益 800 万元，净利润 200 万元，买入价格 2500 万元，即买入 $PE = 12.5$，$PB = 3.125$；

第二，买入普通公司：所有者权益 1800 万元，净利润 200 万元，买入价格 1800 万元，即买入 $PE = 9$，$PB = 1$。

5 年后，通胀翻番。则，两家公司的利润翻番才能跑赢通胀。假设销售价格不变的情况下，两家公司必须把销量翻番，则两家公司必须把净资产投资翻番（因为销量的翻番就要求存货及应收翻番，一般情况下固定资产也必须翻番）。现在，两家公司的概要如下：

喜诗糖果：所有者权益1600万元，净利润400万元；

普通公司：所有者权益3600万元，净利润400万元。

如果市场仍然按照 12.5 和 9 倍的 PE 给两家公司估值，则两家公司的市值和相比于买入价格的市值倍额如下：

喜诗糖果：5000万元，市值增加额2500万元；

普通公司：3600万元，市值增加额1800万元。

减去两者所消耗的资本支出，得出的价值增加额如下：

喜诗糖果：资本支出800万元，价值增加额1700万元；

普通公司：资本支出1800万元，价值增加额0元。

我们看到，这两家公司的最本质区别在于资本化支出的多少。一般情况下，销量的增长都是以资本化支出换取的，资本化支出是以现金换取固定资产的过程。对于股东来讲，这是"沉没成本"[①]，这点在利润表上非常难以发现。

另外一个世界富豪——亚马逊的创始人贝佐斯举的案例也在解释该公式的含义。一直以来，亚马逊的市值就是资本市场上的不解之谜，亚马逊的净利润与其总市值的关系无法用一个符合逻辑的方式进行解释。

考虑到一家公司的市值相当于买入该公司的 100% 的股权，净利润完全归属于股东，不需要通过股利来定价，则市值与净利润的关系可以表述为如下的公式：

$$C = \sum_{i=1}^{n} \frac{E_i}{(1+r)^i} \qquad (5.6)$$

其中，C 为总市值，n 为未来公司可以预期的持续经营年数，E_i 为未来 n 年内每 i 年的净利润，r 为未来 n 年内的年化几何平均无风险利率。

在该公式当中，一般情况下，我们认为 r 是个常数，因为预测未来 10 年的利率变化几乎是不可能的。这样，C 与 E_i 变为完全的正相关线性关系。换句话说，总市值的增长一定要求净利润增长，净利润的增长也

---

① 沉没成本，经济学上指的是为了达到一个目标，前期必须付出的成本，而且这个成本无法收回，比如采油工程前期的勘探费用、钻井的建设就是典型的沉没成本。这个沉没成本实质上是一个选择权费，即没有付出勘探费用就无法进行下一步的石油采掘。在巴菲特的体系中，他十分厌恶需要大额资本支出维持的产业，巴菲特更为看重的是现金，对导致现金流出的行为都是厌恶的。另外一派的观点，是实物期权理论，该套理论认为沉没成本仍然具有价值，把这些沉没成本看作一个实物期权，即采油权所需支付的期权费。实物期权理论认为它们是对现金流折现模型的一种补充和扩展。在本书中，我们更偏向采用传统的现金流折现理论，因为实物期权理论并未被市场广泛的接受，因此其估计的结果也并不准确，详见艾尔弗雷德·拉帕波特（Alfred Rappaport）2000年2月24日发表于《华尔街日报》的文章《互联网股市投资建议》（Tips for Investing in Internet Stocks）及他与迈克尔·J.莫布森合著的《预期投资》。2000 年左右，实物期权理论对亚马逊的估值结果是高估，之后的亚马逊市值实际上证明了当时的估计是错误的。

会导致总市值的增长。根据经验，大部分公司的市值增长都是因为其净利润不断增长导致的。但亚马逊则是个特例，其净利润与其股价的关系如图 5-1 所示。

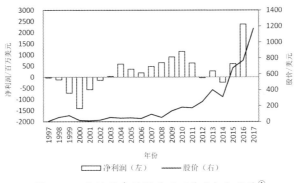

图5-1 亚马逊的净利润（百万美元）与股价①

亚马逊的利润增长速度一般，ROE 长期为负，仅有几年时间较高，大多数年份很低（见图 5-2），但股票价格却长期上涨。2017 年底的静态 PE 为 237 倍，PB 为 29 倍。这个估值一般只在初创公司或即将破产的公司中常见，在亚马逊这种已经成立 25 年的成熟企业中十分罕见。追溯亚马逊的历史，2000 年至 2004 年这段时间，亚马逊显示的净资产权盖章为负值（见图 5-2）。从 2006 年开始，最低的一次估值出现在 2011 年，PB 为 11.47，PE 为 68 倍。我们不禁要问，在如此不堪的 ROE 面前，亚马逊是如何长期撑起高估值的？截至目前，亚马逊是笔者观察到的公司

---

① 数据来源：雅虎财经、亚马逊年报，http://www.stockpup.com/data。

唯一一个股价长期（长达 20 年）与净利润不相关的公司①。

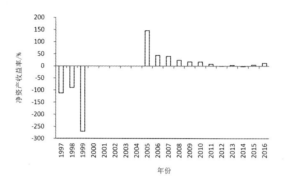

图5-2 亚马逊的净资产收益率②

贝佐斯在其 2004 年度致股东的信中列举了一个案例，来解释亚马逊的财务目标是自由现金流而非净利润。笔者概要转述贝佐斯所举的案例。

想象一个企业发明了一台能够快速将人从一个地方运送到另一个地方的机器。这台机器价格昂贵——1.1 亿美元，年运力达 10 万人次，使用寿命为 4 年。每趟售价为 1000 美元，需要 450 美元的能源和材料商品成本以及 50 美元的劳动力和其他成本。

继续想象生意兴隆，第一年有 10 万次旅行，即完全利用了一台机

---

① 关于净利润与股价的相关性,我们在ROE-PB模型这个框架下的分析都假设投资者是理性的,这个假设并不妨碍我们在投资领域的实践,这是一个去伪存真的过程。在实践中,我们可以观察到大量公司的股价在短期内（5 年内）与净利润没什么相关性,主要原因是投资者在这段区间内对该公司的预期太过乐观,但事实是没有什么谎言能够一直流传下去。这个过程就是泡沫的过程,在股票市场中这样的案例不胜枚举。而亚马逊的股价与其净利润长达20年的相关不显著,这个用泡沫理论是无法解释的,因为在定价效率极高的股票市场上,泡沫几乎不可能维持20年,相反在定价效率低的市场上,比如房地产市场,持续20年的泡沫是很可能的。这也是我们重点研究亚马逊的原因所在。

② 数据来源:亚马逊年报、http://www.stockpup.com/data。

器的产能。扣除包括折旧在内的营业费用后，这将产生 1000 万美元的盈利，净利润率为 10%。该企业主要关注收入，因此根据初步结果，企业家决定投入更多资金来推动销售额和收入增长，并在 2 至 4 年内增加额外的机器。

表 5-1 是企业头 4 年的损益表：

表5-1 贝佐斯运输案例的损益表[①]

指标	利润			
	第 1 年	第 2 年	第 3 年	第 4 年
销售额/ 千美元	100000	200000	400000	800000
销售数量/ 千人次	100	200	400	800
增长率	—	100%	100%	100%
毛利润/ 千美元	55000	110000	220000	440000
毛利率	55%	55%	55%	55%
折旧/ 千美元	40000	80000	160000	320000
劳动力和其他成本/ 千美元	5000	10000	20000	40000
净利润/ 千美元	10000	20000	40000	80000
净利润率	10%	10%	10%	10%
增长率	—	100%	100%	100%
税息折旧及摊销前利润/ 千美元	50000	100000	200000	400000

这令人相当兴奋：100% 的复合收益增长和 1.5 亿美元的累计收益。只考虑上述损益表的投资者会很高兴。

然而，现金流量表则讲述了一个完全不同的故事。在同样的 4 年里，运输业务产生了累计 5.3 亿美元的负自由现金流量，如表 5-2 所示。

---

① 数据来源：贝佐斯致股东的信（2004）。

表5-2　贝佐斯运输案例的现金流量表①

指标	现金流相关情况/ 千美元			
	第 1 年	第 2 年	第 3 年	第 4 年
净利润	10000	20000	40000	80000
折旧	40000	80000	160000	320000
营运资金	—	—	—	—
经营活动现金流	50000	100000	200000	400000
资本支出	160000	160000	320000	640000
自由现金流	−110000	−60000	−120000	−240000

当然，大部分的其他商业模式的净利润与现金流量净额十分接近。但正如我们的运输案例所表明的那样，单凭利润表不能单纯地评估股东价值的创造或破坏。

同样需要注意的是，关注利息、税收、折旧和摊销前利润，会导致关于企业健康状况的相同错误结论。连续 3 年的年度利息、税收、折旧和摊销前利润为 5 千万美元、1 亿美元、2 亿美元和 4 亿美元——100%的增长。但是，如果不考虑产生这种"现金流"所需的 12.8 亿美元的资本支出，我们只能得到的是利息、税收、折旧和摊销前利润，而不是净现金流量。

贝佐斯所举的这个案例与巴菲特所举的案例都强调了在资本支出的影响下，利润表与现金流量表反映了不同的会计事实。这本质上是把资本支出看成是沉没成本的现金流流出，还是看成是选择权所需支付的实物期权费用的差别。根据经验判断，资本市场的定价会对过去企业的管理层的资本支出做出相应的评估，以决定在未来是否会信任该管理层。如果一家企业在过去的表现中声名狼藉，则资本市场就会给予它一个低

---

① 数据来源：贝佐斯致股东的信（2004）。

估值。相反，如果一家企业在过去的资本支出中都带来了回报，则资本市场就会给予它一个高估值。

亚马逊的经营现金净流入长期高于净利润（一般来讲，长期看大多数企业的这两个指标应该趋于一致）。我们看下亚马逊的净利润调整经营净现金流入，如表 5-3 所示。

表5-3 2014 年至2016 年亚马逊净利润调整为经营现金流[1]

指标/ 百万美元	2014 年	2015 年	2016 年	2014 年增速	2015 年增速	2016 年增速
净利润	-241	596	2371	-3.52%	5.00%	14.42%
将净利润调整为经营活动现金流						
财产和设备的折旧	4746	6281	8116	69.37%	52.69%	49.36%
基于股票的补偿	1497	2119	2975	21.88%	17.78%	18.09%
其他经营费用净额	129	155	160	1.89%	1.30%	0.97%
其他费用（收入）净额	59	250	-20	0.86%	2.10%	-0.12%
递延所得税	-316	81	-246	-4.62%	0.68%	-1.50%
股票补偿带来的超额税收优惠	-6	-119	-829	-0.09%	-1.00%	-5.04%
经营资产和负债的变化						
存货	-1193	-2187	-1426	-17.44%	-18.35%	-8.67%
应收账款、净额和其他	-1039	-1755	-3367	-15.19%	-14.72%	-20.48%
应付账款	1759	4294	5030	25.71%	36.02%	30.59%
应计费用等	706	913	1724	10.32%	7.66%	10.48%
增加未实现的收入	4433	7401	11931	64.79%	62.09%	72.56%

---

[1] 数据来源：亚马逊年报。

续表

指标/百万美元	2014 年	2015 年	2016 年	2014 年增速	2015 年增速	2016 年增速
摊销以前未实现的收入	-3692	-6109	-9976	-53.96%	-51.25%	-60.67%
(用于)经营活动提供的净现金	6842	11920	16443	100.00%	100.00%	100.00%

2016 年,亚马逊的经营净现金流入 164.43 亿美元,而净利润则为 23.71 亿美元,两者相差 140 亿美元。根据亚马逊 2016 年的现金流量表调整,我们看到的是折旧和摊销这项目占了 49%(应收、应付、预收和预付四个项目是由会计期间导致的)。亚马逊长期维持了高额的资本支出,导致了净利润与经营现金流的长期不一致。

亚马逊的自由现金流与净利润对比如图 5-3 所示。

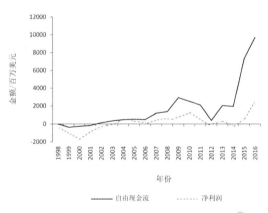

图5-3 亚马逊的自由现金流与净利润[①]

按照 2016 年的亚马逊自由现金流 97.06 亿美元,2017 年年底总市值 5635.35 亿美元,净债务(债务总额 – 现金)183.36 亿美元。投资者

---

① 数据来源:亚马逊年报,http://www.stockpup.com/data。

要求的未来增长率为 g，$r = 6\%$，则有：

$$总市值 + 净债务 = \frac{自由现金流}{6\%-g} \qquad (5.7)$$

由此，$g = 4.33\%$。由于贝佐斯过去对自由现金流的表现，市场完全认为这样的增长速度是很轻松的，所以亚马逊的估值是十分合理的。

我们对比下阿里巴巴和亚马逊的市盈率（PE）估值和自由现金流（$PFCFF$[①]）估值，如图 5-4、图 5-5 所示。

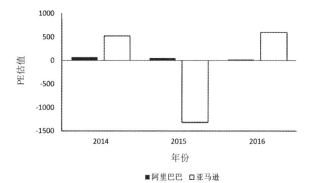

图5-4 亚马逊与阿里巴巴的PE估值[②]

我们发现，在 PE 估值上，亚马逊一直高于阿里巴巴，而在 $PFCFF$ 估值上，亚马逊低于阿里巴巴。通过对亚马逊估值的分析，我们看到了现金流与净利润之间的差别，这个差别在实践中非常的重要，我们对那种能够产生利润但不产生现金的生意需要格外留神。

---

① 与 PE 估值类似，即 $PFCFF =$ 价格 / 自由现金流。
② 数据来源：雅虎财经、亚马逊年报、阿里巴巴年报。

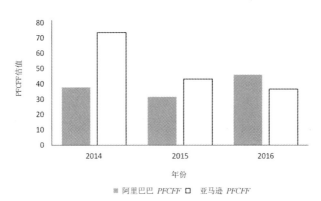

图5-5 亚马逊与阿里巴巴的*PFCFF*估值[1]

指数投资的关键
时间是投资的朋友

　　股票市场的诞生一定建立在两个大前提之下：第一是产权制度，第二是经济增长。产权制度的根本是对私有产权的保护，产权只有被清晰地界定之后，才能进行交易。这是我们在某些产权制度不清晰的国家看不到股票市场的原因。经济增长的第一步是，产品和服务的生产效率提高，供给扩大，价格降低，资本回报率降低；第二步是，资本为了追逐高利润，不断地以"新配方"代替"旧配方"，在最初阶段由于"新配方"的供给小，"新配方"的价格高于"旧配方"，资本的投资回报率提高，而后再重复第一步。这是我们在经济落后国家看不到股票市场的原因。

　　在第四章中，我们介绍了罗伯特·希勒的行为金融理论，根据他的研究，股价的波动相比公司盈利的波动大了很多。分析其原因，是股票投资者不理性导致投资者相互模仿，最终形成对公司的不准确预期，使得股价相比于公司的基本面波动很大。这也给我们提供了两条出路：第

---

① 数据来源：雅虎财经、亚马逊年报、阿里巴巴年报。

一，长期看，股票的趋势是向上的；第二，股票价格围绕其价值上下波动。我们可以针对持有时间与盈利概率的关系、市盈率与盈利概率的关系进行历史数据的挖掘，印证这两条原理。

我们利用罗伯特·希勒提供的 1871 年至 2017 年的标普 500 数据，按照任意时点买入，测算买入后持有的期限与盈利概率的关系如图 5-6 所示。

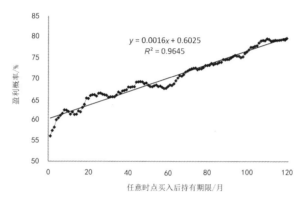

图5-6 任意时点买入的盈利概率与持有时间的关系
（1871 年至2007 年标普500 指数）

我们得到了一个符合线性回归的图形，拟合度达到了 96.45%。我们看到在持有 1 月的期限内，盈利的概率是 56.15%，伴随着持有期限的加长，盈利的概率开始增加，超过 100 个月时盈利的概率会高达 80%。

用同样的方法对上证指数进行处理，得到的结论是一致的（见图 5-7），这个原则通过了逻辑检验和实证检验。时间是投资的朋友，持有的时间越长，越能够消除投资者在非理性决策下导致的股价波动，形成股价应有的长期缓慢向上的趋势。

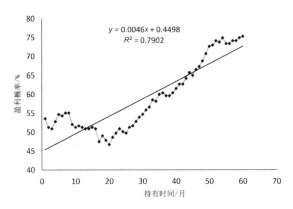

图5-7 任意时点买入的盈利概率与持有时间的关系
（1990 年12 月至2012 年10 月上证指数）[①]

市盈率和即期利率

我们将指数的 *PE* 与指数 1 年内下跌超过 20% 的概率的关系，绘制
如图 5-8、图 5-9 所示的散点图。

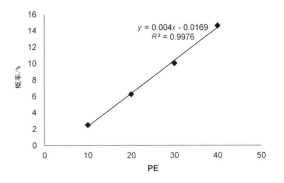

图5-8 标普500 指数*PE* 与 1 年内下跌超过20% 的概率关系
（1871—2017 年）

---

① 数据来源：通达信。

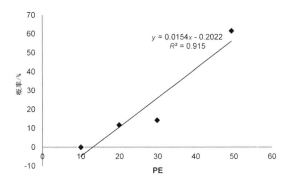

图5-9 沪深300 指数 *PE* 与 1 年内跌幅超过20% 的概率关系
（2005 年 4 月 8 日—2016 年 11 月 4 日）[1]

我们看到，无论是标普 500 指数或者沪深 300 指数，*PE* 的上升都会导致接下来 1 年内跌幅超过 20% 的概率上升。对于标普 500 指数来讲，超过 40 倍 *PE* 之后，概率会上升到 14%[2]，沪深 300 指数超过 50 倍 *PE* 之后，下跌的概率会超过 60%。因此，*PE* 是股票指数的一个风险指标，当指数的 *PE* 抬升过高时，我们需要谨慎。

反过来，我们看 *PE* 与 1 年内上涨超过 20% 的概率关系如图 5-10、图 5-11 所示。

---

[1] 数据来源：Wind。

[2] 从直观上的感觉来说，我们观察到的14%的这个概率可能并不算大，这是统计方法的原因。为了能够完成统计，我们定义的概率是"未来 1 年内下跌超过20%"，因为标普500 指数覆盖的数据时间很长，当*PE* 超过40 倍时，股价在未来1 年内还会继续上涨，但是会在接下来数年内持续下跌。这样的情况，就没有被算在这14%中，因此，不能认为*PE* 高时概率仍然很低，就认为安全。该统计意义更多的在于*PE* 与风险的关系是纯线性的。

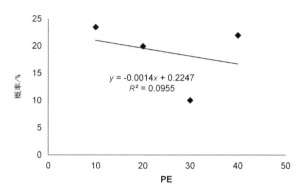

图5-10 标普500指数PE与1年内涨幅超过20%的概率关系
（1871—2017年）

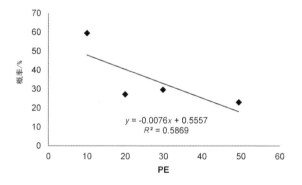

图5-11 沪深300指数1年内涨幅超过20%的概率
（2005年4月8日—2016年11月4日）[1]

我们看到，虽然有一个负相关性，但是拟合优度远远不及下跌概率的拟合优度，这是因为股票熊市往往都会超过1年。有的时候，股价在低PE区间能够维持数年之后才发生上涨。

指数的价格围绕其盈利的上下波动被霍华德·马克思称为"钟摆"。

---

① 数据来源：Wind。

"当形势大好、价格高企时，投资者迫不及待地买进，把所有的谨慎忘在脑后。随后，当四周一片混乱、资产廉价待沽时，他们又完全丧失了承担风险的意愿，迫不及待地卖出。永远如此。"[①]

我们详细地考察下 PE 对指数收益率预测起作用的逻辑。

定义 $\overline{g}$ 为：从 0 到 t 时刻，指数盈利 E 的年化平均增速。则有：

$$\overline{g} = \sqrt[t]{\frac{E_t}{E_0}} - 1 = \sqrt[t]{\frac{ROE_t \times B_t}{ROE_0 \times B_0}} - 1 \tag{5.8}$$

又有：

$$B_0 \times \left(1 + \overline{ROE}\right)^t = B_t \tag{5.9}$$

则：

$$\overline{g} = \left(1 + \overline{ROE}\right) \times \sqrt[t]{\frac{ROE_t}{ROE_0}} - 1 \tag{5.10}$$

即 $\overline{g}$ 与 $\overline{ROE}$ 两者正线性相关。

我们看到，在实证分析中，GDP 增长率相当于整个经济体的 g，与标普 500 指数的 ROE 呈现了标准的线性正相关（见图 5-12）。当经济向好时，整体企业的资本回报率就相对平稳，而当出现经济危机时，整体企业的资本回报率也跟随大幅降低。因此，经济危机会对整体市场造成非常大的影响。

---

① 霍华德·马克斯. 投资最重要的事[M]. 李莉，石继志，译. 北京: 中信出版社，2012:88.

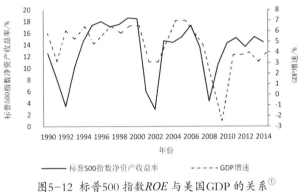

图5-12 标普500指数*ROE*与美国GDP的关系[①]

在经济平稳时期,我们可以把*ROE*看成一个不变量,因为整体经济的增速波动不大,这时指数的*g*也相当于一个常数,当*g*为常数时,我们可以考察股票指数投资回报率*r*与*PE*的关系。我们定义E_i为第*i*年股票指数的盈利水平,$E_i = E_{i-1}(1+g)$根据现值公式有:

$$P = \frac{E_1}{1+r} + \frac{E_2}{(1+r)^2} + \frac{E_3}{(1+r)^3} + \cdots + \frac{E_i}{(1+r)^i} \qquad (5.11)$$

将经济增速*g*代入式(5.11),得到式(5.12):

$$P = \frac{E_1}{1+r} + \frac{E_1(1+g)}{(1+r)^2} + \frac{E_1(1+g)^2}{(1+r)^3} + \cdots + \frac{E_1(1+g)^{i-1}}{(1+r)^i}$$

$$+ \frac{E_1(1+g)^i}{(1+r)^{i+1}} \qquad (5.12)$$

该式两边同时乘以 $\frac{1+r}{1+g}$,得到式(5.13):

---

① 数据来源:彭博、世界银行。

$$P \times \frac{1+r}{1+g} = \frac{E_1}{1+g} + \frac{E_1}{1+r} + \frac{E_1(1+g)}{(1+r)^2} + \frac{E_1(1+g)^2}{(1+r)^3}$$

$$+\cdots+\frac{E_1(1+g)^{i-1}}{(1+r)^i} \tag{5.13}$$

将式（5.13）与式（5.12）左右两边同时相减，得到：

$$P \times \frac{r-g}{1+g} = \frac{E_1}{1+g} - \frac{E_1(1+g)^i}{(1+r)^{i+1}} \tag{5.14}$$

两边除以 $\dfrac{E_1}{1+g}$ ，整理后，得到：

$$PE(r-g) = 1 - \frac{(1+g)^{i+1}}{(1+r)^{i+1}} \tag{5.15}$$

继续整理后，得到：

公式二：

$$PE = \frac{(1+r)^{i+1} - (1+g)^{i+1}}{(1+g)(1+r)^{i+1}} \tag{5.16}$$

$$\frac{1}{PE} = \frac{(1+r)^{i+1}}{(1+r)^{i+1} - (1+g)^{i+1}} \tag{5.17}$$

公式二[①]描述 4 个参数的关系：$\dfrac{1}{PE}$、r、g 和 i。根据该公式，在 g 为常数的假设下，我们发现 $\dfrac{1}{PE}$ 与利率 r 线性相关，这个模型被称为"美联储股票估值模型"[②]。我们假设有一个 10 年经营周期的公司，10 年后即破

[①] 在 $r > g$ 的前提下，当该公式的 i 趋近于正无穷时，$\dfrac{(1+r)^{i+1}}{(1+r)^{i+1} - (1+g)^{i+1}}$ 趋近于1，所以，在永续的假设下，该公式简化为：$\dfrac{1}{PE} = r - g$ 这就是我们非常熟悉的戈登增长模型。但我们分析该公式表达的PE倒数与r的关系的含义上，我们不做这样的简化。因为现实中，市场并未将股票看作是永续现金流，事实上，也没有公司能够经久不衰形成永续现金流。

[②] 详见https://www.federalreserve.gov/boarddocs/hh/1997/july/ReportSection2.htm。

产。这10年期间产生的现金流以20%的速度递增，投资者要求的投资回报率为7%，那么给该公司多少倍PE估值是合理的？

在这个案例中，$i = 10$，$r = 7\%$，$g = 20\%$，则$PE = 19.46$倍。如果二级市场的估价是15倍PE，则按照该公式可计算出$r = 11.1\%$。在经济稳定时期，我们认为g是常数[①]。r与$\dfrac{1}{PE}$线性相关，为了简化起见，我们可以用$\dfrac{1}{PE}$去预测未来r。如图5-13所示。

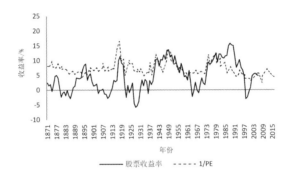

图5-13　标普500指数$\dfrac{1}{PE}$预测的股票收益率
与10年投资周期真实股票收益率

我们发现，指数的$\dfrac{1}{PE}$很好地估计了指数未来的r。

从另外一个角度来看，即期的利率（一般用国债利率衡量）与$\dfrac{1}{PE}$也存在相关性。这是因为，市场上的投资者会以即期利率为出发点，去确定应该投股票还是投债券，债券就相当于股票的机会成本。当即期利率上升时，投资者要求股票的投资回报率提高，对应PE下降。此处需要注意的是，即期利率并不是一把可靠的标尺，特别是当利率极端化时。

[①] 即如果经济稳定运行,每年的经济增长速度都是差不多的。但是发生经济危机时,g会明显地下行,这时候g为常数的假设就不再成立。所以,我们看到经济危机时股票的估值会大幅下行。

即期利率是对通胀率的未来估计，这个难度本身就很大。美国在 20 世纪
80 年代初时 10 年期国债利率达到了 13%，但是通胀并没有那么严重。

因此，在利率正常波动的前提下，根据即期利率与 $\frac{1}{PE}$ 这样的关系，
我们可以将美联储模型进一步拓展。由于 $\frac{1}{PE}$ 是股票指数投资回报率 r 的
即期估计值，故国债利率是股票指数投资回报率 r 的即期机会成本。根
据风险匹配的原则，在短期内，股权的投资风险大于债权的投资风险，
定义股权风险溢价 = $\frac{1}{PE}$ − 即期国债利率。当股权风险溢价很低，甚至为
负值时，我们要远离股票市场。相反，当股权风险溢价很高时，我们要
进入市场。

净资产收益率

在短期内，静态的情况下，$ROE = \frac{PB}{PE}$，则：

$$\frac{1}{PE} = \frac{ROE}{PB} \tag{5.18}$$

所以，我们可以将股票的指数看成是以 ROE 为票息、PB 为售价的
永续债券，可以利用 $\frac{1}{PE}$ 粗略地衡量这只债券的收益率。假设当 PB 不变
时，我们交易股票指数所赚的钱都是由 ROE 产生的。长期动态的情况下
（比如 50 年以上的周期），根据公式一，由于平滑参数趋近于 1，则指数
的收益率就是 ROE。

前文中，我们探讨了宏观经济与企业总体平均 ROE 的关系，两者
呈线性相关。在宏观经济稳定的年份里（这样的年份也是大多数年份），
由于股票指数包含了一揽子股票，股票指数 ROE 是其代表的一揽子股票
的加权平均值，因此股票指数的 ROE 就很稳定。在 ROE 稳定的前提下，
股票指数的表现就类似于永续债券，而永续债券的价格公式非常简单，

就是 $P = \dfrac{D}{r}$ [①]。

在指数投资这部分，我们探讨了持有时间、市盈率、即期利率和 *ROE* 对股票指数的收益率的影响。总结如图 5-14 所示。

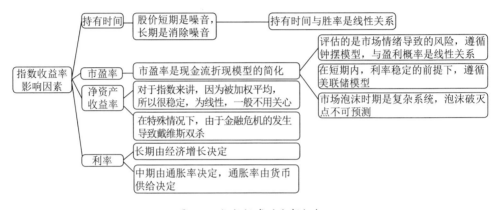

图5-14 指数投资的分析框架

上述的框架在实际运用的过程中，建议只采用钟摆模型和美联储模型（美联储模型其实是钟摆模型的定量分析），进行三年以内的短期投机交易，短期投机交易本质上是在赌股票收益率与债券的收益率收敛，这样的机会每隔几年就会出现一次，市场哀鸿遍野的时候是下大注的好时机。

不建议两种做法。第一，不建议在有好的个股投资机会下长期投资指数。因为长期的指数投资回报率会非常接近 *ROE*。展望未来，宏观经济增速会逐年地放缓，投资回报率会逐步拉低到 10% 以下。第二，不建议赌利率。在参与市场短期投机的情况下，股票收益率与债券收益率的收敛会导致股票价格的上涨，但是当两者差值已经收敛到历史比较低的水平时，获利了结是好的方法。此时，再去预测利率下行的风险相对很

———————————

① *D* 为首期末现金流，该公式将 *g* 简化，即 *g* = 0。

大，因为利率的预测是件非常困难的事情。

个股投资的技巧

钟摆模型的局限性

对于个股来讲，g 为常数的假设不再成立，这导致了钟摆模型在个股上不适用。

我们来看深圳老九股的营业收入在过去 26 年里的发展趋势，其中只有平安银行（当年的深圳发展银行）和万科达到了千亿级别，而其他公司的营业收入则波动很大，这意味着 g 对于不同的公司来讲差异非常大。由于指数被加权平均过，指数的 g 会很稳定，这是钟摆模型能够有效的前提。因此，钟摆模型对于个股不再适用。

从老九股的历史 PE 和 PB 估值上来看，g 的不稳定导致了 PE 和 PB 上蹿下跳。对于个股来讲，我们不能依据股票指数那样的策略去根据 PE 赌 PE 的回归。

但时间法则仍然适用于个股，因为拉长时间会消除噪声交易，图 5–15 是 2001 年 12 月 31 日之后任意时间买入任意个股之后持有时间与盈利概率的关系。

我们看到，伴随着时间的延长，盈利概率逐步地上升。因此，对于个股来讲，我们无法做出任何简化，我们还需要回到公式一。因为 g 不稳定，所以 ROE 是个股的最重要影响因素。

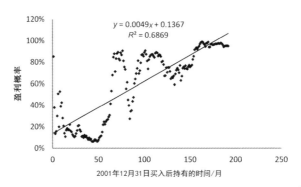

图5-15　2001年12月31日买入后持有时间与盈利概率的关系[1]

　　我们进行这样的实证分析[2]：我们利用2001年1月1日至2012年12月31日的A股693家公司的 ROE 数据，求出这些公司在2001年至2012年的 ROE 累计增长幅度和股票价格的涨幅，并按照 ROE 累计增长幅度由高到低进行排序，每5只股票做一个组合，分析这个组合的 ROE 累计增长幅度（解释变量）与股价涨幅（被解释变量）之间的关系，如图5-16所示。

　　我们看到， ROE 对股票收益率的解释力度达到了79.4%。未被解释的部分主要包括并购重组[3]和初始 PB[4] 过高。因此，有别于指数投资，对于个股的投资策略都集中在预测该公司未来的 ROE 这个关键点上。

---

① 数据来源：Wind。
② 该数据挖掘是笔者在2012年完成的，因此数据截至2012年底。
③ 并购重组会导致企业的所有者权益上升，股票价格上涨，这样的所有者权益增长方式并不是通过 ROE 得到的。
④ 根据公式一， PB 的变动幅度也会影响股票的收益率。对于个股来讲， ROE 的变化更为重要，但不意味着任何的初始 PB 都不会影响收益率，当初始 PB 高得离谱的时候，也是会影响股票投资收益率的。

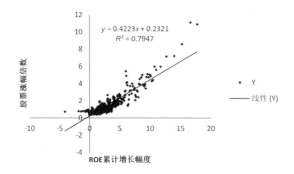

图5-16 2001 年至2012 年A 股693 家公司5 只股票组合ROE 与股价的关系[1]

净资产收益率的拆解

本章我们仅对 ROE 的财务特征做分析，关于如何预测未来的 ROE 这点在本书的第三部分中我们再做更为详细的分析。按照杜邦分析法，ROE 可以分解如下：

$$ROE = \frac{净利润}{所有者权益} = \frac{净利润}{营业收入} \times \frac{营业收入}{总资产} \times \frac{总资产}{所有者权益}$$
$$= 净利润率 \times 总资产周转率 \times 权益乘数 \qquad (5.19)$$

因此，提升 ROE 总计有五种方法，分别是：①提高净利润率；②降低企业税率；③提高总资产周转率；④提高杠杆比率；⑤降低融资利率。对 ROE 的拆解有利于我们判断 ROE 的影响因素，找到影响公司 ROE 高低的主要因素。

举个例子，我们对伊利股份与光明乳业的ROE 进行比较，两者如图 5-17 所示。[2]

虽然伊利和光明都处于乳制品行业，但两者的 ROE 具有很大的差

---

① 数据来源：Wind。

② 这个案例的分析是建立在两家上市公司的财务数据都为可靠的前提之下的，财务数据的质量如何是另外需要考虑的问题。我们会在第9章中具体讨论财务造假。

异，我们要分析导致差异的原因是什么。

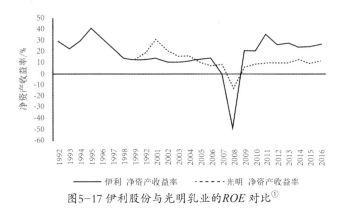

图5-17 伊利股份与光明乳业的ROE对比[①]

伊利股份与光明乳业是同处于一个产业内的两家公司，那么为何伊利股份的 ROE 要比光明乳业的 ROE 高 10 个百分点？按照杜邦分析法，我们把两家公司的 ROE 进行拆解，如图 5-18、图 5-19、5-20 所示。

图5-18 伊利股份与光明乳业的权益乘数[②]

① 数据来源：RESSET 数据库。
② 数据来源：RESSET 数据库。

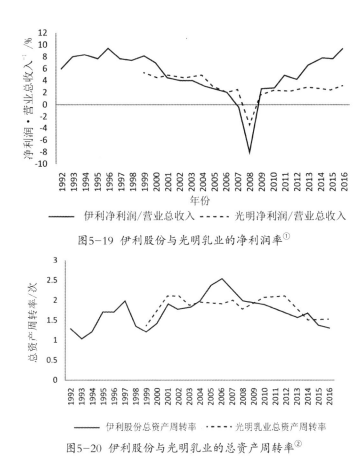

图5-19 伊利股份与光明乳业的净利润率①

图5-20 伊利股份与光明乳业的总资产周转率②

我们对比了两家公司的权益乘数、净利润率和总资产周转率之后，我们发现两家公司相差最明显的是净利润率，而权益乘数与总资产周转率的差异并不明显。所以两家公司的 *ROE* 差异被定位在了两家公司盈利能力的差别，可排除融资能力（即权益乘数）和营运能力（即总资产周转率）的因素。

① 数据来源：RESSET 数据库。
② 数据来源：RESSET 数据库。

继续分析，我们将两家公司的盈利能力分析对比如表5-4所示。

表5-4 光明乳业与伊利股份的盈利能力对比（2016年）[①]

指标	光明乳业	伊利股份
毛利率	38.68%	38.25%
销售费用比率	27.81%	23.29%
管理费用比率	3.82%	5.70%
财务费用比率	1.44%	0.04%
三项费用率合计	33.07%	29.03%
与毛利差值	5.61%	9.22%
净利润率	3.34%	9.35%

每个投资者都应该对利润表烂熟于心，利润表从营业收入到净利润主要经历了如下的过程：

1. 营业收入－营业成本＝毛利润

2. 毛利润－营销费用－管理费用－财务费用－营业税＝营业利润

3. 营业利润＋营业外收入－营业外支出＋处置资产损益＝利润总额

4. 利润总额－所得税＝净利润

其中，毛利率＝毛利润/营业收入。一般情况下，同一个产业内的不同企业之间的毛利率都差不多。拿伊利和光明来讲，两家公司都生产牛奶，大家的技术也都差不多，生产1千克的成品液态奶，所需要生奶的数量是一致的。同样地，两家公司对生奶的采购价格也差不多，所雇佣的工人成本、水电成本、厂房折旧等也都差不多。所以，毛利率这个指标更多的是代表一个产业层面的利润空间，一般情况下，同一产业内

---

① 数据来源：新浪财经。

不同公司之间的毛利率差异不大，但不同产业之间的毛利率差异很大。

销售费用比率、管理费用比率和财务费用比率，这三项是销售费用、管理费用和财务费用去除以销售收入得到的。三项费用率相加得出总和。这三项代表公司的三种能力，即销售能力、管理能力和融资能力。这三项在同一产业内部的不同公司之间也会有很大差异，是体现管理层能力的重要指标。

我们看到，光明乳业的毛利率与伊利股份的毛利率相差无几，但三项费用率合计的差异很大。最终分析下来，我们发现两家公司差异最大的是销售费用比率。销售费用一般记录的是企业的广告费、营销费用、营销部门人员的工资等。伊利的营业收入规模比光明大，所以同样的广告费用，伊利股份由于营业收入规模更大，自然摊低了销售费用比率，伊利享受了规模效应。由此，我们解开了伊利股份与光明乳业 ROE 差异的根本原因，即伊利股份的规模效应。

沪深 300 的平均 ROE 一般维持在 12% 左右，沪深 300 代表了中国最优质的公司，因此整体社会平均的 ROE 低于沪深 300 指数的 ROE。而单个公司的 ROE 能否超过社会平均 ROE 是这家公司经营是否成功的一个重要标志，因为企业的最根本目的就是赚钱。ROE 代表了股东每 1 块钱的资本投入，每年的投资回报是多少。ROE 具有如下的特征：

第一，ROE 的均值回归特征。在社会公平竞争的前提假设下，不会有能够长期超越社会平均 ROE 的公司存在。因为当一个供给阵营内有家企业维持高 ROE 时，势必会吸引其他竞争者进入，从而扩大产业的供给侧，供给曲线扩张，导致产品的价格降低，企业净利润率降低，最终导致 ROE 降低。同样的逻辑，也不会有产业长期低于社会平均 ROE。因此，市场竞争的力量会导致单个公司或者一个产业的 ROE 向社会平均 ROE 均值回归。

第二，ROE 的产业差异特征。不同的产业拥有不同的 ROE，有些产业能够先天地形成高 ROE，有些产业则不行，这与产业结构有关。比如烟草、酿酒、奢侈品这些品牌高度垄断的行业容易形成高 ROE；而像日用品制造业、钢铁业等这些产品本质上无差异的产业，容易形成低 ROE。在本书的第三部分中，我们会详尽地分析这个问题。

第三，ROE 伴随整体经济的形式发生波动。这点我们在前文谈过，不再重复。

关于 ROE 的使用，需要注意两个问题。

第一，ROE 仅能够作为粗略的指标来衡量公司经营效率。这是由两个原因导致的：一是利润表上的会计净利润与企业真实的经济利润有差异，会计利润率仅是按照会计准则对企业真实经济利润的一个估计。两者最主要的差异是资本支出，这点我们在前文中有举例进行阐述；二是企业资产负债表所记录的所有者权益是按照会计准则的成本法得出的，成本法会导致所有者权益被高估或者低估。在实际投资过程中，需要详细地去研究企业财务报表。

第二，尽量少碰高财务杠杆的企业。因为，在提升 ROE 的几个主要策略中，举债是非常不可持续的做法。在本书的第三部分中我们会说明，投资需要预计企业未来 10 年内的 ROE 变化。假设目前企业的资产负债率已经达到了 70%，那么在未来 10 年企业的财务杠杆再提高的难度会很大，这不利于企业 ROE 的提高。此外，高杠杆率导致的高财务费用也会削弱企业的净利润。

关注投资者的预期

市净率 PB = 总市值 / 所有者权益。其中，所有者权益就是企业的账面价值，总市值就是市场给出的该企业未来经济价值，绝大多数企业的账面价值并不等于其未来经济价值。会计上，基于资产负债表所呈现的所有者权益是以成本法计算得到的。举个例子，某公司2001年成立，注册时股东投入资本为10亿元，该公司在2001年时通过土地拍卖得到了一块土地，付出成本2亿元。则，该公司2001年的资产负债表如表5-5所示。

表5-5 某公司2001年的资产负债表

（单位：亿元）

资产项目	金额
货币资金	8
无形资产	2
负债项目	金额
负债合计	0
所有者权益合计	10

我们假设该公司没有做任何经营，也没有产生任何收入及成本。2017年时，其所拍土地的价格上涨到了20亿元。按照成本法的会计处理，2017年的企业资产负债表如表5-6所示。

表5-6 某公司2017年的资产负债表

（单位：亿元）

资产项目	金额
货币资金	8
无形资产	2
负债项目	金额
负债合计	0
所有者权益合计	10

我们看到，该企业2001年和2017年的资产负债表之间毫无差别。但是对于这家公司来讲，土地价格上涨而带来的经济利益却是实实在在的，但资产负债表无法体现这一点。反之，也有实质上已经产生损失的资产，在资产负债表上无法体现的情况。巴菲特在1983年致股东信中

以一个比喻来说明企业的账面价值和企业的未来经济价值两者之间的关系："假设花相同的钱供两个小孩读到大学，则两个小孩所花的学费（即账面价值）是一样的，但未来所获得的回报（即未来经济价值，巴菲特称之为内含价值）却可能相差甚远，可以是零，也可以是所付学费的数倍，所以，有相同账面价值的公司，却会有截然不同的内涵价值。"

因此，*PB* 是投资者对于一家公司未来的预期。依据竞争原理，当投资者预期一家公司未来的 *ROE* 会高于社会平均 *ROE* 时，这家公司的 *PB* 估值就应该高，反之，则应该低。历史回测的实证数据也支持这个结论，那么，多少的 *PB* 是划算的，在第四部分我们会详细讨论该问题。

第三部分

慧眼识公司：
如何发现具有投资价值的公司

IBM 作为美国高科技企业的象征，从 20 世纪 60 年代开始领导美国的科技产业，对人类的计算机科学的发展做出了巨大的贡献。但是，IBM 也有日薄西山的那一天。富有戏剧性色彩的是，甲骨文公司的拳头产品——关系型数据库产品最初的研发理念来自 IBM，IBM 虽然开了个头，却没有把关系型数据库很好地商品化，给甲骨文公司留下了喘息的机会。埃里森则抓住了这个机会，让甲骨文公司一飞冲天。时至今日，IBM 与甲骨文公司都是数据库领域的供应商。与此类似的是，苹果、微软和英特尔也在 IBM 的眼皮底下强劲地成长起来。

　　本部分我们讨论三个问题，分别是：什么样的生意才是好生意？好生意的护城河都来自哪些方面？为何产业会出现类似于 IBM 与甲骨文公司这样的戏剧性变化？

第6章　　怎样的商业模式可以叫作好生意

> 经济特许权来自这样的产品或服务：（1）产品或服务被顾客需求或渴望；（2）产品或服务被顾客认为没有近似的替代品；（3）产品或服务不受价格管制。
>
> ——巴菲特致股东的信（1991）

什么是好生意模型？

在第二部分中我们探讨了影响股票价格的关键因素，我们得出结论：影响个股的因素是该公司未来的 ROE 水平。我们从利润表出发，分析下 ROE 的构成。整体上来讲，用"开源节流"四个字可以概括利润表。销售收入即为"源"，成本、费用和税收即为"流"。

（1）销售收入 = 价格 × 销量。所以，企业为了增加销售收入，可以采用两种策略，第一种是提高销售价格，第二种是提高产品的销售量。

（2）销售收入 × 毛利率 = 毛利润。我们之前有提及，毛利率的主要差异是产业导致的，同一产业内的不同公司之间毛利率差异较低。

（3）毛利润扣除费用之后是营业利润。费用体现了企业的三种管理能力，即销售能力、筹资能力和运营能力，这三个项目反映了企业管理层的主观能动性。

（4）最后扣税后得出的净利润去除以资本投入，就是我们所想要得到的 ROE。

一个好的生意模型一定具备三要素，分别是：提价但不减少销量、小的资本支出带来高收入增长、不受到管制。

提价不减量

我们先从销售收入开始，根据供求模型的原理，企业提高产品销售价格，会导致需求的减少，进而导致企业销量下滑；反之，企业降低价格，会导致企业的销量增加。

如果有一个生意，既能够提高其产品或者服务的价格，又能够实现销量不减少，那么这个生意就是一个好生意。这并不违反供求模型，在经济学上这种情况是存在的，当一个产业内的供给侧被垄断，而需求侧存在需求刚性时，定价权就会完全被供给方掌控。供给方提高产品价格，销量并不会减少。

下面，我们来分析下这个"提价却不减少销量"的供求模型。

1. 假设前提

1）供求双方稳定

这是最重要的一条假设。即供给者与需求者是独立的，供给者不能转换成需求者，需求者也不能转换为供给者，比如在空调市场上供求双方就是独立的，厂商就是供给者，需求者就是消费者。一旦供求双方不稳定，标的价格就不适用于供求模型，比如金融期货市场、股票市场和二手房地产市场，在这些市场上，当前时刻的买方，可能在下一秒就会变成卖方，供给双方不独立，就不适用供求模型。

2）产品无差异

一个产业内的产品必须无差异才能纳入一个供求模型内讨论。如果产品有差异，则为两个供求模型。

3）信息是对称的

买卖双方的信息是公开报价的，如果没有公开报价则存在信息套利。

4）资源稀缺性

如果供给侧的资源是无限的，则不存在供给曲线。比如空气，空气对于人类来讲非常重要，但是空气是免费的。

5）理性人

买卖双方务必坚持自己的利益最大化原则。

6）**买卖者众多**

买卖者少的情况下，不存在完整的曲线，只存在一个点，或一小段曲线。

7）**渗透率前提**

渗透率即当前已经使用某项产品或服务的人群占总目标人群的比率。在一段短的时间段内，市场的渗透率务必处于"0 < 渗透率 < 100%"这个区间内，在这个区间之内的需求曲线才有意义。

当渗透率等于 0 时，即市场完全没有接触过某一种类型的产品时，无论价格多少，需求都很难发生变化，此时的需求曲线等于 0。比如某人发明了一种有酒精味道却没有酒精作用的饮料，喝了这种"酒"的最大效果就是千杯不醉，而且价格还便宜。但人类（或者说灵长类动物）对于酒精的"上瘾"是其大脑进化决定的，这种千杯不醉的"酒"就很难有市场，它的需求曲线等于 0。

当渗透率等于 100% 时，即市场的需求全部被满足时，无论价格多少，需求都很难发生变化，此时的需求曲线等于 0。因为边际效用是递减的，但并非是连续递减的，一旦消费者消费了某产品后，很多产品的边际效用立即等于 0。与渗透率等于 0 一样，需求曲线都很难发生变化。比如对于吸烟的人来讲，买一个打火机的价格在 1 元至 5 元都可以接受；但当他已经有了一个打火机后，即便再购买第二个打火机只要 5 毛钱，也比较难以接受，因为再买第二个对于他来讲没有任何意义，此时需求曲线等于 0。大宗农产品就一直处于这样的状态中，在一个正常的社会里，大宗农产品的渗透率一直都是 100%。对于粮食的需求，不会因为粮食价格的下降，使得社会整体消费者对粮食需求强劲增长，也不会因为粮食价格的上升，导致整个社会的消费者对粮食的需求萎缩（城镇居民家庭人均购买粮食数量 2007 年是 78.7kg，2012 年是 78.8kg）。所以，大宗农产品的价格完全取决于供给侧的波动，由于供给侧的技术进步，导致供给曲线不断地扩张，这就形成了农产品的真实价格[①]长期处于缓慢的下降趋势中。

2. 供求模型

图 6-1 中，我们用 C 表示需求曲线，D 表示供给曲线。在富有弹性时，C 曲线会伴随价格的下降而导致需求的增长，所以 C 曲线向右下方倾斜，现实中，大部分的产业都呈现这样的特点。而刚性产品则相反，比如农产品的消费量不因为价格的改变而改变，因此它的 C 曲线是陡峭的。D 的两条曲线的弹性和刚性与 C 曲线原理相同。我们看到长方形 $oabe$ 为富有弹性的产业的蛋糕的大小，而长方形 $ohgf$ 为刚性产业的蛋糕的大小。对于需求富有弹性的产业，价格上升时，其销量 oe 会减小；而对于需求刚性产业，价格 oa 上升时，其销量 oh 会维持不变。

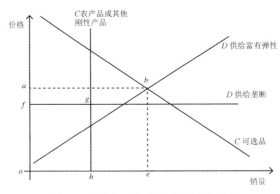

图6-1 提价但不减少销量的供求模型

---

① 真实价格，指的是名义价格剔除通胀趋势后的价格。

在垄断行业内，需求侧未被充分渗透的前提下：如果产品的需求侧是刚性的，产业供给者可以尽情地提高价格，提高价格导致的销量损失可以忽略，提价是企业的收入最大化策略；如果需求侧富有弹性，那么提价的幅度不能超过消费者收入增长的幅度（消费者收入增长时，C曲线会向外移动），否则会引起销量的下滑。

因此我们总结了提价不减少销量的条件：

条件1（基本条件）：供给侧有进入门槛。即企业有特许权，其他供应者无法从事该企业的业务。

条件2（基本条件）：需求侧市场未被充分渗透。

条件3（可选条件）：需求富有弹性，提价的幅度＜消费者收入增长的幅度。

条件4（可选条件）：需求刚性，不用考虑提价幅度。

上述四个条件中，条件 1 和 2 是基础条件，必须具备这两个条件才能够进行提价。3 和 4 是可选条件，在条件 1 和 2 满足的前提下，满足 3 或者 4 任意之一都可以进行提价。上述的分析是为了简化我们的分析过程而提出的一个简单模型，现实生活中，并不存在完全刚性的产品。现实中如果存在供给侧完全垄断，需求侧完全刚性的产品，则这个产品的价格就是无限大的。现实生活中，只存在需求弹性的大和小，即对应 C 曲线斜率的大和小。所以，我们观察到大多数能够掌握定价权企业的产品价格涨幅基本是与居民收入增速同步或者略高的。

小支出带来大收入

ROE 的分母就是企业的所有者权益，一个常规的商业模式下，企业在增加销量的同时，需要投入资本。因为销量增长的基本条件是生产量的增长和库存的增长，生产量增长和库存增长的前提是产能的增长，产能增长即资本支出的增长。

资本支出对 ROE 的影响体现在以下两个方面：

第一个是对净利润的影响。资本支出并不在利润表中直接体现，因为利润表是在权责发生制下核算出的净利润，所以这点要格外注意。在会计处理上，费用化的支出当年就会在利润表上扣减掉，比如为了实现产能增加所投入的研发费用，但最终研发失败了，这部分研发费用就会按照会计准则进行费用化处理，在当期利润表上扣减掉。但是，为了实现产能增加而投资的固定资产、在建工程和无形资产这些在当期利润表里都会按照折旧进行扣减，可以简化地理解成当期利润表只扣减了真实支出的 10% 左右。如果一家企业的折旧和资本支出大体相当，则净利润的数字就不会受到这个问题的影响，如果资本支出一直大于折旧，则会计上的净利润相比于真实的经济利润很可能会高估。为了解决这个问题，在实际分析财务报表的过程中，我们需要关注自由现金流。自由现金流＝经营现金流量净额－资本支出，可以将自由现金流的本质理解为收付实现制下核算出的“净利润”。理论上讲，自由现金流与净利润两者的趋势应长期保持一致。如果一家企业的净利润长期与其自由现金流不匹配，这是一个投资者们需要提高警惕的信号。

第二是对所有者权益的影响。与费用化支出不同的是，资本化支出在当期利润表中并没有被扣减，而是在资产负债表上形成了固定资产、在建工程和无形资产等科目，这些科目仍然影响所有者权益。特别是，当企业的固定资产投资实质上已经带不来经济利益流入的可能性时，最糟糕的情况就出现了。因为实质上这些资产已经毫无价值，但是在所有者权益中仍然包含了这些资产。

如果某家企业的销售收入增长仅需要小额的资本支出就可以维持，

那么这家企业从事的就是一个好生意。这种类型的企业一般出现在提价但不减少销量的产业内和边际成本忽略不计的产业内。

第一种情况出现在提价但不减少销量的产业内。由于产业的产品需求刚性和供给侧垄断，导致了产品的毛利率非常高，这时增加资本支出，相对于销售收入的增长带动十分明显，对净利润的贡献大，对所有者权益的增加相对较少。也即分子变大快，分母变大慢，因此整体的 ROE 是提升的。

第二种情况出现在边际成本忽略不计的产业内。企业的边际成本可以忽略不计，这点在信息技术产业内常见，一些软件的边际成本可以接近 0。也就是说，这种类型企业的资本支出分摊至边际成本为 0 的产品上就有了"摊薄效应"。最终的效果仍然是产品的毛利率很高，净利润增长的速度要快于所有者权益增长的速度，导致了 ROE 提升。但是需要注意产品边际成本为 0 的产业也会出现问题，就是如果企业身处这样的产业内却无法实现垄断，最终就会出现产品是"免费"的。比如，由于互联网上的新闻供给者众多[①]，无法实现垄断，并且新闻的边际成本接近于 0，所以，我们在互联网上就可以浏览大量的免费新闻。

因此，总结起来无论是提价不减少销量还是小资本支出带来高额收入增长的前提条件都是供给侧存在很强的壁垒。如果没有这个壁垒，所有的供给者就会蜂拥而入，抢夺利润，企业也自然无法实现高 ROE。

不受价格管制

这是一个法律约束条件。我们看到很多从事公用事业的企业都是垄断的，且需求也是刚性的，但是公用事业产品的价格长期跑输通货膨胀率，这其中主要的原因是存在价格管制。由于公用事业产品（包括水、

---

① 卡尔·夏皮罗，哈尔·R.瓦里安. 信息规则：网络经济的策略指导[M]. 张帆，译. 北京：中国人民大学出版社，2000:17-46.

电和煤气等）价格的大幅上涨是社会不能容忍的，因此政府对这类产业就会实行价格管制。

值得注意的是，有些产品的价格虽然目前未受到管制，但在将来有可能会被管制，比如某些高利润率的药品。价格管制的形式也多种多样，需要具体问题具体分析。但确定的一点是，一旦企业的产品价格存在管制，最好不要期待他的 ROE 能够有很大幅度的提升。

什么是辛苦生意模型？

与好生意对应的辛苦生意是这样的：企业需要想尽办法，不断降低成本，降低价格，以谋求市场份额增加或自保；企业需要不断地增加资本支出，使得产品更新换代，以谋求价格稳定。

需要不断降低成本，绝大部分的产业都是这样的类型。这种类型的产业被称为"商品化"产业，即产业的产品无重大差异，消费者在这种产业内不会对任何企业生产的产品支付溢价，这种类型的产品价格遵循一价定律①。比如大宗农产品、化工原料和建材②等行业的产品，在全球范围内价格差异都不是很大。

伴随着生产技术的进步，假设某企业率先采用了某种新技术或者方法，导致其成本降低，该企业的毛利率就会抬升。但产业内部的回应会相当激烈，竞争者们会纷纷进行资本投资，采用新技术，降低生产成本。为了争夺市场份额，所有的供给者又开始一轮价格战。这种现象被称为"技术进步陷阱"。对于从事这种产业类型的企业来讲，其生存就非常辛

---

① 一价定律是绝对购买力平价理论的一种表现形式，它由货币学派的代表人物弗里德曼提出。一价定律可简单地表述为：当贸易开放且交易费用为零时，同样的货物无论在何地销售，用同一货币来表示的货物价格都相同。
② 可以被当成期货交易的商品基本上都是这个类型。

苦，也非常考验企业管理层的能力，稍有所松懈，企业的生命就会终结。

从事"商品化"产业的企业还有另外一种发展路径，就是企业不断地投入研发和资本支出，以谋求开发新一代产品去迭代旧产品，谋求产品的差异化，实现产品毛利率的稳定。新一代产品可以被分为"延续性创新"和"破坏性创新"两种类型。比如诺基亚就是不断地进行"延续性创新"对其产品性能加以改进，推出新的机型。而苹果公司推出的iPhone 则是完全不同的另外一种产品，并不是之前产品的延续，这就是"破坏性创新"。根据克雷顿·克里斯滕森的相关研究[1]，通常情况下，企业擅长进行延续性创新，但是很难做到破坏性创新，这点在很多产业的发展史上都可以很明显地观察到。

在实际投资中，我们要对产业的创新具体分析。通常情况下，产业的延续性创新并不能给股东带来什么持续的高额回报。因为产品的差异性较低，消费者愿意支付的溢价也有限，而延续性创新也仍然需要企业投入大量的研发、生产和销售费用。虽然通常情况下，这样做的结果是企业的利润表能够让股东满意，但是如果去分析企业的现金流量表则会原形毕露。

产业的破坏性创新通常是产业新一轮渗透的起点，实现产品的破坏性创新对于企业的管理层来讲十分困难。我们在商业史上能够观察到这样的案例，包括英特尔从存储芯片向微处理器的跨越、海信电器从显像管电视向液晶电视的跨越、苹果公司由音乐终端产品向智能手机的跨越、小天鹅洗衣机由涡轮式洗衣机向滚动式洗衣机的跨越等。从某种角度来讲，这些成功实现了 S 曲线跨越的案例都有幸存者偏差的性质，实现这些跨越的因素都十分偶然。如果乔布斯没有被苹果的董事会召回，明显

---

[1] 克雷顿·克里斯滕森. 创新者的窘境[M]. 吴潜龙，译. 南京: 江苏人民出版社, 2001:115-132.

不可能产生苹果手机这个产品。同时，这些跨越都需要具备超强产业预测能力、热爱其事业的管理层来完成，这样的管理人才是可遇而不可求的。投资者可以等待这些事件相对确定之后，开展了新一轮的产品渗透时，再进入投资。

我们对两种生意的总结如表 6-1 所示。

表6-1 两种生意模式的差异

差异 项目	好生意模型	辛苦生意模型
特　征	1. 提价但不减少销量 2. 小资本支出带来营业收入高增长 3. 不受价格管制	1. 不断降低成本，降低价格，以谋求增加市场份额或自保 2. 不断地增加资本支出，使得产品更新换代，以谋求价格稳定
对管理层要求	1. 管理层对企业的主业要实行无为而治 2. 管理层不能将主业赚到的现金随便投资，最好用来分红或者回购股份 3. 对平庸的管理层容忍度相对高	1. 管理层必须不断想办法降低成本 2. 管理层必须不断想办法开发适应客户需求的产品 3. 管理层一旦懈怠，对企业将是毁灭性的打击
结　果	高ROE	管理层能力强则享受高ROE，管理层能力弱则ROE会低于社会平均值
估　值	一般情况下，市场对这类型的产业估值很高	一般情况下，市场对这类型的产业估值较低

为什么有些产品可以长期提价？

我们活在一个通货膨胀的世界里，当纸币开始替代黄金作为货币之后，通胀这头怪兽就脱离了束缚的牢笼。

通胀是 20 世纪后半期才开始严重的，在此之前长达一个多世纪的时间里，通胀并不是十分严重。20 世纪 70 年代，由于布雷顿森林体系的瓦解和前后两次石油危机，通胀加剧。目前，主流经济学家都认同通货膨

胀最根本的原因就是货币发行过多。然而，并非每种产品的价格都严格
与货币发行量增长一致。美国在 1870 年至 2015 年期间，货币供应量增
加了 75 万倍，而黄金价格涨幅为 3800 倍，CPI 指数涨幅为 1640 倍。我
们看到，货币的涨幅远远超过黄金价格和 CPI 指数的涨幅。

根据上海物价局编写的《价格工作使用手册》，1990 年上海地区 22
英寸彩色电视机的零售价格为 2100 元。2017 年京东销售的小米 32 英寸
电视机价格为 999 元。按照前述数据，在 1990 年至 2017 年，彩色电视
机的价格累计下降了 52.43%。与此同时，1990 年我国 M2 的余额为 1.53
万亿元，2017 年我国的 M2 余额为 167.7 万亿元，货币发行量增长了近
110 倍。

按照常规理解，货币的增加不应该导致物价上涨吗？经济体每增加
一倍的货币，就对应一倍的物价上涨。那么，为什么货币供应量的涨幅
倍数远远超过了黄金的涨幅和 CPI 指数的涨幅呢？同样，为什么我们的
货币发行增长了这么多，但是电视机的价格却下降了呢？究竟是什么决
定了产品的长期价格呢？

我们这样来分析这个问题。定义：Y 代表整个经济体的产出，M 代
表经济体的货币供应量，P 代表价格，ΔP 代表从 0 时刻至 n 时刻物价
的变化。ΔP 按下列公式进行推导：

$$P_0 = \frac{M_0}{Y_0} \tag{6.1}$$

$$P_n = \frac{M_n}{Y_n} \tag{6.2}$$

$$\Delta P = \frac{P_0}{P_n} = \frac{M_0}{M_n} \times \frac{Y_0}{Y_n} \tag{6.3}$$

我们看到，物价的变化由两部分的乘积构成，即价格涨幅 = 货币供
给量变化 × 产出变化的倒数。也就是说，某一种产品的价格涨幅不仅

仅取决于货币供给量的变化，也取决于该产品产量的增长幅度。产品供给量增长越快，则其价格会变得越低。这个理论可以非常好地解释为什么 M2 涨幅 > 黄金涨幅 > CPI 指数涨幅 > GDP 平减指数（GDP Deflator，又称 GDP 缩减指数）涨幅。因为同样受到 M2 增长的影响下，产出增幅越大的东西，涨幅力度就越小。例如黄金产量的增长小于 CPI 指数所含商品产量的增长。同样地，CPI 指数所含商品产量的增长低于 GDP 所含商品产量的增长。

从另外一个角度理解，物价是生产者和消费者之间的利益分配。如果商品的价格不下降，消费者的生活水平就不会提高。在过去的几十年里，一方面，我们的收入在提升，另一方面则是电视机的价格在下降，所以我们的生活水平才有了大幅提高。但是，从股东的利益考虑，生产的产品价格下降带来的却是股东要让利给消费者，这对于股东来讲不是件值得高兴的事情。四川长虹自 1994 年 3 月上市至 2018 年 3 月给投资者的累计回报率为 150%，年化回报率仅为 3.9%。正是因为电视机的价格一降再降，导致了这个相当低的投资回报率。

供给曲线的可扩张性

基于上述分析，供给侧不可扩张是产品可以长期提价的根本条件。基于供给曲线是否可以扩张，我们将产业分为两种类型：第一种是供给曲线可扩张的产业，第二种是供给曲线不可扩张的产业。

我们对供给曲线可扩张产业的定义为：第一，产品不存在实质差异（微小差异可忽略）。第二，供给曲线可由单个供给者产能扩张实现，也可以由供给者新进入供给阵营实现（现实中一般两者并存）。

产业特征：第一，供给曲线可扩张的产品容易陷入技术进步陷阱。技术进步不断伴随供给的扩大，从最初渗透率低到最终渗透率高的过程中，产品真实价格（剔除通胀因素）不断地下降。第二，在供给曲线可扩张产业的发展初期，有近似于供给曲线无法扩张产业的性质。

图 6-2 概括了供给曲线可扩张产业的产品价格，伴随着供给曲线一次次扩张，产品价格也一次次下降。

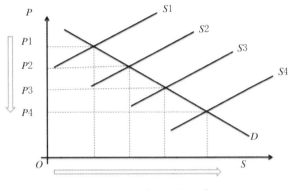

图6-2 供给曲线可扩张的产业

我们对供给曲线无法扩张的产业给出这样的定义：第一，产品存在实质差异，即消费者寻找不到替代品。第二，供给曲线无法扩张或扩张得非常缓慢，这里有两层含义：一是，由于产品存在差异，其他供给者无法加入该供给阵营；二是，出于客观原因或最优原则，企业自己不主动扩张产能。

供给曲线无法扩张的产业特点（见图 6-3）：第一，产业的供给侧阵营，产能从客观上无法满足所有消费者的需求。第二，因为供给侧无法满足所有消费者的需求，故产业需求侧阵营中的消费者可以接受产品价格提高，形成金字塔形式的市场。第三，产品的价格不由供求决定，而由社会财富水平决定。由于形成金字塔市场加之供给侧无法扩张，导致了产品的价格伴随人均收入增长而提高。第四，产业享有超高毛利和 *ROE*。

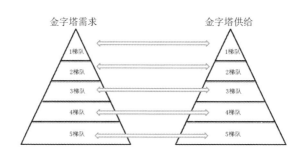

图6-3 供给曲线不可扩张的产业结构

　　为了便于理解上述概念，我们可以思考下富人和穷人的消费品差异。富人吃的米比穷人吃的米贵多少？富人喝的酒比穷人喝的酒贵多少？这就代表了两种类型的产业，富人吃的大米与穷人吃的大米差异性相比于酒的差异性可以忽略不计。伴随着技术的进步，大米的供给侧不断地扩张，因此大米的价格很难上涨。而对于白酒类产品，其市场被分割成金字塔市场，从最高的第一梯队茅台开始，第二梯队的五粮液、泸州老窖、洋河等，至最低梯队的二锅头等形成了市场分割。因此，第一梯队白酒的价格取决于付得起这个价格的人群有多大。与此同时，第一梯队白酒的价格会伴随社会平均收入的提高而提价。

　　在供给侧不可扩张的前提下，有些产业非常容易提价，根据笔者的经验，具体总结有如下几类：

1. 共享消费品[①]

　　共享消费品指的是，消费者在消费某种产品或服务时，并非由消费者私下消费，而是与他人共享的，他人可以与消费者一起消费。与之对应的，消费者在消费某种产品或服务时，是私下消费的，别人看不到，

---

① 精神消费品，由著名投资人董宝珍提出，具体详见其网站：http://www.ltkdj.com/。

也无法分享到，这种消费品就叫独享消费品。

相对于独享消费品，消费者愿意为共享消费品支付更高的价格。比如星巴克的咖啡享有高于普通咖啡的价格，主要原因为星巴克是一个与朋友分享咖啡的场所，消费者愿意支付溢价。一般情况下，消费者自己在家喝咖啡的价格远低于星巴克咖啡的价格。除了咖啡之外，茅台、香水、彩妆、奢侈品都具有类似的性质，消费者也愿意为它们支付更高的价格。

礼品经济也是共享消费品的一部分。商品本身是送礼的首选时，消费者认为价格越贵越好，这时消费者愿意对产品支付溢价。比如喜诗糖果、德芙巧克力、脑白金和情人节的玫瑰花等。

上述这种类型的消费需求，是马斯洛需求层次理论中的第四个层次，即人有被尊重的需求，是一个比较高的层次。因此相比于更低层次的需求（比如温饱需求，温饱产品一般情况下都是独享消费品），该层次的需求要花费更多金钱才能实现。所以如果企业处于这种类型的产业之中，由于消费者愿意支付溢价，那么它先天的就会有丰厚的利润率，投资回报率也会非常可观。

2. 成瘾产品

刚性需求指的是，无论价格如何变化，需求都不会产生变化。例如，粮食产品如遇到战争年份会由于其供给的减少，价格大幅上升，但我们不可能因为粮食的价格上升而不吃饭。再如，一些软件类企业的客户，也存在刚性需求。这些企业的客户想要更换软件供应商时需要付出巨大的代价，这个代价被称为转移成本。比如甲骨文的 Oracle 数据库、恒生电子对国内金融企业提供的 IT 系统软件都存在巨大的转移成本，因此甲骨文和恒生电子等公司都可以凭借这个转移成本对产品进行提价，因此它们的利润率也十分可观。

烟草作为一个成瘾产品，在这方面的特点极为显著。成瘾产品的需求具有强烈的刚性特征。如果供给侧能够形成垄断，成瘾产品可以攫取高额的利润率，因为成瘾导致消费者必须接受提价。

例如美国的控烟行动，导致美国烟草消费者越来越少，但是同时也导致供给侧的产量越来越少。美国烟草业的供给集中度非常高，这导致这个行业产生了高额的投资回报率。英美烟草公司的股票在 1980 年至 2017 年期间的年化收益率高达 18.7%。

3. 消费者错觉

当商品价格本身很低时，购买产品所支付的价格占消费者收入的比例非常低，甚至可以忽略不计，这时候就产生了消费者错觉。

例如酱油，酱油就是一个低值易耗品，酱油价格上涨时消费者几乎察觉不到。

2013 年至 2017 年，我国酱油价格累计涨幅 13.5%，同时期的 CPI 指数涨幅为 −0.68%。酱油的上游主要是黄豆，黄豆的价格在这段时期内却是下降的。因此，这样的情况，就导致了企业的毛利率不断地上升。

4. 资源垄断

资源垄断、行政垄断和专利权产品，有这些特点的产业供给侧不能形成充分竞争，需求侧的溢价能力很弱，例如土地、港口和铁路运输等行业。

我们观察 A 股中交通运输业的两家公司，分别是中远海控和上港集团。2007 年，中远海控在 A 股总市值排名第 12 位，但至 2017 年，排名滑落至 114 位。相比之下，2007 年上港集团在 A 股总市值排名榜上位列第 29 位，2017 年位列第 40 位。为何中远海控的排名滑落这么多？

简单来讲，中远海控从事的是远洋船队运输行业，上港集团是上海港的运营商，即两家公司都处于海运行业，但是处在不同的业务环节。

由于 2007 年波罗的海干散货指数大幅飙升，导致了海运行业的利润大幅升高，因此全球的船队开始扩张产能。产能扩张的结果就是导致整个行业供过于求，最终整个行业的利润率开始下滑，进而影响了中远海控的总市值。

虽然整个景气度下降，但这并没有影响上港集团。因为上港集团掌握了上海港，其提价能力非常显著，如图 6-4 所示。

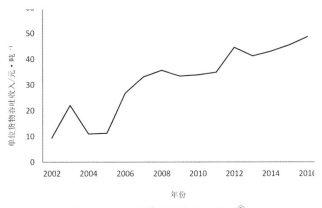

图6-4 上海港单位货物吞吐收入①

因此，上港集团的净利润持续增长，其总市值的下降是由 2007 年股票市场的估值导致的。

通过对上港集团与中远海运两家公司的对比我们发现：在一个产业内部，能够掌握垄断资源的生意模式更优，在面临整个产业衰退的情况下仍然能够实现利润的逆势增长，这对投资者是非常有利的。

---

① 数据来源：中经网统计数据库、新浪财经。

提价策略需注意的问题

1. 警惕无法提价的情况

投资需要逆向思维，我们不单单要从正向思维角度考虑问题，还要学会从逆向思维的角度进一步解释问题，这样我们的认知框架才能够越来越完善。根据经验，如下类型的行业在提价能力方面很弱。

第一，生产效率提高很快。技术进步导致生产效率提高，进而导致供给曲线不断处于扩张之中。

第二，产品迭代速度很快。技术进步导致供给扩大，产业内部形成价格战，为了维持产品价格，企业不得不继续投入资本以开发新技术和新产品，例如电视、电脑、手机、汽车等。表面看起来，这些产品的价格是处于稳定的趋势中，但从单位产品性能价格的角度去衡量这些产品的价格，就会发现这些产品的价格是长期下降的。比如电脑的单位运算速度价格就处于长期的下降趋势中，在这个产业内生存是一件很痛苦的事。

第三，流行风气过时或泡沫破灭导致的降价，比如电影。电影最初销售的是电影票，这时候是贵的，流行风气过后开始销售 DVD，其价格相比电影票就便宜了很多。此外有些商品价格的下降，是泡沫破灭导致的，比如日本的房地产价格，连续下跌了近 30 年，就是泡沫破灭导致的。

第四，产品广泛存在替代品而导致无法涨价。这些类型的产品一旦提价，消费者就可以找到与之功能类似的产品替代。典型的代表就是可口可乐和绿箭口香糖，这两者的价格一旦提价后，消费者就可以寻求其竞争对手生产的产品进行替代。

第五，被消费者认定为廉价品牌，从而导致无法提价。由于被消费者定义为廉价品牌，廉价品牌的商品价格一旦上涨，消费者就立马不买。比如低端品牌香烟，翻阅历史资料我们发现低端品牌的香烟价格非常难以上涨，一直跑输 CPI 指数。究其原因，主要是品牌定位太低，消费者长期形成了其为低端品牌的观念。在消费者心目中有些品牌就是廉价货，不该为它支付溢价。相反，高端品牌香烟的价格长期处于上涨趋势中。

2. 供给无法扩张是提价的必要条件

实行价格策略的基础，一定是供给侧无法扩张。一旦一个产业的供给侧可以扩张，无论是表现在供给阵营可以随便进入，或者是表现在现有供给者自己扩张产能，都会导致企业试图提高价格进而提高 ROE 的策略无法奏效。对比中美两国的烟草价格就可以证明这点，我国的烟草价格长期跑输 CPI，其最主要的原因就是供给过剩。

在美国，烟草产业内的竞争导致了烟草巨头垄断，供给量在减少，因此烟草价格涨幅远大于 CPI 涨幅。由于烟草成瘾，消费者不得不接受高价格。与之相比，我国的烟草产量及价格都受到行政指导，每年卷烟厂生产的卷烟数量严格按照计划指标执行，既不能多也不能少。由于意识到吸烟的危害，我国的烟民数量在缓慢地下降。这就导致了国内卷烟供给一直处于上升趋势中，需求一直处于下降趋势中。因此，我国烟草的价格就没有跑赢 CPI。

虽然我们前文中提及，需求刚性产品很容易提价。但通过对比中美烟草价格的案例我们发现：虽然需求刚性的产品容易提价，但需求刚性并不是产品提价的充分条件。提价的前提是供给不能扩张，这是提价的必要条件。同样，成瘾产品咖啡的价格也是如此，咖啡的价格长期跑输 CPI，原因也在于咖啡的产量长期处于增长中。因此，在采用提价策略投资时，投资需要避开这种产能可以一直扩张的产业。

3. 泡沫对价格的影响

商品的价格除了受到供求模型的影响之外，还会受到泡沫的影响。

这点极其具有迷惑性，非常容易与供给曲线不可扩张混淆。下面我们以稀土价格为例进行分析。

我国是全世界稀土储量的第一大国，也是全球稀土产量第一大国，我国的稀土产量占全球产量的 90% 左右。可以把稀土理解为一种添加剂，有了稀土，磁铁才会产生永久磁场，坦克的装甲才会更为坚实。因此，稀土的下游行业十分广泛。可以这样讲，现代军工业和电子产业没有稀土就运行不下去。换句话说，稀土的需求是存在刚性的。那么，按照我们的模型分析，我国对全球的稀土供给垄断，加之稀土的需求刚性，稀土的价格就应该非常贵，处于长期的上涨趋势中。但事实并不是这样，图 6-5 是我国稀土的出口价格趋势。

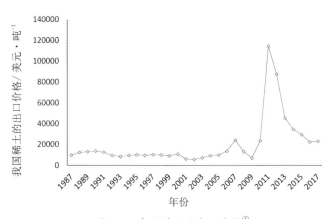

图6-5 我国稀土的出口价格[1]

我们看到的是，在 1987 年至 2009 年这段长达 20 多年的时间里，我国的稀土价格长期近似一条直线，当时业内称稀土为"白菜价"。这是什么原因导致的呢？实际的情况是，我国稀土产业长期存在被大型企业

———————————
[1] 数据来源：CEIC。

过度开发①、被当地老百姓滥采滥挖和走私的现象。2012 年 6 月 21 日的
《人民日报》第 15 版刊登了中华人民共和国国务院新闻办公室发布的《中
国的稀土状况与政策》一文，其有如下的表述："受国内国际需求等多种
因素影响，虽然中国海关将稀土列为重点打私项目，但稀土产品的出口
走私现象仍然存在。2006 年至 2008 年，国外海关统计的从中国进口稀
土量，比中国海关统计的出口量分别高出 35%、59% 和 36%，2011 年更
是高出 1.2 倍。"因此，实际上我们的稀土业并没有在供给侧形成强势垄
断，这导致了我们没办法掌握稀土定价权。

2011 年 5 月，国务院下发了《国务院关于促进稀土行业持续健康发
展的若干意见》，主要目的是规范稀土产业运行，打击私自开采和走私。
在这样的预期下，2010 年至 2011 年，预期的投机行为导致了稀土价格
大幅波动，但之后的稀土价格就开始暴跌（见图 6-6）。由于 WTO 裁定
中国的稀土联盟违反 WTO 规则，我们的稀土联盟没有形成。

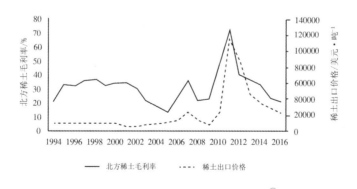

图6-6 北方稀土的毛利率与稀土价格②

---

① 美国从20世纪末开始，就禁止国内的企业开采稀土资源。
② 数据来源：网易财经、CEIC。

因此，从长期的角度看，除非稀土产业的供给侧能够形成强势价格联盟，否则稀土的价格难以长期上升。我们在投资分析的过程中，需要弄清楚价格是由泡沫产生的，还是具有长期提价基础。

总结企业采用提价策略的条件如下：

（1）产业的供给曲线无法扩张（无论是新进者扩张还是现有竞争者的扩张），这是能够采用提价策略的最根本条件。

（2）消费者渴望得到产品或者服务，即需求具有刚性。

产品销量周期能有多长？

增加营业收入的策略除了提高商品或服务的销售价格之外，还有就是增加商品或服务的销售数量，这种方式被称为销量策略。前文中我们提及，增加销售数量往往意味着股东需要投入额外的资本以扩大在建工程、固定资产、无形资产和存货的规模。因此，在价格不变的前提下，销售数量的增长并非一定能够实现企业 ROE 的提升，只有当销量增加带来的边际利润大于边际资本支出时，才有真正的经济利益流入企业。

换句话说，从对 ROE 提升贡献度来讲，销量策略是次于提价策略的。通常情况下，采用销量策略的企业都处在供给侧可扩张的行业之内，无法通过提价实现提高销售收入，企业只能够退而求其次，谋求更多的销量，提升市场份额。因此，与能够采用提价格策略的行业相比，采用销量策略的行业产品差异性较小。这种类型产业需求侧的特点是消费者追求产品或服务的物美价廉，消费者需要货比三家之后才进行购买。因此要求产业的供给侧必须做到不断降低生产成本或者推出新产品，以谋求销量增长，这就要求供给侧的规模效应非常重要。供给侧的管理层需要明白这些道理，并付出艰辛的努力。

但这也并不意味着销量策略中不会产生大牛股，比如海螺水泥在

2002 年至 2017 年这 15 年时间里的股价累计涨幅为 15.45 倍，年化平均投资回报率为 20.2%。水泥的价格并没有大幅提高，海螺水泥之所以能够产生这样的资本收益，源于产品销量的增长。

S 曲线

那么，为什么像水泥、空调这些产业的销量能够实现强劲增长，而像彩电这样的产业就很难实现销量的增长呢？原因在于市场渗透率。我们从消费者的分类出发，按照 E.M. 罗杰斯的《创新的扩散》一书对消费者的分类，消费者可以分为创新先驱者、早期采用者、早期大众、后期大众和落后者五个类别，如图 6-7 所示。①

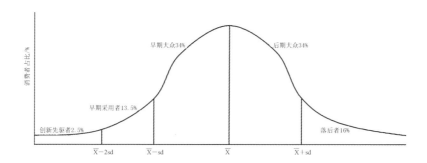

图6-7 消费者的分类

我们看到，上述消费者分类是呈正态分布的。"我们之所以预期创新采纳人数会呈正态分布，是因为对个体采纳还是拒绝一种创新的累计影响，而这种影响是系统内同伴对创新进行交流造成的。随着系统内知道创新，采纳或摒弃创新的人员的比例加大，以及越来越多的人采纳或摒弃该项创新，这种累积的影响对个体具有潜移默化的作用。我们知道，接受新思想往往是通过人际交往中的信息交流来实现的。如果某项创新

---

① 该图为笔者根据 E.M. 罗杰斯的《创新的扩散》一书自制。

的第一个采纳者与系统内的另外两个成员讨论该项创新，并且这两个新增的采纳者又将这个创新思想传达给他们的两个同等级成员，以此类推，最后的分布表现出二项式增长，如果绘制出连续几代人的情况，这个数字函数呈现出正规形态，这个过程类似于未加以控制的流行性传染病的扩散。"①

信息论的角度也可以解释为何正态分布如此广泛，这起源于玻尔兹曼对热力学第二定律的解释。通俗地说，就是在给定一个客观系统的方差之后，这个客观系统就是正态分布的。好比人的身高，我们的身高之所以是正态分布的，就是最大熵原理。正态分布的身高不需要额外消耗能量，是进化过程产生的最优路径。试想，如果我们人类的身高是幂律分布，即最高的人高得吓人，其他大部分人都十分矮小，那么我们身体里必须要有对应控制的遗传基因，这个遗传基因就必须要消耗额外的能量，在进化过程中是会被淘汰的。因此，我们的身高一定是呈正态分布的，正态分布消耗能量最低。

我们定义渗透率等于采纳某项产品的消费者人数除以总体消费者人数。由于消费者对新产品的接受度是呈正态分布的，那么渗透率曲线就是正态分布的累计分布曲线，即呈现出 S 形态，这个曲线被称为"S 曲线"（见图 6-8）。

---

① E.M. 罗杰斯. 创新的扩散[M]. 唐兴通, 郑常青, 张延臣, 译. 北京: 电子工业出版社, 2016 : 242.

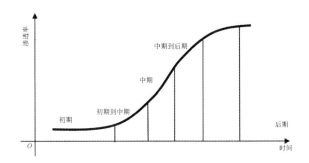

图6-8 理想的渗透率曲线

S曲线是大多数商品渗透过程所遵循的规则。这条曲线非常有用，我们可以用该曲线来描述产业的生命演进过程和产业的盈利水平。同样地，我们也把渗透率分为五个阶段，分别是渗透率初期、初期到中期、中期、中期到后期和后期。对于不同的时期，产业的特点与盈利水平都不尽相同，我们总结如下：

渗透率初期。此阶段，由于产能严重不足，需求又十分强劲，工业品具有炫耀消费属性，故此时的产品价格很高（以产品价格／人均可支配收入衡量）。此阶段，伴随企业规模化生产的起步和经验曲线[①]的贡献，企业的毛利率迅速从低到高。例如20世纪70年代的自行车、90年代的电视机和2000年的电脑。

渗透率初期到中期。伴随着高利润率的诱惑，生产者开始扩张产能，加上越来越多的企业加入供给方阵营，导致产业的产能迅速地扩张。各家企业为了提高市场份额，逐渐陷入了囚徒困境，开启价格战，企业的毛利率开始逐步走低。

渗透率中期。供给侧的企业在面临毛利率下滑时，有两种选择：第

---

① 经验曲线，指的是企业在生产产品的过程中，会由于经验的积累，而导致产品单位成本下降。

一，不得不减少成本，提高生产效率，采用降价销售策略以提高销量。第二，不得不投入资本，提升技术，开发出新一代产品，以维持市场价格，维持毛利率水平，这促进了技术进步，但同时对股东来讲却不是什么好事。此阶段的需求侧即消费者的偏好已经发生变化，产品由炫耀性消费品转变为一般消费品。

渗透率中后期。产业激烈竞争，会导致产业整合，实力较弱的供应商彻底退出产业供给阵营。最终形成几家大型的供应商，规模经济广泛存在供给侧，供给侧不再面临新进者威胁，产品价格下降趋势暂缓，毛利率水平得以维持，甚至小幅度提升。

渗透率后期。按照产业的性质不同可分为两种情况：第一情况是，耐用品面临需求断崖，整个产业的供给侧彻底毁灭；第二种情况是，快速消费品丧失销量增长的可能性。

我们用图 6-9 来描述整个产业的生命周期。

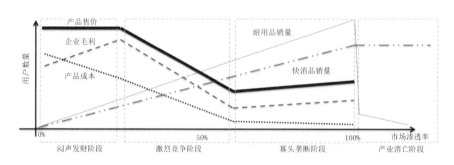

图6-9 S曲线影响下的产业生命周期

我们看下国内彩色电视机行业的生命周期，如图 6-10 所示 [1]：

---

[1] 渗透率在2013年之后的下降是因为国家统计局的统计口径调整导致的数据不连续。

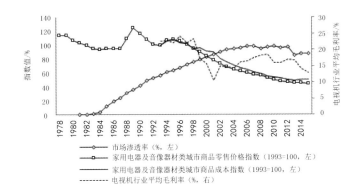

图6-10 渗透率模型视角的彩色电视机产业

数据来源：
①市场渗透率
市场渗透率＝城镇居民平均每百户年底电视机拥有量／140
城镇居民平均每百户年底耐用电视机数据来自中经网统计数据库、国家统计局。
②行业毛利率
行业毛利率＝（四川长虹毛利率＋深康佳 A 毛利率）／2，其中四川长虹 1994 年毛利率是通过 1993 年和 1995 年的插值法求出的，数据来自大智慧。
③销售价格指数
数据采用的家用电器及音像器材类城市商品零售价格指数，来自《新中国 55 年统计资料汇编全国篇》和国家统计局。
④销售成本指数
销售成本指数＝销售价格指数 ×（1－ 行业毛利率）。

　　国内的电视机渗透率在 1998 年达到了 75%，在此之前电视机行业的毛利率维持在了 25% 左右。这代表着在产业渗透率的前期，企业可以跑马圈地，消费者十分渴望得到企业的产品，企业能够享受高额的毛利率。

　　1998 年至 2001 年产业的渗透率迅速提升到了将近 100%，产业内部发起了多次价格战，激烈竞争导致的结果就是产业的毛利率迅速走低。

　　从 2002 年至 2009 年，产业的渗透率一直维持在 100%。这是因为产业内发起了颠覆性创新，由原来的显像管电视机向液晶电视机跨越，产业的需求侧开始了第二次渗透。产业毛利率企稳，并缓慢地抬升。

从2010年开始，产业的盈利能力又开始再次下滑，同样的问题再次发生在液晶电视机上。最终我们看到的是整个产业处于毁灭的边缘。

同样地，用该模型我们可以考察空调行业，空调行业的市场渗透率情况如图6-11所示。

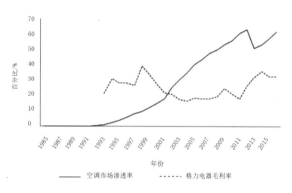

图6-11 空调行业的市场渗透率

数据来源：
①市场渗透率
市场渗透率＝城镇居民平均每百户年底耐用消费品拥有量（空调台）/200
数据来自中经网统计数据库。
②行业毛利率
格力电器毛利率数据来自大智慧。

2000年之前，空调产业的渗透率十分低，格力享受了高水平的毛利率。而从2000年开始至2009年，空调产业的渗透率迅速提高到60%，整个产业展开了激烈的竞争，产业的毛利率不断地下降，导致了许多空调企业出局。从2009年开始，产业供给侧的寡头垄断逐步形成，产业盈利能力开始提升。目前空调行业正处于寡头垄断阶段，享受了高毛利率水平。

我们再观察乳制品产业（见图6-12）。与电视产业和空调产业不同，乳制品产业属于快速消费品产业，电视和空调则属于耐用品消费产业。在渗透率到顶时，耐用品产业面临的困难程度远大于快消品产业。

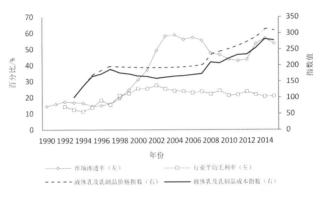

图6-12 液体乳及乳制品行业的渗透率

数据来源：
①渗透率
城镇居民家庭人均主要消费品消费量（生奶）来自中经网统计数据库。
渗透率 = 城镇居民家庭人均主要消费品消费量（生奶）/ 潜在总需求
潜在总需求为32kg/人年，为日本2010年的人均鲜奶消费量数据。
②行业平均毛利率
1998—2015年数据来自历年《中国乳业年鉴》。1992—1997年为伊利的毛利率 −5% 进行模拟。
③液体乳及乳制品价格
数据来自《中国城市（镇）生活与价格年鉴2011》、国家统计局，采用液体乳及乳制品的CPI数据。
④液体乳及乳制品成本
液体乳及乳制品成本 = 液体乳及乳制品价格 − 液体乳及乳制品价格 × 毛利率

2002年之前，乳制品的产业渗透率不到50%，整个产业享受了高额的毛利率水平。伴随着国内三聚氰胺事件的爆发，乳制品的渗透率提前到达了天花板。2008年之后，产业的渗透率开始逐步下降。虽然，产业的渗透率在下降，但是产业的毛利率下降幅度并不大，这就是快消品与耐用品的重要差别。耐用品在产业的渗透率到顶时很容易遭受毁灭性打击，原因在于边际效用递减。消费者拥有了一件耐用品之后，对拥有第二件耐用品的欲望会大大降低。而快消品由于其消费周期短的特点，消费者消费了一次之后仍会不断地进行消费，这是快消品产业与生俱来的优势。

引爆点

回到 S 曲线，当一个新产品问世时，由于消费者对其知之甚少，很少有消费者能够接受该产品。所以，公司一般都是通过广告进行宣传，这是第一次传播，也被称为"媒体传播"。当消费者通过广告了解产品，一小部分消费者就会率先尝试。在尝试性消费后，消费者之间会形成第二次传播，这个第二次传播的主要内容是消费者对产品的评价。如果产品能够经受评价的考验，那么就形成"引爆点"，产品会由消费者自发购买，销量会迅速上升（见图6-13）。

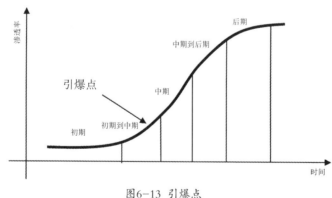

图6-13 引爆点

在投资实践中，参与引爆点之前的投资不确定性较大。幸运的是，一般情况下上市企业都已经安然度过了之前的不确定阶段。但是，上市公司也会不断地去开发新产品或者通过并购的方式进入新的领域。经验显示，对新产品的销量增长预测难度非常大。因此，在投资实践中，我们尽量要对这种不可预测的投资进行规避，尽量只研究那些已经过了引爆点之后的产品，这种预测相对更有把握。

在 E.M. 罗杰斯的《创新的扩散》一书中，他总结了几个影响产品渗透率的关键性因素，主要包括了五个方面，分别是：相对优势、兼容性、复杂性、可实验性和可观察性。

1. 相对优势

相对优势，指的是新产品与现有产品的性价比。相对优势越大，则市场渗透率提高的速度就会越快，相对优势这个影响因素是产品渗透率的根本性影响因素。"研究传播的学者发现，相对优势是预测创新采纳率的最好方法之一。相对优势表明了个人采纳某项创新所需支付的成本以及从中可以获得的收益。相对优势的具体方面又包括：经济利润提高，较低的初始成本，不舒适感的减少，社会地位、时间和精力的节省以及回报的及时性等。"[1]

新产品的渗透是从产业内部发起还是从产业外部发起，对产业具有完全不同的影响。我们看下洗衣机这个产业，洗衣机的渗透率在 1996 年就已经达到了 90%。依据市场渗透率模型，洗衣机这个产业应该在 21 世纪初就消亡，但事实并非如此，图 6-14 是小天鹅 A 的销售收入曲线。

---

[1] E.M. 罗杰斯. 创新的扩散[M]. 唐兴通, 郑常青, 张延臣, 译. 北京: 电子工业出版社, 2016: 243.

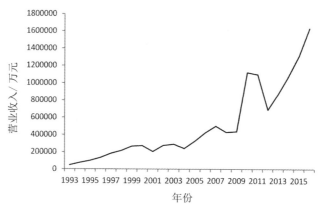

图6-14　小天鹅A 的营业收入①

那究竟是什么原因能够在产品市场渗透率已经如此之高的情况下，仍然让销售收入大幅度地增长？

洗衣机产业历经了两次重要的内生性技术进步，第一次是从半自动洗衣机到波轮式全自动洗衣机的技术进步，发生在 1995 年至 2000 年期间；第二次是从波轮式全自动洗衣机到滚动式全自动洗衣机的进步，发生在 2010 年至 2015 年。

半自动洗衣机指的是有双缸的洗衣机，一个缸专门用来洗衣服，一个缸专门用来甩干。也就是说，用半自动洗衣机洗衣服时，必须在中间停下来，进行人工干预，把洗衣桶的衣服拿出来，放入甩干桶。全自动波轮式洗衣机则只有一个桶，清洗和甩干都在一个桶内完成，洗衣服时仅需要按一个开始键就可以了。但波轮式洗衣机有个缺点，就是洗出的衣服会褶皱，还需要用熨斗熨平。相比之下，滚动式洗衣机洗涤时并不会把衣服洗得很皱，对衣服的损伤程度也较低。

---

① 数据来源：新浪财经。

这两次技术进步在产业内引发了产品新的渗透过程。由于新产品的性价比极高，性价比产生的动力足以让消费者扔掉原来的洗衣机，去买一台新式洗衣机[①]。由于国家统计局的数据并没有针对居民拥有的是哪种类型的洗衣机进行分类统计，我们看到的洗衣机渗透率一直很高。但如果我们按照洗衣机的类型，分别画出洗衣机的渗透率曲线，我们会发现这三条曲线经过两次替代，延续了整个产业的增长。

2. 兼容性

兼容性指的是新产品与目前消费者正在使用的产品在习惯、使用方法上类似，转移成本可以忽略不计。新产品的兼容性越强，则其渗透的速度就越快。

1962 年至 1984 年，IBM 的利润从 2.07 亿美元增长至 54.85 亿美元，增长了 25.47 倍，折合年化增速为 16.06%。同时期其股价涨幅为 10 倍，折合年化涨幅为 11.06%[②]。相比之下，标普 500 指数的涨幅仅为 2.65 倍，折合年化涨幅为 4.53%。根据福布斯杂志作者杰夫·柯福林（Jeff Kauflin）提供的数据[③]，我们可知 1967 年时，IBM 的市值为 352 亿美元（考虑通胀后，相当于 2017 年的 2590 亿美元），位居当时上市公司的市值第一名。这也从另一个角度说明了大市值公司仍然具有高成长性。那么为什么 IBM 能够在这段时间内取得如此辉煌的业绩呢？这要归功于 IBM 公司押注的 S/360 系统获得了巨大成功。

---

① 相比之下，有些新产品迭代速度就很慢，主要是新产品的性价比优势很差。比如等离子电视、3D 打印机、电子烟等。这些产品要么是价格贵得离谱，要么是性能不如原有的产品，因此，我们看到这些产品创新都遭遇失败。

② 直觉上，这个年化收益率并不高，但是投资者需要考虑的是当时的美国的利率环境，从20世纪60年代开始至80年代中期，美国的利率长期处于上行的趋势中，对美国的股市形成了强大的压力，能够取得这样的年化收益率已实属不易。

③ 详见 https://www.forbes.com/sites/jeffkauflin/2017/09/19/americas-top-50-companies-1917-2017/#5a24bcf01629。

IBM 的 S/360 系统重塑了整个电脑产业结构，这个系统的制胜法宝就是其兼容性。该系统极大地方便了客户，提升了用户体验，因此在行业内建立了产业标准，这为 IBM 创造了巨额的回报，IBM 这个系统从 20 世纪 60 年代研发出来之后整整引领了行业 20 年的发展，直到 80 年代末期才被微软、英特尔和甲骨文公司瓜分了市场份额。

如果企业更新换代的新产品与其旧产品之间兼容性有问题，那么这个新产品很可能会失败，比如微软的 Vista 系统与其原来的 XP 系统兼容性较低，导致了 Vista 系统的用户体验感很差，最终成为一个失败的产品。兼容性也不单单体现在科技领域，在社会领域中也有很多类似的现象。比如欧洲人很难接受中国的白酒，这是长期的文化背景差异导致的，欧洲人的主观印象中，酒的味道就应该是红酒或者威士忌的味道，对辛辣的白酒并没有好感。但是，同样是中国的产品，比如丝绸、茶叶和瓷器这些产品就相对容易传播至欧洲，因为这些产品与欧洲人平时使用的产品差异性并不大。

从另外一个角度考虑问题，如果一家公司能够生产其他竞争者无法兼容的产品，那么这家公司就会拥有由转换成本构筑的护城河。这点我们在下一章中会继续探讨。

3. 复杂性

消费者厌恶操作复杂的产品，一个产品的使用难度越大，其被接受的可能性就越低。一个产品从诞生到成熟的过程也是不断地从复杂到简单的过程。例如计算机刚刚被小型化的时候，不懂编程技术的消费者很难使用，都是一些编程天才率先在使用。而伴随着产品不断升级与更新，现在的计算机几乎不用培训就可以熟练使用。

吉列剃须刀就是这方面很好的案例。大概在二战之前，男性剃须是个很麻烦的事情，所以我们看到 18、19 世纪的很多欧洲哲学家都是大胡子。

在当时，男性剃须与今天的理发差不多，需要由专业的理发师完成。1901年，King Gillette 发明了一种安全剃须刀片，男性可以使用该刀架和刀片自己给自己刮胡子，这就大大地简化了剃须的复杂性。对这样一个过程的简化，成就了一家百年老店，迄今我们仍然可以在超市看到吉列剃须刀。

最近几年在国内支付领域发生的变革就是移动支付代替现金支付，因为移动支付非常简单，所以移动支付渗透率提高得很迅速。

移动支付的出现导致了现金支付方式变成了"旧模式"，而身处这个旧模式产业链的企业也会因此而遭殃。几年前，消费者每月的收入都通过银行存进银行卡中，消费者进行消费时，需要去银行取出现金。取出现金就要通过 ATM 机，所以各家银行都广泛布置了 ATM 机。因此，ATM 机的需求十分旺盛。自 2016 年以来，由于操作更为简单的移动支付的广泛应用，ATM 的需求增速明显放缓（见图 6-15）。

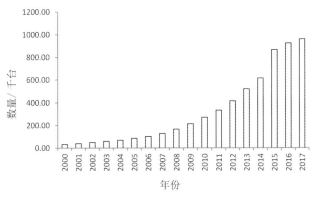

图6-15　ATM 机保有量[①]

从微观层面讲，每一次技术进步带来的结果就是产品价格降低，从

---

① 数据来源：CEIC。

而消费成本也会降低。ATM 机这个行业很有可能会类似存折，以后我们大概只能在金融历史博物馆里看到。

4. 可试验性

可试验性指的是产品在推向市场的过程中，消费者能否进行体验式消费。可试验的产品比不可试验的产品的推广难度要低，市场渗透的速度也就更快。这也是营销上常用的手段，对于新产品来讲，由于一致评价的口碑尚未形成，可试验性是让消费者了解产品的关键步骤。电影的宣传片就是个很好的例子，这个宣传片就类似于电影的一个"最小可用品"，通过一些精彩的片花吸引消费者去观看电影。如果向消费者告知"这产品只能看，不能摸"，可想而知它的渗透率会如何。

服装销售这个行业是可试验性的典型代表，顾客光顾服装店必须试穿之后才能够促成购买行为。但是从传统的运作流程来看，这个行业的生产速度远远赶不上流行趋势的更替速度。因此，我们看到生活中，只有抓住流行趋势的销售才可能在这个行当中赚到钱。西班牙的服装销售巨头 INDITEX 就将可试验性做到了极致。

5. 可观察性

可观察性指的是，产品或者服务的效果越明显地被消费者观察或体验到，就越能提高产品或服务的市场渗透率。史玉柱在其早期的商业生涯中曾经做过一个"脑黄金"产品，主要成分是 DHA（二十二碳六烯酸），那是大脑发育过程中一种不可或缺的重要物质，这个产品的主要功能是小孩子吃了之后会变聪明。但是，史玉柱后来放弃了这个产品，转而去做"脑白金"，脑白金的主要成分是褪黑素，其作用是促进睡眠。在后来史玉柱的公开演讲中，他有特别提及，转而做脑白金的关键因素是：消费者无法直接观察到脑黄金的效果，而脑白金的效果相对比较容易观察。DHA 的确会促进儿童的脑发育，但是家长无法看出孩子吃了 DHA 就立马变聪明。但是脑白金的主要成分褪黑素却可以促进人的睡眠，起到立竿见影的效果，这就是脑白金这么容易推广的重要原因之一。

可观察性在药物研发领域是十分重要的因素。医药研发一定需要经过双盲试验，双盲试验的结果就是评价药品效果的依据。2011 年的重庆啤酒案例就是因为其对乙肝疫苗的双盲实验失败导致了股价暴跌。重庆啤酒给投资者的启示是：对于我们并不充分了解的行业或公司，贸然地将赌注押在它们身上是一种极不明智的做法。

上述，我们讨论了与产品渗透率有关的五个因素，一般情况下这五个因素会同时影响产品渗透率。在实际投资分析过程中，我们需要同时去关注这五个因素。对于那种处于产品开发初期，尚无法详尽了解这五个因素的产品，我们需要避而远之。因为在无法对产品未来的销售量有合理的估计的情况下，就贸然去投资的话，风险是不可控制的。资本市场对这些新潮的产品（甚至是产品尚未出现，只是管理层提出的一种想法）有着狂热的追逐基因。然而经验显示，绝大多数的新产品都是无法取得成功的。

除了上述五个因素之外，消费者调查也极为重要。想了解一家公司是不是好公司，最直接的方法就是问消费者。了解消费者的想法，可以通过阅读专业机构出具的调查报告、对消费者做访谈、自己制作消费者调查问卷和自己当一回消费者来完成。需要注意的是，专业机构的调查报告并不能作为决策的唯一依据，想要做好投资就要勤奋，自己去接触一线的消费者是最直接的。比如，笔者在研究乳制品行业时向便利店的经营者了解到，由于消费者对超高温灭菌奶不待见，便利店的超高温灭菌奶的销量一直不如巴氏奶。为了让便利店上架超高温灭菌奶，在供求双方的博弈中处于劣势一方的超高温灭菌奶企业不得不采用"卖不完回收"的销售策略让便利店不承担损失。类似的这种行业"潜规则"是不可能出现在公开的消费者调查报告中的，但有时候这些信息又极为关键。

还有一个很有用的方法就是自己当一回消费者，亲自对比一下竞争对手的产品与标的公司的产品孰优孰劣。很多时候，企业的广告做得天花乱坠，但当你真正消费它的产品时一切都会暴露无遗。笔者曾经买过一箱某品牌植物蛋白饮料，亲身体验了一回广告与现实的差异。一段时间后，笔者从媒体上得知该公司果然出现了产品销量下滑、销售收入增长缓慢的情况。其原因就出在了二次传播上，该产品的口碑不好，导致回头客很少。该公司虽然花费大笔广告费进行广告宣传，前几年其产品销量的确增长强劲，但并没有后劲。笔者也曾买过十几个品牌的酱油，对比不同品牌酱油之间的差异性，可喜的是我们的国产酱油做得一点都不比日本的龟甲万差。

规模效应

我们前文描述了产品的渗透率曲线以及影响渗透率的五个因素。产品渗透最终都必须形成规模效应，否则就是白费力气。规模效应指的是，企业伴随着产品产出扩大，产品单位成本下降的效应。规模效应可以来源于固定成本摊薄、广告费用摊薄和经验曲线等。

以海螺水泥为例[1]，我们看到，首先，2000年之前我国的人均水泥产量长期处于非常低的水平，这与我国住房建设政策有关（见图6-16）。1998年城市的住房市场化改革之后我们开始大规模建设住房。因此，整个行业的渗透率迅速提高是企业采用销量策略的前提条件，如果这个前提条件不满足，企业通过销量策略实现销售收入增长基本上是痴人说梦。

---

[1] 注意，本书中所提及的所有案例都是对历史的挖掘，试图去寻找这些投资回报率优秀的公司背后的逻辑，而并非对公司接下来的展望，因此不构成投资建议。

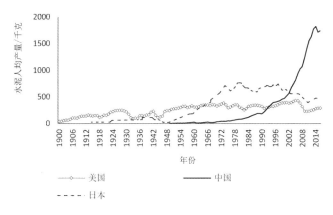

图6-16 美国、中国、日本人均水泥产量[①]

其次，由于水泥有运输半径[②]，容易形成区域市场垄断。由于水泥产业的产量在迅速地提升，因而水泥的价格仍是稳定的（虽然也没有上涨）。这对水泥企业采用销量策略多了一层保护屏障。

在这样的行业中，我们应寻找规模最大的企业进行投资，充分发挥规模效应。

2000 年，海螺水泥的销量为 600 万吨，在水泥产业排名第一。2016年海螺水泥的销量为 27700 万吨，排名仍然是第一。从 2000 年至 2016年，海螺水泥一直占据着水泥行业的龙头地位，这个行业几乎不受到颠覆性产品的影响，所以产业结构相对稳定，这就是巴菲特所说的"简单的企业"[③]。

---

① 数据来源：中国科学院经济研究所世界经济研究室. 主要资本主义国家经济统计集 1848-1960 [M]. 北京：世界知识出版社，1962:401.
② 水泥的特点导致了其有运输半径，因为水泥单价很便宜，但很重，运输过远会导致运费超过水泥的利润。
③ 有些产品的排名几乎每10年就会大轮换，比如互联网产业、制药产业、信息技术业，这些行业的稳定性很差，很难对产业未来的10年做出一个合理的估计。

由于具有强大的规模效应，海螺水泥的净利润远远超过同行业的水平。2016 年海螺水泥与华新水泥的盈利能力对比如表 6-2 所示。

表6-2 海螺水泥与华新水泥的盈利能力[1]

指标	海螺水泥	华新水泥
毛利率	32.47%	26.28%
销售费用率	5.86%	8.17%
管理费用率	5.62%	6.94%
财务费用率	0.60%	4.21%

根据上表，我们可以看到海螺水泥的规模效应显著，毛利率高于华新水泥，销售费用率和管理费用率则低于华新水泥。

基于上述的分析，我们总结企业采用销量策略需要具备的条件如下：

第一，产业处于渗透率快速提升的阶段，而非尚未渗透或者渗透率已经到顶的阶段。

第二，企业的产品务必同时具备相对优势、兼容性、简单、可试验性和可观察性。

第三，企业具备规模效应。

本章的前四节都在探讨企业利润表中影响营业收入这一个科目的因素。在现实中，除了提价策略和销量策略之外，企业还可以通过调整销售收入结构实现销售收入的增长。调整销售收入结构指的是当企业有多种不同价格的产品时，可以提高价格高的产品销量，降低价格低的产品销量，以此来实现营业收入增长。但我们就这种情况并不做专门的研究，因为本质上这种方式是提价策略和销量策略的变种。

---

[1] 数据来源：海螺水泥、华新水泥2016 年年报。

第 7 章　　哪些因素可以成为公司的护城河

> 一家真正伟大的公司必须有一道护城河来保护投资获得很好的回报。
>
> ——巴菲特致股东的信（2007）

上一章中，我们得出的结论是：企业想要通过提价策略获得高额资本回报，其基础条件是供给侧不能扩张。但是这与经济基本规律是有悖的，自由竞争不允许超出平均水平的高额资本回报率长期存在，因为一旦一个产业非常赚钱，资本就一定会千方百计地进入该产业，谋求分得一杯羹。如此导致的结果就是非常赚钱的产业最后都会变得比较保守。企业身处在这样高利润率产业，必须有又深又宽的护城河来抵御"外敌"的入侵，这样才能够维护自己的高额利润不被蚕食。

作为投资者，务必具备一双慧眼，能够迅速识别出一家公司是否具备长久的盈利优势，这个优势由三个要素构成：第一个要素是企业的商业模式务必能够产生不断的现金流，通俗地讲，就是企业守着一堆金矿；第二个要素是必须有好的管理层能够很好地运营业务，换句话说，就是必须有一个像阿喀琉斯一样的战神在维护着金矿；第三是必须有护城河抵御"外敌"的入侵。这三个条件合并在一家企业上，最终的财务指标体现出来的就是企业能够长期保持高 *ROE*，股票价格也会处于长期上涨的趋势中。

由晨星公司澳大利亚兼新西兰 CEO 希瑟·布里林特（Heather Brilliant）和晨星公司美国证券研究总监伊丽莎白·柯林斯（Elizabeth Collins）合著的《投资的护城河：晨星公司解密巴菲特股市投资法则》一

书，总结了护城河主要体现在五个方面，分别是企业的无形资产、转换成本、网络效应、利基市场和规模效应。我们在上一章中已经对规模效应进行相应了的分析，本章不再重复，本章主要分析前四种护城河。

无形资产

本节所指的无形资产并非会计意义上的无形资产 [1]，而是经济意义上的无形资产，这些资产看不见摸不着，但却能够为企业带来经济利益。主要包括三个方面：强势品牌、专利权和法定许可。

强势品牌

强势品牌指的是，企业的品牌在下游消费者中知名度高，消费者信赖该品牌并愿意为品牌支付溢价。强势品牌的基础是产品质量优势，消费者在长期的消费过程中会比较各种产品的优势，形成一种固定的消费见解，这种见解促成了消费者最终的消费行为。比如，消费者在买白酒时，脑海中已经有了根深蒂固的看法——茅台是最好的白酒。所以，茅台享受了高额的溢价。消费者在消费啤酒时，脑海中难以比较青岛啤酒、雪花啤酒或者雪津啤酒的差异性，所以在这些品牌的啤酒中并没有哪一个品牌能够享受非常高的溢价。

虽然，青岛啤酒与茅台一样都为全中国人所熟知，但是熟知与强势品牌之间却不能画等号，熟知仅是形成强势品牌的基础，强势品牌护城河必须是产品质量差异导致的消费者见解差异，这样，消费者才会对强势品牌支付溢价。

茅台、五粮液和青岛啤酒在过去 2003 年至 2017 年的 15 年里股价

---

[1] 会计上的无形资产概念，列在资产负债表中的长期资产栏目之下。会计学上的无形资产主要包括了专利权、土地使用权等。资产负债表上的无形资产＝取得成本－累计折旧－减值损失。这与我们所谈的经济意义上的无形资产是两个概念。

表现的差异非常大，茅台股价的涨幅为 140 倍，五粮液的股价涨幅为 28 倍，而青岛啤酒的股价涨幅为 6 倍。但三家公司的营业收入差异却并没有如股价涨幅差异那么离谱。2011 年之前，青岛啤酒的营业收入一直领先于茅台和五粮液。直到最近几年，茅台才反超了五粮液和青岛啤酒。

而当我们去看净利润时，茅台的净利润早已经远远地超过了五粮液和青岛啤酒，这代表茅台享受了更高的溢价。同样是 1 块钱的收入，为企业带来的净利润排序依次是：茅台 > 五粮液 > 青岛啤酒，正是这个原因导致了最终股价表现的巨大差异。

茅台在 2003 年时的零售价格低于五粮液，但茅台与五粮液相比具有明显的不同：第一，茅台一直被中国官方用于外交及相关政治活动，周恩来总理多次在公开场合为茅台"代言"，这个殊荣迄今为止没有哪家企业能比得了，因此茅台的国酒地位与五粮液不同。第二，酱香型酒的口感与浓香型明显不同，这容易把茅台的客户群体差异化，酱香型酒的品类本身就很少，而浓香型酒的品类众多，酱香型的口感一旦培养出来之后再去喝浓香型的酒，会感觉差异很大。第三，茅台的产量远远低于五粮液，满足了稀缺的条件。茅台扩产是难度非常大的事，这与茅台的酿造工艺有关。鉴于这三点，加之市场营销工作做得好，茅台的营收就超过了五粮液。

我们再来看一下两家企业的销量对比。如果在图 7-1 茅台与五粮液的销量对比图里加上青岛啤酒的销量，那茅台的销量就看不见了。青岛啤酒 2016 年的销量达到了 792 万吨。这个案例也提供了销量策略与提价策略的比较，我们看到提价策略是优于销量策略的。

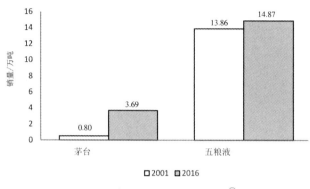

图7-1 茅台与五粮液销量对比[①]

我们通过酿酒行业的三家公司的分析，总结出了强势品牌护城河一定是建立在以下条件基础上的：

第一，产品差异化。强势品牌拥有更好质量的产品，而好质量的产品是企业基于特殊的工艺和技术生产出来的，并且是竞争对手难以模仿的。

第二，消费者愿意支付溢价。这个好质量的产品已经在消费者脑海中形成根深蒂固的看法，消费者为这个看法支付了有别于其他产品的溢价。

我们可以运用这两条标准去衡量产业是否真的具有品牌效应。比如航空业。第一，航空业的产品就不存在差异化，我们很难说出各家航空公司所提供的服务有何不同；第二，消费者不愿意为航空公司支付溢价。消费者只愿意选机票价格最低的那家航空公司。所以我们看到航空业一直都处在竞争激烈的环境中，而相关航空公司在这样的环境下苦苦挣扎。

再比如智能手机产业。第一，智能手机中的苹果手机与其他产品存在差异化，由乔布斯开创的独到设计理念导致了竞争对手难以模仿。第

---

① 数据来源：公司年报。

二，消费者已经形成了根深蒂固的看法，并且愿意为苹果手机支付高溢价。所以我们看到的是苹果公司股价节节攀升。

专利权

专利权是法律为了鼓励创新而赋予创新者的一种权利。在专利权有效期内，专利发明者享有产品的独占权，在这个独占权期限之内，法律禁止其他企业生产专利保护的产品。如果需求是刚性的，那么专利享有者就可以轻松地对产品进行提价，享受高额的资本回报。这点在药品领域表现得特别明显，由于新药研发消耗了企业大量的资金，如果不能享有专利权，则不会有企业再投入资金开发新药，这对整个社会福利是有损害的。但是，专利权也存在几个问题，包括专利到期、专利获得成本增加、专利投资回报率降低等。

我们来看下美国的制药产业。2000 年至 2017 年美国主要医药公司的股价，只有强生跑赢了标普 500 指数，而默克、辉瑞和百时美施贵宝都跑输了标普 500 指数。即便是强生跑赢了标普 500 指数，其在这 18 年里股价也仅仅涨了 4 倍多，折合年化回报率为 8.2%。

我们再来看一下 1970 年至 2000 年的美国制药产业。这四家公司的股价在 1970 年至 2000 年这段时间内全部大幅跑赢了标普 500 指数。强生的年化回报率达到了 15.06%，默克达到了 16.51%，辉瑞达到了 16.73%，百时美施贵宝达到了 16.52%。那么，为何前后会有如此大的差异呢？一定是在 2000 年前后，美国的制药产业发生了某种变化，影响了整个产业的盈利。

从成本的角度入手进行分析，我们发现美国的医药研发支出占销售收入的比重越来越高，从 1975 年到 1999 年的均值为 13.09%，而从 2000 年到 2016 年的均值为 17.3%。这意味着，医药的研发难度在加大。同时，美国医药产业的销售收入在步入新世纪以来一直处于下滑的态势中，这意味着美国医药市场的渗透率已经开始到 S 曲线的顶部了。

我们利用医药产业的研发支出滞后 10 年 [①] 的数据，去除以 FDA 审批通过的新药数量，以此粗略估计新药的研发成本，如图 7-2 所示。

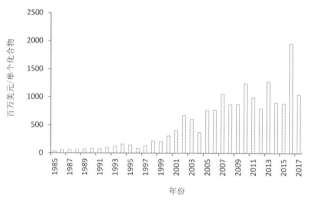

图7-2 估计的新药研发成本[②]

我们看到的是，新药的研发成本在 2000 年之后不断上升。那么，制药产业究竟发生了哪些改变导致医药产业的销售收入增速下降、研发成本上升呢？

N. 多诺霍（N. Donoghoe）等人 [③] 经过对 1992 年至 2017 年期间 635 只新药的销售数据进行分析后，认为新药成功的难度在加大。他们认为主要有三个因素导致了新药研发取得成功的难度越来越大。第一，竞争更加激烈。每一种适应证的药物数量在 2006 年至 2015 年增加了 37%，目前针对每种适应证平均有 9 种药物。第二，药物研发取得显著临床效果的难度在增加。作者使用法国卫生局的 ASMR 评级结果对药物的临床

---

① 一般情况下，新药从立项到获得FDA审批大概需要10年左右的时间。

② 数据来源：CEIC、FDA。

③ Donoghoe N , Duane J , Kim J , et al. Pulling Away from the Pack in Drug Launches.[J]. *Nature Reviews Drug Discovery*, 2017, 16(11):749–750.

效果进行评估，结果发现 2000 年至 2016 年的新药临床效果中位数呈现下降趋势。第三，医保控制费作用显著。近几年，在医保覆盖的药品中，自由使用的药物比率大幅度下降。

新药的上市销售情况预测基本上与掷色子的结果差不多。制药产业采用的是大额资本投入，最终谋求诞生"重磅炸弹"药品而赚取利润的一种商业模式，这种商业模式的预测难度很大。美国医药产业在 1993 年和 2016 年的排名次序上发生了天翻地覆的变化，这与我们观察到的其他产业有明显的不同，中国的制药产业也有类似的情况，这是由产业的性质决定的。因此，预测制药产业未来 10 年内谁将是胜出者几乎不大可能。

总结上述的分析，拥有专利权的公司并非高枕无忧，这点在制药企业身上体现得极为明显，它必须要拥有众多的专利权，以保证专利权在到期时公司不会立马垮掉。美国制药产业的专利权成本一直在上升，但是回报却在降低，对这样的投资我们需要谨慎。

同样地，在 A 股的医药产业中的上市公司大部分所从事的是仿制药的业务，即等待着欧美等国公司的药品专利到期后迅速地推出国内仿制药。一般情况下，仿制药的研发成本相比于原研药要低很多，所以仿制药凭借价格优势可以获得市场份额。但问题是，A 公司可以仿制，B、C、D 公司也可以仿制，众多的仿制药企业之间会展开激烈的价格战，导致其价格优势并不是特别明显。因此，很多投资公司对国内的仿药上市后能获得多大销售额的估计都是偏乐观的。加上医保控费力度的加大，我们在投资医药公司时需要保持谨慎的态度。

法定许可

法定许可是指政府或法律授予公司的经营许可权。不同类型的产业有着各式各样的法定许可，但并非所有的法定许可都能够形成护城河。如果这个经营许可权仅授予一家公司或者少量几家公司且政府不对其产品价格进行限制，那么这个经营许可权就可以为企业带来很宽的护城河。

　　大秦铁路是一家运营大同到秦皇岛的铁路的公司，主要工作是将大同的煤炭运输到秦皇岛。大秦铁路的货物周转量与全国的煤炭消费总量呈现高度的相关性。近些年，伴随着经济结构调整，工业增速放缓，我国经济对于传统能源的依赖度下降，从 2013 年开始整个煤炭产业陷入低迷期，进而影响到了大秦铁路的运输量。

　　根据历年大秦铁路的年报，利用其营业收入除以其货物周转量，我们计算出单位货物周转量收入，如图 7-3 所示。

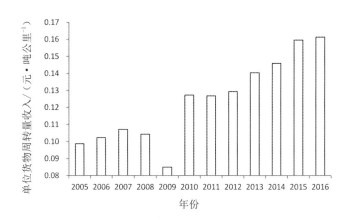

图7-3　大秦铁路单位货物周转量收入[1]

　　通过上图我们发现，大秦铁路的单位货物周转量收入处于一个长期的上升趋势中。因此，这是一个具有定价权的公司。它满足了法定许可的两个条件：第一，这条铁路仅由它一家公司运营；第二，价格不受到管制。

　　同样地，证券业也是被授予法定许可经营权的行业，但是授予经营权的数量过多，全国有 100 多家证券公司，这导致了这个产业的激烈竞

----

① 数据来源：公司年报。

争。所以，证券业虽然也有法定许可，但是由于法定许可家数过多，难以产生超额投资收益。另外，有些产业虽然也有法定许可权，但是价格受到了强势管制，比如水电业、自来水产业。水电的价格受到管制，这导致我们在估计其未来现金流时无法按照通胀率给予其销售收入一个常态的增长率，因此很多水电企业的估值很低[1]。

客户转换成本

客户转换成本指的是当客户想从 A 供应商提供的产品或者服务转移至采用 B 供应商提供的产品或服务时，所需要付出的成本。有些产业的客户转换成本几乎为 0，比如软饮料产业，选择喝某种软饮料全凭消费者当时的心情，所以我们看到的结果是没有一种软饮料的价格能够长期高于平均水平，大家都差不多，这个产业就没办法采用价格策略。而有些产业的客户转换成本高得吓人，比如甲骨文公司、恒生电子，如果金融企业将其所使用的恒生电子软件更换，将会面临巨大的数据出错或者丢失风险，这是金融企业所不能承受的。有些产业的转换收益不足以覆盖转换成本，比如零售银行业，对于客户来讲，一旦选定某家银行作为其主要的账户管理机构，就不会轻易地去改变，因为转换成本虽然不高，但是很麻烦，换成另外一家银行也不见得会多多少收益。所以我们可以观察到招商银行之所以能够稳健发展，与其零售业务根基深厚具有直接关系。

恒生电子是一家专门针对金融机构提供软件开发服务的公司，其客户横跨了证券公司、基金公司、银行、信托公司等金融机构，是国内最大的金融 IT 服务商。金融软件是建立在对客户数据管理的基础上的，比

---

[1] 水电业的高负债经营是其估值低的另外一个原因。

如，我们去银行存取款，在最初没有金融软件及数据管理的年代都是凭借打印的存折作为存取款依据的，这样的管理非常低效而且容易产生错误。如今，我们的存款、取款、购买金融产品、股票投资、转账等需求都凭借数据存储来完成。正是金融科技手段的支持，我们才能够实现跨行转账瞬间到账，这极大地便利了我们日常生活。而这一切都建立在对数据库进行管理的基础之上，大多数金融机构的数据库管理使用甲骨文的 oracle 数据库，而操作 oracle 数据库需要使用专门的编程语言，这就对金融机构的日常管理造成了困难。恒生电子的业务就是向金融机构的工作人员提供具有可视化界面的软件，通过这样的软件能够将客户的所有交易行为与数据库进行连接。通过其提供的软件，金融机构的工作人员可以轻松实现对数据库的存储、查询等动作，极大地提高了金融机构的效率。

为什么金融机构不愿意更换金融软件供应商呢？主要有以下几点原因：

第一，金融软件应具备稳定性。由于金融软件承担了对客户资金、有价证券的记录功能，软件的稳定性至关重要。我们可以想象，如果你的银行卡内原有的存款金额是 10 万元，过一段时间后变成 1 万元，你会有什么样的举动。所以，对于金融软件来讲，稳定性至关重要。恒生电子在金融软件开发方面已经浸淫多年，有多重的对账机制保障金额不出现错误。这种对账机制简要的原理是这样的：例如，客户从 A 银行向 B 银行汇款 1 万元，A 银行和 B 银行需要通过中国银联来完成这样的汇款动作，当 A 银行收到客户的指令时，A 银行的软件自动按顺序执行如下动作：①将客户的账户金额扣减 1 万元。②将指令发送至中国银联。③等待中国银联的结果回复。中国银联收到指令后，执行如下动作：①将指令发送至 B 银行；②等待 B 银行回复。B 银行接到指令后，执行如下动作：①将账户增加 1 万元；②向中国银联回复转账成功。中国银联收到回复后，向 A 银行回复转账成功。这样，一笔交易才算完成。每个工作日结束后，中国银联会根据当天的交易情况出具对账明细表，提供给 A 银行和 B 银行核对账务。当然，上述的描述是正常的情况。上述传输过程任意一个环节的中断都会导致交易的失败，如果没有处理好，最终的结果会影响到客户的体验，这是任何金融机构都不愿意看到的。

第二，金融软件的迁移过程复杂。如果金融机构想更换金融软件，会涉及对数据库和客户端的一系列软件迁移。这些系统之间的通信都是通过特定协议的接口来进行的。比如客户在 APP 端进行了一个购买基金的操作，APP 的后台程序会根据金融软件的接口规则形成一个指令，这个指令是由数据组成的信息流，这个文件的规则是由金融软件的开发商规定的，类似如下的形式：

000 210323198533218954 6222000001111555551 0000045560000 02 32

这些字段的意思是什么，接口文件有详细规定，每个信息流都是这样的固定格式，这样软件才能够"读得懂"，而更改这个是十分困难的事情。笔者的职业生涯中曾经更换过一个份额登记清算系统（业内叫 TA 系统），过程十分艰辛。

因此，恒生电子拥有巨大的客户转换成本优势，其形成了又宽又深的护城河，其他供应商想介入就十分困难。所以恒生电子如果采用提价策略，那客户只能够被动地接受。从图 7-4 中可以看出恒生电子的净利润率还是比较高的。①

---

① 2016 年的恒生电子净利润率下降是因为证监会对其子公司开出巨额罚单,恒生电子并表后净利润减少导致的。

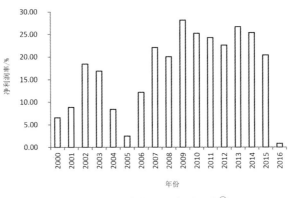

图7-4 恒生电子的净利润率①

网络效应

  网络效应指的是伴随着使用某项产品或服务的人数上升，该产品或服务对每个客户而言其价值增大的效应。这点在国内具有很多案例，比如腾讯、阿里、滴滴打车、京东、当当、饿了么等。因为我国的人口基数大，在互联网应用领域内很容易形成很大的平台。

  网络效应最大的问题在于收费模式，在历史上曾经存在很多叱咤风云的公司，它们都声称自己有网络效应，但最终还是销声匿迹了。这点在投资上十分不好把控。我们很难预测出在未来的 10 年内，管理层究竟能够有什么新奇的想法对其平台用户进行直接或者间接的收费。比如腾讯，最初介入游戏领域时是通过 QQ 游戏介入的，主要提供棋牌类的小游戏。站在 2007 年的时间点，我们无法预测以后竟然会有一个游戏叫王者荣耀。因此，对于网络效应的互联网公司，我们很难预测出其未来现金流的情况，这也对我们的投资造成了很大的困难。因为现金流会牵扯到估值问题，我们会在本书的最后一部分细谈。

---

① 数据来源：网易财经。

同样地，我们也很难预测出其竞争对手都在做什么，好比 2014 年的阿里也很难预计当时腾讯公司刚刚推出的微信红包会如此受欢迎。可是到了 2017 年的时候，微信支付已经遍地开花。阿里是国内移动支付领域最早吃螃蟹的人，面临这样的情况，阿里与腾讯开始了激烈竞争，截止到笔者写下这些文字时，这场战役还没有结束。

翻一下历史，当年称霸搜索引擎界的雅虎，因为错误判断了整个产业的走势，最后一败涂地。搜索引擎也具备网络效应，随着越来越多的用户使用某一个搜索引擎，这个搜索引擎就会越来越完善，从而吸引到越来越多的用户使用。

那么，当年作为搜索引擎产业的领军者雅虎为什么会将整个市场拱手出让给谷歌呢？现如今的我们已经很难以想象，最初雅虎是通过手工方式编排网站的。当时雅虎聘用了很多大学生来做这件事。当时的互联网资源并非像现在这样庞大，通过手工编排的形式尚且能够应付。而谷歌通过算法实现网页编排，雅虎就把其聘用的大学生遣散，将这部分工作外包给了谷歌，而自己则专注于经营雅虎的门户网站。就这样，谷歌开始崛起，待到雅虎发现出现了一个强悍的竞争对手时，为时已晚。

这当中，我们看到了雅虎的管理层对产业发展趋势出现了误判，导致自己丧失了有利地位。也就是说，即便是目前具备网络效应的公司，也不能高枕无忧。作为投资者，我们可以试图开发这样的能力圈，以预测类似产业的发展方向和技术，但根据笔者的经验，这个难度很大。

并非所有的网络效应都诞生于互联网企业，传统企业领域内也存在网络效应。而且由于收费模式稳定，我们可以更容易预测企业未来的现金流情况。酱油行业就是一个例子，令人难以想象的是，这样一个生活用品行业竟然是一门暴利的生意（可以考虑下为何味精不是暴利生意）。酱油产业的网络效应是依靠消费者和零售商形成的，零售商（包括便利店和超市）会根据消费者的喜好来进货，而消费者喜好的产品一定是零售商大量进货的产品，反过来，零售商大量进货也会促进消费者喜爱这个产品。这不是一件简单的事情，想要建立全国的零售商网络十分困难，特别是酱油这种低值易耗品的主要销售渠道就是传统的便利店渠道，电商的影响较弱。

我们对比酱油酿造行业主要公司的经销网络，如表 7-1 所示。

表7-1 酱油行业的主要公司经销商网络①

主要公司	2015 产量 / 万吨	2016 年经销商情况
加加食品	25.2	陆续在全国各地发展了近1200 家总经销商，形成以长沙、郑州两大生产基地为中心，辐射全国的销售网络
中炬高新	33	90 个办事处、900 余人的营销队伍、600 个一级经销商，以及一级经销商下辖的约4500 个分销商
海天味业	133	海天已经建立了2600 多家经销商、16000 多家的联盟商，网络覆盖了320 多个地级市、1400 多个县级市
千和味业	5.2	公司共有354 家调味品经销商，主要集中在西南地区
龟甲万	—	龟甲万在中国总计有308 家经销商，覆盖了30 多个市，主要集中在核心城市，北京、石家庄、上海、广州占60% 以上。在全国的辐射范围较小

我们看到的是，拥有全国范围网络的仅有海天味业一家，这个网络即形成了护城河，可以抵御其他竞争者的入侵。海天味业的产能高达133 万吨，远超其他酱油生产企业。由于这个全国范围的网络能够消化海天味业生产出来的酱油，海天味业也获得了规模效应。

按照表 7-2，我们假设同样投入 1.85 亿元广告费用，其他三家酱油企业的净利润率会立马被拉低。这就是传统产业内也能够找到的网络效

① 数据来源：公司年报及官网。

应，而且这个网络效应的收费模式非常明确。海天味业不像游戏产业，需要预测今年流行的游戏是什么，也不像支付产业，需要预测接下来的支付技术究竟是人脸支付还是指纹支付。相比于互联网产业，我们可以相对容易地估计出酱油产业的未来。

表7-2 主要酱油上市公司的销售费用率（2015 年）[1]

主要公司	销售收入/亿元	销售费用/亿元	广告费/亿元	销售费用率
加加食品	17.55	1.88	0.4	10.71%
中炬高新	27.6	2.7	0.6	9.78%
海天味业	113	12.27	1.85	10.86%
千和味业	6.24	1	0.3	16.03%

利基市场

利基市场指的是存在一个世外桃源式的小市场。它远离商业竞争的主要战场，只有一家供应商，能够享受没有竞争者的舒适生活。因为这个市场规模太小，养活不了一家以上的供应商，大资本也没有欲望进入这个市场。因为即便进入该市场能够获得 100% 的份额，对于大公司来讲仍然起不到很好的提高资本回报率的作用。

笔者的邻居是一名理发师，专业理发 30 年，他的年纪近 50 岁，因此年轻人是不找他理发的。年轻人的理发市场是一个竞争激烈的主要战场，各家连锁的理发店都以年轻人为竞争目标，通过核心地段门店（可观察性）、强势品牌（连锁）、提高转换成本（办卡）等各种方式在市场上竞争。我这个邻居却不把客户定位在年轻人，而是中老年人。这部分群体对于新鲜时髦的发型不大感兴趣，看重的是他 30 年积淀的手艺，所以他的生意络绎不绝。从客户数量上来讲，中老年人的数量不低，但专

---

[1] 数据来源：公司年报。

门提供中老年人理发的店几乎没有，他在这个领域内就享受到了一个利基市场，远离了江湖纷争。

丽江旅游就是一家主导利基市场的公司。公司的核心资产是云南丽江玉龙雪山的索道。由于玉龙雪山高寒、高海拔，登山去欣赏玉龙雪山十分困难，坐索道登山是绝大多数旅游者的必然选择。公司的主营业务就是经营玉龙雪山大索道、牦牛坪索道和云杉坪索道，这三条索道每年可为公司带来 4.5 亿元左右的收入。原丽江旅游的股东丽江玉龙雪山旅游开发有限责任公司在上市时，与丽江旅游签署了反不正当竞争协议，因此丽江玉龙雪山旅游开发有限责任公司不会再新建索道。另外，新建索道需要经过住房和城乡建设部审批，而且索道建设对自然景观具有破坏性，审批难度也很大。因此，丽江旅游就主导了这样一个利基市场。

在这样的一个"小市场"里，每年的游客数都在增加，同时丽江旅游具有定价权，能够提高索道的价格，"双轮驱动"索道业务的营业收入增长。而索道的折旧与资本支出基本相抵，这样就产生了一个"现金牛"[1]，对于其未来的现金流情况也相对好预测。

利基市场也并非永远都身处幸福的世外桃源，外部的产业环境变化也会影响到利基市场内部，巴菲特投资的报纸产业就是典型的例子。20世纪 80 年代初期，因为水牛城只发行一份报纸，这在当地的区域市场内形成了一个利基市场，基于这个利基市场形成了垄断，因此也自然能够吸引广告。然而时过境迁，伴随着媒体行业的不断发展，电视、户外广告、互联网诞生，整个产业的格局发生了重大的变化，巴菲特在其 1990年致股东的信中表述如下[2]：

---

[1] 据实际观察，丽江旅游的利润情况和现金流情况并不出众，主要原因是公司涉足了酒店业，而酒店建设消耗了大量的现金，建成后又一直亏损。这又回到了我们上一章谈到的管理层应该做好资金分配的问题。

[2] 1990 年巴菲特致股东的信，https://finance.qq.com/a/20100501/000761_1.htm。

　　媒体事业过去之所以能有如此优异的表现，并不是因为销售数量上的增长，而主要是靠所有的业者运用非比寻常的价格主导力量。不过时至今日，广告预算增长已大不如前。此外，逐渐取得商品销售市场占有率的一般零售商根本就不做报纸媒体广告(虽然有时他们会做邮购服务)，最重要的是印刷与电子广告媒体渠道大幅增加，因此广告预算被大幅度地分散稀释，报纸广告商的议价能力逐渐丧失殆尽，这种现象大大地降低了我们所持有几个主要媒体事业投资与水牛城报纸的实际价值，虽然大体而言，它们都还算是不错的企业。

因此，这个世界没有一劳永逸的生意，社会的公平性就在于其经常均值回归①，高资本回报率的产业总有一天会因为各种原因消亡，而我们在护城河消亡之前卖出就好了。

---

① 读者可以思考下，如果社会没有均值回归规律是多么恐怖的一件事。

第8章　　如何判断一个产业的前景

2006 年7 月初，美国《福布斯》杂志记者造访了上海
社科院经济所的学者们，希望能够为中国近代富豪做一个
财富榜。中国企业史研究中心主任陆兴龙说："如果一定
要给实业家们单独做一个榜单，刘鸿生可以排进前五。"
——雷晓宇《刘鸿生：实业大亨的红与黑》
（《中国企业家》2006 年第14 期）

刘鸿生，今天我们对这个名字应该会有陌生感。他在民国时期靠做
火柴起家，号称火柴大王。做火柴能够排进富豪榜前五名？这在今天的
中国是十分难以理解的事情，但对于当时的中国来讲，火柴这个产品却
是一个暴利的产业。

第六章和第七章中我们探讨了企业限制其他竞争者进入产业的策
略，我们重点描述的是一个产业的供给侧情况对产业投资回报率的影响。
但是，我们也发现这些策略并不能让企业高枕无忧。伴随着时间的推移，
产业结构会不断发生变化，曾经拥有的强大护城河也会发生改变。比如
沃尔玛和可口可乐，在互联网模式的冲击之下，传统零售商的商业环境
发生了改变。消费者们也突然不大喜欢继续喝可口可乐了，近几年可口
可乐的业绩增长乏力。以往任何方式实现高资本回报率的生意模式都将
被历史抚平。本章我们将更偏向描述产业的需求侧，一个产业的需求侧
越稳定，则这个产业的前景就越稳定。

最高回报史
美国股市回报率Top30

美国亚利桑那州立大学凯瑞商学院教授亨德里克·巴斯姆宾德（Hendrik Bessembinder）在其论文《股票的表现超过债券？》（Do Stocks Outperform Treasury Bills？）中统计了1926年至2015年美国股票市场上回报率最高的30只股票[1]，如表8-1所示。

表8-1 美国回报率最高的30只股票（1926年至2015年）[2]

排名	公司名称	财富创造额/ 百万美元	收益倍数	年化收益率	持有年数
1	亚马逊	300,228	450.6	38.93%	18.6
2	字母公司（谷歌）	276,539	15.2	27.14%	11.3
3	家得宝	225,150	5,239.90	28.41%	34.3
4	微软	567,701	834.4	25.37%	29.8
5	甲骨文	203,726	607.5	24.04%	29.8
6	伯克希尔·哈撒韦	209,839	2,908.80	22.58%	39.2
7	奥驰亚	448,051	2,029,630.40	17.64%	89.4
8	沃尔玛	337,738	1,495.40	18.49%	43.1
9	麦当劳	172,186	3,709.30	18.09%	49.4
10	英特尔	246,030	1,195.90	17.92%	43
11	迪士尼沃尔特	192,834	8,115.20	16.76%	58.1
12	苹果公司	677,411	202.5	16.39%	35
13	强生	383,702	29,306.70	15.53%	71.3
14	辉瑞公司	171,584	25,886.50	15.18%	71.9
15	IBM	487,384	94,564.10	13.67%	89.4

[1] Hendrik Bessembinder 原文中计算的时间周期是月，为了分析方便，笔者将其转换成年化收益率。
[2] 数据来源：Bessembinder H. Do Stocks Outperform Treasury Bills? [J]. *Journd of Financoal Economics*, 2018, 129（3）: 440-457.

续表

排名	公司名称	财富创造额/百万美元	收益倍数	年化收益率	持有年数
16	雅培实验室	189,642	28,206.70	13.90%	78.8
17	百时美施贵宝	177,167	34,848.40	13.56%	82.3
18	可口可乐	326,990	66,634.00	13.23%	89.4
19	默克	265,694	7,917.80	13.77%	69.6
20	3M 公司	180,706	7,492.60	13.61%	69.9
21	百事可乐	213,920	42,284.40	12.65%	89.4
22	埃克森美孚	939,831	22,584.70	11.86%	89.4
23	富国银行	250,843	797	13.43%	53
24	移动公司	202,573	2,795.50	11.50%	72.9
25	雪佛龙公司	330,406	9,454.30	10.78%	89.4
26	通用电气	597,545	9,221.70	10.75%	89.4
27	杜邦	299,497	7,919.80	10.56%	89.4
28	宝洁	335,811	5,377.00	10.46%	86.3
29	AT&T 公司	302,550	393.5	7.82%	79.3
30	通用汽车	394,132	59	5.04%	82.9

我们观察这张表，会发现有个明显的趋势，那就是持有期越长，年化收益率越低。将上表中的持有年数与年化收益率进行相关性分析如图8-1 所示。

我们看到两者负相关的解释力度可达到 68.9%，即伴随着时间的拉长，收益率逐步降低。这说明伟大的企业是无法连续伟大 60 年以上的，伟大的企业其鼎盛时期一般就只能维持 20 年到 30 年。因此，产业前景是否稳定，对投资回报率具有极大影响。

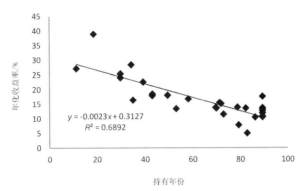

图8-1 美股回报率最高的30只股票持有年数与年化收益率的关系[①]

这个收益率前30的榜单，排名靠前的公司大部分都属于IT、金融、制药业这种类型的新兴产业，而排名靠后的公司一般是制造业和石油业这种老牌工业产业。主要原因是这个排名是在2015年做出的，美国上市公司的投资回报率受到了美国产业结构变化带来的影响，近30年以来，新兴产业公司表现很好。如果这个排名是1985年做出的话，表现好的公司应该是传统的制造业和石油业。

1. 面临尴尬处境的汽车业

在1926年至2015年美国回报率最高的30只股票榜单中，仅有一家汽车行业企业上榜，即通用汽车，排名第30位，上市82.9年，累计回报倍数59倍，年化收益率为5.04%。美国三大汽车集团的另外两家福特汽车和克莱斯勒都没有上榜。而1955年的美国大公司排名榜中，通用汽车位列第1，即便是到了2016年，通用汽车仍然在美国大公司排名榜上位列第8。那么，为何这样一家身处在经久不衰支柱产业内的龙头公司却只给股东带来了年化5.04%的收益率呢？

---

① 数据来源：Bessembinder H. Do Stocks Outperform Treasury Bills? [J] *Journal of Financial Economics*，2018，129（3）：440-457.

根据我们在前两章总结的产业分析模型，首先，汽车是一个供给侧可扩张的产业，除了少部分的限量版高端车之外，大部分的汽车厂商是没有特许权的。因此，身处其中的汽车企业一定要靠规模效应取胜，谁的成本低谁的竞争力就强。其次，汽车产业的护城河很窄，这个产业的强势品牌[①] 很难提价，也没有法律授予的特许权，客户再购买新车时也没有任何转换成本。

美国的汽车及零部件产业占 GDP 的比重从二战后到 20 世纪 60 年代末一直维持在 2% 至 2.5% 之间，而进入 70 年代之后，美国的汽车产业占 GDP 比重就一直处于下滑态势中。美国的汽车产业之所以面临这种尴尬的处境，最主要的原因是美国汽车产业面临日本的强势竞争（即新进者威胁）。

1970 年以后，日本的丰田和本田汽车进入美国市场，并迅速开始以低成本策略抢占美国三大汽车生产商的市场份额，通用汽车的市场份额从 20 世纪 60 年代的 50% 逐步下滑到了 2010 年的不到 20%。表 8-2 是 1986 年通用汽车弗雷明汉装配厂与丰田高冈装配厂的生产效率对比。

表8-2 通用与丰田的生产效率对比[②]

对比项目	通用汽车弗雷明汉装配厂	丰田高冈装配厂
每辆汽车总装时数/ 小时	40.7	18
调整每辆车的组装时间/ 小时	31	16
每百辆汽车的装配缺陷/ 个	130	45
每辆车的装配空间 /（平方英尺·年$^{-1}$）	8.1	4.8
部件清单（平均）	2 周	2 小时

① 此处我们分析的是通用这类大型汽车品牌，汽车产业中也存在部分小规模的限量版豪车品牌是可以形成利基市场的。
② 数据来源：Helper C S, and Rebecca Henderson R. Management Practices, Relational Contracts, and the Decline of General Motors[J]. *Social Science Electronic Publishing*, 2014 , 28 (1) :49–72.

我们看到通用汽车在各个效率指标方面都输给了丰田汽车，由于丰田汽车能够有效地压低生产成本，故可以在市场上以低价抢占市场份额。日本的汽车闯入美国，美国汽车业因此遭受了沉重打击。

美国的人均汽车拥有量遵循标准的 S 曲线，从 1950 年的人均拥有 0.29 辆不断地渗透到 2015 年的 0.82 辆。进入新千年之后，美国人均汽车拥有量已经开始进入了 S 曲线的顶部区间，渗透率开始变得平缓。由此，我们看到了 21 世纪以来美国三大汽车巨头都陷入了困境，通用汽车于 2010 年破产。

总结下汽车产业，我们发现如下的规律：

第一，在产业的初期到中期，市场的激烈竞争产生了寡头垄断格局。通用占据了 50% 市场份额，而福特和克莱斯勒分享了另外 50% 的市场份额（1950 年至 1960 年）。

第二，在新进者的威胁下，美国汽车企业降低生产成本的能力远远不及日本汽车企业，因此，美国的汽车产业开始走下坡路（1970 年至 2000 年）。

第三，当市场渗透率到顶时，整个汽车产业都面临着产业寿命终止的困境（2000 年以后）。

第四，股价表现完全遵循了基本面的发展情况，通用汽车的股价在 1965 年创出新高，其对投资者收益率的主要贡献都在这个阶段实现。从 1965 年开始一直到 20 世纪 90 年代末，通用汽车的股价表现非常差劲。而到了 2010 年伴随着通用汽车的破产，其股价也跌到了 1 美元，投资者的财富化为乌有。

2. 蓬勃发展的信息技术产业

与汽车产业形成鲜明对比的是信息技术产业，1926 年至 2015 年，美国回报率最高的 30 只股票榜单中上榜最多的企业均来自信息技术产业，包括了亚马逊、谷歌、微软、甲骨文、英特尔、苹果和 IBM 七家公司。值得注意的是，没有上榜的知名信息技术产业公司还包括了 Facebook（脸书）和思科，Facebook 由于上市时间太短，没有被纳入前 30 名高收益公司；思科的市值增长犹如昙花一现，随后便面临了来自中国华为的强劲竞争，因此思科的回报率一般，并没有上榜。本书之前有提及亚马逊、谷歌和苹果，因此在此处我们重点关注 IBM、微软和英特尔。

我们在第六章中曾有提及 IBM 成功开发 S/360 系统，在产业内建立了标准，其股票价格在 1962 年至 1984 年这段时间里强势跑赢标普 500 指数。但从 1980 年开始，IBM 的股票价格与标普 500 指数涨幅大体相当。那么，为何身处高速发展的信息技术产业，IBM 的股价表现却如此平平？

杰出的创新学者克雷顿·克里斯滕森把由技术进步导致的产业破坏称为"创新者窘境"。按照克里斯滕森的观点，创新技术分为破坏性创新技术和延续性创新技术。破坏性创新技术是对原有技术彻底的颠覆，而延续性技术指的是对产业性能的改善。比如我们在现有计算机架构下，通过提高 CPU 配置、提高内存容量来提高计算机的性能，这就是延续性技术。如果采用量子技术开发与目前计算机架构完全不同的量子计算机，其性能改善会大幅提高，这就是破坏性技术。但是，一般情况下，在破坏性技术产生初期，其性能均不如已经成熟的现有技术，比如早期火车跑得没有马车快，早期的数码相机照片清晰度也远不及胶片相机，早期的笔记本电脑运行速度远不及台式机，早期手机的通话质量远不如固定电话等，基于此，克里斯滕森总结出了破坏性技术颠覆产业的一般模式，如图 8-3 所示。

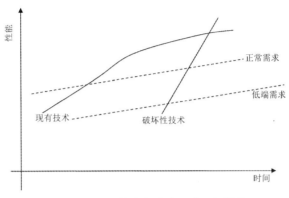

性能

正常需求

低端需求

现有技术   破坏性技术

时间

图8-3 破坏性技术颠覆产业的一般模式

上图中，横轴代表时间，纵轴代表某一项产品的性能。一般情况下，现有的技术都是远远超越需求的，比如我们使用的电脑，在绝大多数时间里，电脑的运行速度、存储都是大大富余的。但是现有技术会有一个发展瓶颈，当现有的技术架构发展到一定程度时，现有技术继续提高性能的难度会越来越大。锂电池是个最好的案例，锂电池的单位体积充电容量很难再继续提升了。而破坏性技术诞生之初由于其性能低下往往无法满足正常需求，比如家庭用计算机刚刚诞生时，其运算能力远远无法满足 IBM 的客户们的要求，因此，他们只能寻找低端市场，去满足一些电脑发烧友的需求。但是，伴随着破坏性技术的进步，其性能提升的速度远远快于现有技术，当它能够满足正常需求时，就开始对整个现有技术产业发起挑战，现有技术产业会立马陷入被动局面，好比电报技术使得当年送信的骑士一夜之间失业一样。

那么，企业的管理层有能力提前预判出破坏性技术，并早早地布局这一领域，以规避被淘汰的风险吗？克里斯滕森给出的回答是很难，想要解释清楚这个问题涉及克里斯滕森提出的另外一个观点，即"价值网络"。克里斯滕森在研究 14 寸硬盘的供应商为什么错过了 8 英寸硬盘市场时发现，他们错过新兴的 8 英寸硬盘市场的原因竟然是"以客户需求为导向"的管理方式所导致的，即硬盘制造商听取了大型计算机制造商的意见，而大型计算机制造商听取了采购其计算机的客户的意见，他们是一个价值网络。而这个价值网络内部，大家都以客户的需求为产品标准，最终大家都难逃被淘汰的命运。克里斯滕森从这个角度解释了大企业经常抓不住科技发展趋势的原因，并非是出于我们传统意义上所理解的官僚体制、骄傲自满等，而是其上下游都处于同一个"价值网络"内部，难以看到新技术诞生带来的冲击。

回到 IBM，形成强势市场壁垒的 IBM 在 20 世纪 90 年代初遭遇了"创新者窘境"。由于 IBM 未能抓住个人电脑业务，传统的主机业务在多个新进者的攻击下迅速下滑。在这样的背景下，郭士纳临危受命，就任 IBM 总裁。在郭士纳的带领下，IBM 实现了由出售硬件向提供服务的方式转型，IBM 得以起死回生。

下面我们来对比下 IBM 与微软的股价为何相差了这么多。两家公司的相关数据对比如图 8-4、图 8-5 所示。

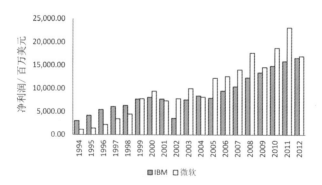

图8-4 微软与IBM 的净利润[1]

---

[1] 数据来源：http://www.stockpup.com/data/。

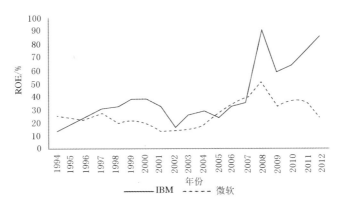

图8-5 微软与IBM 的*ROE* 对比（1994—2012 年）①

可以说，在 1994 年至 2012 年这段时间内，IBM 的 *ROE* 远远超过微软，而两者的净利润水平差不多。根据我们在第五章中的结论，个股的投资收益率取决于企业 *ROE*，那么 IBM 的股票应该获得更大的收益才对，然而事实却不是这样的，如图 8-6 所示。

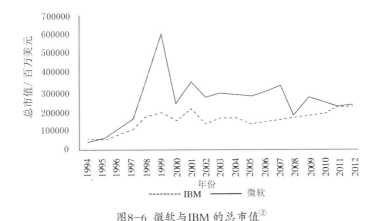

图8-6 微软与IBM 的总市值②

---

① 数据来源：http://www.stockpup.com/data/。

② 数据来源：http://us.spindices.com/indices/equity/sp-500，Financial Times Global 500，http://fortboise.org/Top100/，彭博。

　　1994 年至 2012 年的这段时间，IBM 和微软两家公司期初和期末总市值基本相同。但是在此过程中，微软的总市值一直超越 IBM。特别是1999 年，IBM 的净利润为 77.12 亿美元，*ROE* 为 37.6%；微软的净利润为 77.85 亿美元，*ROE* 为 22.51%；但是微软的总市值有 6000 亿美元，而 IBM 的总市值仅为 2000 亿美元。这就是市场对两家公司不同的看法（其实是一种偏见），最终我们看到的是两者的基本面一直都差不多，但是市场站在 1999 年时认为微软远比 IBM 有前景，而这个"前景"导致了微软股票价格巨幅波动，如果你在 1999 年买入微软的股票，那么你需要等待 15 年之后，即直至 2014 年才能解套。这足以提醒我们，再好的东西也必须有一个价格。这涉及估值问题，在本书的最后一部分我们专门来谈这个问题。

　　微软和英特尔作为计算机业的破坏者，自 20 世纪 80 年代以来，伴随着个人电脑市场渗透率迅速提高而攫取了超额回报（见图 8-7）。

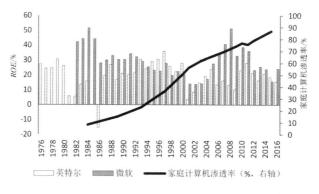

图8-7　英特尔、微软的*ROE*与家庭计算机渗透率[①]

　　我们看到，自 2008 年以来，微软和英特尔的 *ROE* 也在逐年走低，

① 数据来源：财富杂志、美国人口调查局、微软及英特尔年报。

这是因为家庭计算机渗透率开始运行到 S 曲线顶部了，整个产业面临着智能手机发起的"创新者窘境"。智能手机产业的操作系统被谷歌和苹果瓜分，智能手机 CPU 领域则由高通和其他芯片厂商所瓜分，微软和英特尔这两家企业并未抓住这轮智能手机的发展大潮。英特尔能否像安迪·格鲁夫所述那样在存储芯片和微处理器产业之间逾越成功，犹未可知。

基于上述对信息技术产业的分析，我们总结出如下几点结论：

第一，急速变化的产业不适合投资。当初 IBM 的管理层未能充分预判出个人电脑的发展趋势，并非是管理层官僚、骄傲自满，而是产业的价值网络胁迫 IBM 必须做出这样的决策。急速变化的产业，就非常容易产生这种风险。要不是郭士纳的力挽狂澜，我们可能早已经遗忘曾经还有一个名叫 IBM 的企业（仙童半导体公司、太阳系统公司、网景公司都是曾经叱咤风云的科技公司，现今早已经被遗忘）。

第二，S 曲线见顶是产业灭亡的根本原因。从 S 曲线见顶的角度出发，就非常容易解释为何近些年全球电脑产业如此低迷。

第三，股价的表现完全追随了产业的发展趋势，IBM 的案例很深刻地证明了这点。

第四，股价也会反映市场对公司未来的预期，如果市场过度乐观，即便公司再好，也有极大的风险。比如，1999 年买微软，2014 年才能解套。

中国股市回报率Top30

根据 Wind 数据库提供的股票复权价格数据，笔者筛选了上市满 10 年，从上市以来至 2017 年 10 月 19 日的年化收益率排名前 30 只股票，如表 8-3 所示。

表8-3 A股上市满10年且年化收益率排名前30的公司
（截至2017年10月19日）①

排名	代码	名称	上市年数	上市以来年化收益率	行业	重组次数
1	600519.SH	贵州茅台	16.16	33.91%	酿酒	—
2	600340.SH	华夏幸福	13.81	33.90%	房地产	1
3	002044.SZ	美年健康	12.43	31.21%	医药	2
4	002035.SZ	华帝股份	13.14	30.48%	家电	1
5	600570.SH	恒生电子	13.85	30.42%	信息技术	—
6	002032.SZ	苏泊尔	13.18	30.23%	家电	—
7	002024.SZ	苏宁云商	13.25	30.00%	零售	—
8	600887.SH	伊利股份	21.62	29.14%	乳制品	—
9	002038.SZ	双鹭药业	13.12	29.10%	医药	—
10	002085.SZ	万丰奥威	10.9	28.85%	汽车	1
11	002007.SZ	华兰生物	13.33	28.43%	医药	—
12	002081.SZ	金螳螂	10.92	28.18%	建筑装饰	—
13	600276.SH	恒瑞医药	17.01	28.02%	医药	—
14	600547.SH	山东黄金	14.15	27.62%	黄金	1
15	600406.SH	国电南瑞	14.02	27.08%	电器设备	1
16	002048.SZ	宁波华翔	12.39	26.90%	汽车	—
17	600436.SH	片仔癀	14.35	26.18%	医药	—
18	000651.SZ	格力电器	20.93	26.11%	家电	—
19	002008.SZ	大族激光	13.33	25.53%	电子	—
20	000568.SZ	泸州老窖	23.46	25.19%	酿酒	—
21	002001.SZ	新和成	13.33	25.03%	医药	—
22	002013.SZ	中航机电	13.3	24.91%	航空设备	1
23	002065.SZ	东华软件	11.16	24.86%	信息技术	1

---

① 数据来源：Wind。

排名	代码	名称	上市年数	上市以来年化收益率	行业	重组次数
24	600309.SH	万华化学	16.8	24.70%	化学	—
25	002030.SZ	达安基因	13.2	24.61%	医药	—
26	000538.SZ	云南白药	23.86	24.57%	医药	—
27	002049.SZ	紫光国芯	12.38	24.00%	电子	2
28	002028.SZ	思源电气	13.21	23.93%	电器设备	—
29	002108.SZ	沧州明珠	10.74	23.91%	化工	—
30	600741.SH	华域汽车	21.16	23.67%	汽车	1

上表中，有 10 家公司是因为重组导致的股价上涨，这点有些"中国特色"。重组股票表现很抢眼的主要原因是发行制度，在实行注册制的国家，壳资源几乎没有任何价值。而在我国的证券市场上，由于施行审核制而非注册制，资产注入的动作会使得原本基数很低的资产实现大幅增长，进而导致上市公司市值大幅增长。鉴于这是由制度造成的一种特有现象，笔者并未对其进行深度研究，本书也不研究此种类型的投资方式，因此，我们把这部分的股票剔除，我们仅研究主营业务自上市以来未发生变化的企业。

剔除重组股票之后，剩余的 20 家公司中，有 7 家公司属于医药行业（双鹭药业、华兰生物、恒瑞医药、片仔癀、新和成、达安基因、云南白药）；2 家属于酿酒行业（贵州茅台、泸州老窖）；2 家属于家电行业（苏泊尔、格力电器）；2 家属于化工行业（万华化学、沧州明珠）；1 家属于信息技术业（恒生电子）；1 家属于乳制品（伊利股份）；1 家属于汽车业（宁波华翔）、1 家属于零售业（苏宁云商）、1 家属于建筑装饰业（金螳螂）、1 家属于电子业（大族激光）、1 家属于电气设备业（思源电气）。

1. 具有广阔前景的医药业

在上一章中我们提及新世纪以来,美国的医药产业正在面临着成本上升、市场规模增长停滞的尴尬境地。相比之下,我国有 7 家医药产业公司入了上市以来年化收益率前 30 榜单,这个比例非常之大。从产业的需求侧出发,我国的人均 GDP 与人均医疗支出增长十分迅速。2003 年至 2014 年,我国的人均医疗支出增长了 6.8 倍,略高于人均 GDP 的增长倍数。2010 年前后是我国的劳动力人口占比高峰,因此我们看到自 2010 年以后人均医疗支出增长开始超过人均 GDP 增长。但即便是这样的高速增长之下,我们的医疗消费支出与美国相比仍然相差很大。

2003 年至 2014 年,美国的人均医疗消费支出增长了 1.57 倍。虽然其增长速度很低,但其绝对值很大。根据世界银行提供的数据,2014 年美国的人均医疗消费支出为 9402 美元,我国则为 420 美元。从需求侧来看,我国的医疗消费正处于 S 曲线的底部,具有广阔的前景,因为一个国家的居民医疗消费支出与其 GDP 水平密切相关,如图 8-8 所示。

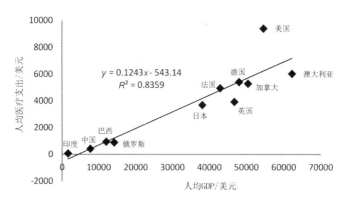

图8-8 人均GDP 与人均医疗支出的关系[1]

---

[1] 数据来源:世界银行。

对跨国数据进行相关性分析，结果显示各国的人均 GDP 是影响人均医疗支出的关键性因素，解释力度达到了 83.5%。这不难理解，人的安全与生存需求是马斯洛五层次需求里面较为低层次的需求，具有需求刚性。因此，人均收入的提高，自然会导致其增加医疗支出。我们看到的是，我国的人均医疗消费支出与我国目前的人均 GDP 水平是相匹配的。而美国的人均医疗支出却远远高于与其人均 GDP 相近的国家，主要原因在于美国的医药定价实行完全的市场化制度，美国政府鼓励制药公司研发新药，对制药公司的医药定价不进行干预。鉴于人均医疗支出与人均 GDP 的关系，我国医疗健康产业需求的增长，是以人均 GDP 增长为前提的。

产业需求强劲增长为整个制药产业提供了有力保障，但也对我国的医疗产业结构产生了较大影响，表现为生产普药的企业利润不断下降，生产处方药的企业利润呈现强劲增长的态势。

2006 年，中国利润总额最高的制药公司是哈药集团，哈药集团是一家生产多种类型普药的制药企业，长期以来一直稳居中国制药产业的龙头地位。普药的生产门槛较低，竞争异常激烈，以哈药集团生产的注射用头孢他啶为例，经过国家食品药品监督管理总局（CFDA）批准生产的产品高达 289 个。相比之下，恒瑞医药生产的多西他赛注射液仅有 37 个批文。因此，我们看到的结果是，在市场激烈竞争之下，哈药集团的利润增速放缓。截至 2018 年 4 月，恒瑞医药是国内制药业市值最大的公司，而其在 2006 年的制药企业排行榜上位列第 15 名。

与美国和欧洲的大型制药企业"巨额投入研发→取得专利→昂贵定价"的商业策略不同，国内仿制药企业的经验策略主要是寻找欧美原研药专利到期后的机会，具有研发成本低、研发成功率高、市场规模大的优势。

恒瑞医药的研发支出占销售收入的比重一直保持在 10% 左右，而美国的主要制药机构都高于这个值。2016 年，辉瑞的研发支出占销售收入比重为 14.9%，强生为 12.7%，安进为 17.5%，全美国的行业均值为 20.4%[①]。根据申万宏源研究所闫天一等人的研究统计[②]，国内新药的整体临床通过率约为 34%，远高于欧美的 10%。另外一个有利因素就是我国的人口众多，同一种类型的适应证我国有更为庞大的市场。这些因素导致我国的制药业企业能够相对轻松地取得高额投资回报率，避免欧美制药产业的那种巨额成本投入的商业模式。

但制药产业依然具有极大的不确定性，新药或仿药的研发与其管理层的战略眼光有关，药物从研发到上市具有极大的不确定性。因此，这个产业很容易发生排名次序的改变，很难保证目前的制药龙头 10 年后仍然是龙头。以双鹭药业为例，2004 年双鹭药业上市，上市当年的营业收入为 9400 万元，净利润为 3200 万元，在制药产业领域属于十分不起眼的小公司。到了 2017 年，双鹭药业的营业收入为 12.42 亿元，净利润 5.34 亿元。正是在净利润强劲增长之下，双鹭药业创造了上市以来 29.1% 的年化投资回报率。

双鹭药业最为主要的产品是复合辅酶，于 2002 年拿到了 CFDA 的批文，与国内大多数化学药不同，复合辅酶是双鹭的原研药，也是独家药。截至 2018 年 4 月，笔者从 CFDA 官网查询复合辅酶药物的制药商仍然仅有双鹭药业一家。2003 年，复合辅酶的销售收入为 1900 万元，而到了 2017 年，复合辅酶的销售收入增长到了 6.83 亿元，占其营业收入的 55%。

---

① 辉瑞和强生、安进这几家大型行业的巨头享受了规模效应带来的优势，因此研发成本较行业均值要低。

② 闫天一，杜舟. 创新药系列深度报告之一：创新药研发周期理论，创新药研发回报率研究[EB/OL]（2018−01−11）[2018−01−11]. http://vip.stock.finance.sina.com.cn/q/go.php/vReport_Show/kind/lastest/rptid/4056149/index.phtml.

双鹭药业能够有如此的业绩，基本上都归功于复合辅酶所带来的业绩。

复合辅酶是一种在化疗、心血管疾病和肝病治疗过程中使用的辅助用药。如果我们站在 2004 年的时间点上，很难估计出其未来的销售前景究竟如何，可能只有凭借双鹭药业管理层浸淫制药产业多年的经验才能够有这样的战略眼光去开发出这样前景极好的药品。然而，从 2014 年以来，伴随着医保控费，各地将复合辅酶列入了辅助用药目录，从而导致各家医院开始限制对复合辅酶的使用，双鹭药业的复合辅酶销售收入开始下滑。那么，复合辅酶的未来如何，包括 2017 年其新拿到的首仿批文——来那度胺的未来如何，我们仍未可知。在投资实践中，对于处于 S 曲线引爆点之前的那些数据极其难预测，因此笔者的做法一般都是避开。

华兰生物、片仔癀和云南白药这三家制药企业具有经济特许权，可以采用提价的方式实现销售收入增长。华兰生物的主要产品是血液制品，主要是免疫球蛋白和人血白蛋白，用于治疗严重的感染。由于人体血液制品存在被污染的可能性，一旦一个人的血源存在病毒未被监测出，则这一批的药品全部都会被污染。所以，监管方对血液制品生产企业的资格实行了严格的审批制度，因此，华兰生物具有行政特许权的护城河。片仔癀和云南白药这两家制药公司属于中成药制药企业，属于具有中国传统特色的产业领域，两家的核心产品片仔癀和云南白药都受到了国家保护。根据两家公司官方网站的说法，1956 年国务院保密委员会将云南白药处方、工艺列为国家保密范围（战备物资），而片仔癀是国家一级中药保护品种。中国的传统工艺具有这样的属性，就是只有茅台酒厂生产的酒才是茅台，只有云南白药药厂生产的才是纯正的云南白药，这又构成了一种品牌的无形资产护城河。然而，中成药最大的问题就在于其并未经过双盲检验，其疗效究竟如何从未有过明确的科学指标测量，一旦相关政策变化，会对这些中成药生产企业的价值产生重大影响。

　　总体上来讲，医药产业之所以能有多家公司进入中国回报率最高的30只股票排行榜，既有需求强劲增长的因素，也有供给侧制药公司各凭本事创造护城河的因素。全指医药指数 2013 年 4 月至 2018 年 4 月这 5 年的年化收益率为 13.11%，同期的沪深 300 指数收益率为 9.56%，这个超额收益就是来源于产业的需求侧增长速度超越了经济平均增速。另外一方面，产业的供给阵营中能够形成年化率为 20% 以上收益的公司，是因为这些公司能够通过各种手段形成强大的护城河。但是，医药研发投资的可预测性很低，对于过度依赖单一或少数新药研发的企业我们仍然要谨慎对待。

2. 需求强劲的乳制品业

　　中国回报率最高的 30 只股票排行榜中的伊利股份是一个以销量策略取胜的典型案例。从产业的需求侧出发，伴随着人均收入提高，我国的人均牛奶消费量也随之提高，1990 年至 2015 年，我国城镇居民的牛奶消费量从每年人均 4 千克左右上升到了每年人均 18 千克。但乳制品的价格并未像其销量那样强劲增长，主要原因在于乳制品产业的竞争十分激烈，既有全国性的乳制品生产企业比如蒙牛，又有分布在全国各主要城市的各地"品牌"，诸如北京的三元、石家庄的君乐宝、长春的广泽、上海的光明、南京的卫岗、厦门的长富、广州的燕塘、成都的新希望和乌鲁木齐的天润等。这样的产业由于供给侧可扩张，是无法通过提价策略实现销售收入增长的。

　　乳制品需求强劲增长，导致乳制品制造产业蓬勃发展。乳制品产业的营业收入从 2003 年的 500 亿人民币增长至 2014 年的 3300 亿人民币。伴随着产业的强劲增长，产业的渗透率也在逐步提高，按照日本 2010 年的人均鲜奶消费量数据 32 千克 / 人年定义渗透率为 100%，目前的我国鲜奶消费量渗透率已经达到了 60%，进入了 S 曲线的后半段。按照 S 曲线的预测，乳制品产业会形成寡头垄断格局，销售毛利率维持在较高水平，同时产业在这段区间内遭遇"创新者窘境"的概率也会增大。

2000 年，国内的液态奶市场占有率第一的是光明乳业，占比 28.37%，当时的伊利股份仅占比 3.48%。

到了 2015 年，光明乳业的市场占有率滑落至 5.82%，伊利股份的市场占有率则增长至了 18.13%。虽然光明和伊利的主要产品都是液态奶，但是两者的生产工艺并不相同。根据液态奶企业所采用的乳制品灭菌方式进行分类，液态奶可分为超高温灭菌奶和巴氏杀菌奶两种类型。

超高温灭菌，即超高温瞬时灭菌，是生鲜乳灭菌的一种工艺，经超高温灭菌后的乳制品在常温条件下保质期可达 6 个月或更长，因此超高温灭菌奶又被称为"常温奶"。目前市场上的利乐砖 / 枕包装的液体牛奶几乎均采用超高温灭菌方式加工处理，由于保质期长，无须冷链物流，便于长途运输，覆盖大面积市场，适合"基地型"乳制品加工企业生产。

巴氏杀菌，是生鲜乳灭菌的一种工艺，经巴氏杀菌后的乳制品在 4℃的环境中保质期为 7 天左右。由于巴氏灭菌不能杀灭芽孢，要用冷链冷藏销售，以免有些芽孢恢复生长繁殖，产生有毒物质，但其热处理条件温和，对牛奶营养物质破坏少。由于巴氏杀菌奶对储藏运输的要求较高，需要全程冷链运输，保质期短，不适合销往距离奶源地较远的市场，更适合在城市周边设立的"城市型"乳制品企业生产销售。

中荷奶业发展研究中心（SDDDC）于 2014 年 3 月开展了几乎覆盖全国所有省、自治区与直辖市的一项消费者调查。共完成对 1500 多个家庭的调查，初选有效样本家庭 941 个，包括成员个体 3051 个，结果分析如下：

超高温灭菌奶比巴氏灭菌奶在市场上占有更大的份额，特别是在农村。我们的调查结果显示，按消费量计，2014 年中国居民家庭购买并消费的牛奶中约65%为超高温灭菌奶,巴氏灭菌奶(也常常称作鲜牛奶)则占35%。超高温灭菌奶在农村占有的比例更高,达到73%,远高于城市的对应比例(62%)。这可能与农村相对城市较低的冰箱拥有率及离超市的距离较远有关系。[①]

伊利股份的主要牧场都集中在内蒙古，而伊利股份的销售网络遍布全国，因此，伊利股份所生产的液态奶绝大部分是超高温灭菌液态奶。而光明乳业则不然，光明乳业的奶源集中在上海周围，其销售网络也集中在上海市及周边，因此光明乳业大部分的产品都是巴氏杀菌奶。产品生产技术及运输的方式不同，导致过去 20 年里伊利的产量增长相比光明快很多，在一个以销量策略驱动的产业内部，谁能够生产得更多、卖得更多，谁就是赢家。

2000 年，光明的液态奶产量为 35 万吨，伊利为 15 万吨。而到了 2016 年，伊利的产量达到了 661 万吨，而光明则为 130 万吨，从产量扩张的角度，光明大大地落后了，这导致了光明乳业的股价在过去这 15 年中一直跑输伊利股份，如图 8-9 所示。[②]

---

① 中荷奶业发展中心. 中国奶业白皮书（2014）[R/OL].(2015-02-04)[2019-6-12].http://www.sddc.org.

② 但这种情况会在未来持续吗？很可能不会持续。根据笔者对消费者的调查,当前的乳制品消费者更偏好巴氏杀菌奶,消费者认为巴氏杀菌奶的营养价值及保鲜度更好,超高温灭菌奶在主流城市越来越不受待见,这点会对生产常温奶企业的内涵价值形成毁灭性打击。

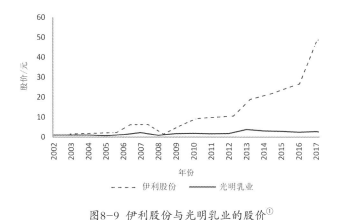

图8-9 伊利股份与光明乳业的股价①

同时，伊利股份的规模大，销售收入也高，这就导致其在营销费用、管理费用上就具备了规模优势。

总结一下，我们发现中国回报率最高的30只股票排行榜有如下的规律：

第一，能够创造高额投资回报的股票都处于需求扩张周期内。

我们统计榜单发现，除了重组之外剩余的20只股票基本上都处于需求扩张周期内，制药、酿酒、家电、化工、IT、乳制品、汽车、零售、建筑装饰、电子、电器设备这些产业都经历了需求扩张。有些需求收缩的产业则并未进入该榜单，例如纺织业、钢铁业、电视等，这些产业在过去15年内经历了产业需求收缩，不论这些产业内的供给侧集中度有多高，一旦需求收缩就会对产业造成毁灭性打击，使得身处其中的企业无法给投资带来好的投资回报率。

第二，产业的竞争格局导致了不同竞争策略的应用，投资回报率高的公司一定会有一个好的竞争策略。

① 数据来源：通达信。

　　我们看到制药企业和乳制品企业在竞争战略上完全不同，片仔癀的主要策略就是通过提价实现销售收入增长，而伊利股份的策略则是通过扩产、增加销量实现销售收入增长。优秀的企业一定具备两种策略之一，或者两者兼备，而平庸的企业就是这两种策略都执行不好[1]，最终导致股票收益率平庸。

　　第三，需求侧的稳定性是可长期投资的根本出发点。

　　我们看到制药产业具有极大的不可预测性，制药公司的估值与其主导药品的销售情况息息相关，而主导药品的销售情况与需求的稳定紧密相连，新药诞生、同行的仿制药上市和医保政策的变化都会导致需求发生波动，这就导致依赖单一的药品公司具有极大的不确定性。同样，我们也看到了乳制品业的前景具有一定的可预测性，在过去 15 年时间里，乳制品的需求伴随着人均 GDP 的增长而稳步增长。物流体系的进步和消费者收入的提高，导致了产业的产品开始呈现差异化，将来巴氏杀菌奶的需求增长会快于超高温灭菌奶的需求增长。

需求稳定性的判断方法
商业的背后是人性

　　商业最根本的出发点是要为人提供服务。根据三谷宏治《商业模式全史》一书对商业模式的定义，商业模式总计有四个要素，分别是：客户是谁、提供什么服务、如何收费、比对手的优势。客户是谁，即要分析清楚客户的需求，包括客户哪些需求是普适性、长久性的，哪些需求是个性化的、短暂性的。提供什么服务，即满足人性需求的手段是什么。企业需要有标准化的运营流程去满足客户的需求，不同类型的需求有不

---

[1] 至于销量增长多少才算优秀，如果我们单独看光明的销量增速可以达到年化8.55%，也是一个非常快的增长速度。但是与伊利一比较就会发现，伊利的销量增长速度高达年化26.7%。

同的手段去满足，这个标准化的流程设计就是企业管理。如何收费，即企业采用何种肯让客户高兴掏钱的方法，前提是培养客户"上瘾"的程度，当顾客十分渴望得到某种产品和服务时，自然不会吝啬。最后一个要素是竞争优势，也就是我们一再提及的如何限制竞争对手进入。

商业为了满足客户的需求而存在，如果商业模式能够很好地满足客户需求，客户需求在可以预见的未来又不会发生变化，那么需求侧就会稳定；反之，如果商业模式构建过程中对于客户的需求定位有偏差，或者在可以预见的未来，客户的需求会不断地发生变化，那么需求侧就不稳定。我们在投资的过程中需要警惕这些需求侧不稳定的因素，需求侧不稳定很容易对产业形成毁灭性打击。

我们需要分析人的需求都有哪些，哪些需求是属于普适性、长久性的需求。比如喝酒就是一个普适性、长久性的需求，这点相比于吃饭的是普适性、长久性需求而言不是很好理解。首先，我们观察到喝酒这个行为是跨文化的，世界各地的人都会喝酒，只不过是酿酒的原料和方法有所差异。其次，从纵向的历史发展角度去看，美国在 1920 年曾经立法规定，制造、售卖乃至运输酒精含量超过 0.5% 以上的饮料皆属违法，这个立法导致烈酒地下黑市产生，最终该禁酒法案于 1929 年经济危机之后遭废除。最后，我们可进一步观察生物界，我们发现猿类、猴子、果蝇都对这种发酵的、散发酒精气味的液体表现出浓厚的兴趣。那么，这背后的原因是什么？

美国的两位学者达斯汀·斯蒂芬斯（Dustin Stephens）和罗伯特·达德利（Robert Dudley）提出了一个"醉猴假说"[①]。醉猴假说的主要内容是：在 4000 万年前，灵长类动物饮食构成的很大一部分是水果。在人类

---

① 详见 Stephens D, Dudley R. The Drunken Monkey Hypothesis[J]. *Natural History*, 2004, (10): 40.

生存的温暖潮湿的热带地区，果实表皮上和果实内的酵母会将糖类转化为各种形式的酒精，其中最常见的是乙醇。乙醇是一种容易挥散的轻质分子，乙醇顺风飘散的味道是果实已经成熟的可靠标志。在大多数灵长类动物生活的热带森林中，动物们对成熟果实的竞争异常激烈。对一只饥饿的猴子来说，一个好的觅食策略就是追踪酒精的味道，然后匆匆吃掉。自然的选择可能有利于灵长类动物对酒精的气味产生浓厚兴趣。这个理论能够很好地解释为什么灵长类动物会对酒精有如此强烈的兴趣。基于这样的跨学科分析，我们才能够了解一件事物的本质，按照芒格的说法，这个世界本来不是割裂的，各个学科为了研究方便硬是把世界割裂开来研究。因此，我们也就自然地清楚了市场流行的说法"90后不喝白酒"是经不起推敲的。

同样，我们也需要分析又有哪些需求是个性化的、短暂的阶段性需求，这些个性化的、短暂的阶段性需求产生的原因是什么。比如，缝纫机是在纺织业产能严重不足的背景下诞生的产物，就是短暂的阶段性需求。而娱乐产业的进步就是从普适性需求逐步向个性化需求发展的经典案例，最初的娱乐工具主要是收音机，各地的广播电台通过无线电波向收音机听众传播同质化的新闻。之后，娱乐发展到了电视机，电视机本质上与收音机是相同的，提供的仍然是满足普适性需求的产品。2003年左右，电视娱乐的龙头企业是歌华有线，歌华有线的主要业务就是建设和运营北京地区的有限电视网络。在当时的背景下，我们很容易判断出这是一家护城河既宽且深的公司，具有特许权。但是，从2002年至2017年这15年里，它的股价涨幅仅为2.2倍，年化收益率仅为5.4%。造成其收益率如此低的主要原因就是互联网兴起，最先受到冲击的就是北京市场，歌华有线也就陷入了"创新者窘境"。互联网是可以为娱乐提供高度个性化服务的产业，相比于看电视这种娱乐行为，上网的诱惑力更大，因为消费者可以通过网络寻找到适合自己的娱乐产品，而电视节目总是千篇一律。同理，我们看到移动互联网对传统互联网也形成强势冲击，最初的浏览网页仍然是一种被动的接受。而移动互联网可以搭载各种互动平台，消费者可以在微博上对事件发表自己的评论，可以与网络主播聊天，也可以直接秀一秀自己的各种才艺集聚粉丝。

　　一家企业对于消费者需求进行深度分析是极为重要的，如果我们发现有些公司提供的产品或者服务是"反人性"的，那么要对其保持警惕，这类公司不值得投资。预调鸡尾酒，是一种按照固定的配方调制好的"鸡尾酒"，相比于去请调酒师现场调制鸡尾酒，预调鸡尾酒可以实现批量化生产和销售。预调鸡尾酒的酒精度为 4% 左右，有各种类型的水果或者其他香味。根据笔者的理解，这种酒的定位主要是女性或者年轻人，或者可以这样更准确地表述其客户定位："预调鸡尾酒客户的定位是厌恶酒精味道的，但是有喝酒需求的人。"这个市场定位极为反人性，因为满足于这两点的人在人群中所占比例并不多。喜好喝酒的人对于预调鸡尾酒的感觉就是跟喝汽水差不多，很没劲；而不喜好喝酒的人其本身消费酒类的情况大多发生在商务应酬、家庭聚会和朋友聚会，预调鸡尾酒的场景仅仅出现在上述的朋友聚会这一个场景内，而且还是年轻女性朋友之间的聚会。至于有些市场分析师自己臆想出来的一个家庭主妇在辛苦完成一天家务后，睡前小酌预调鸡尾酒的场景根本不是常态化的存在。因为酒精是一种成瘾品，其对大脑的刺激是以不断地增加剂量而产生快感[①]。因此，一旦有位家庭主妇长期饮酒的话，绝对不会仅仅满足于这种低度酒。所以预调鸡尾酒注定是一个做不大的市场，虽然可以靠广告把销量在短期内迅速硬性拉升，但因为它违反人性，所以销量无法在

---

① 迈克尔·库赫. 为什么我们会上瘾：操纵人类大脑成瘾的元凶 [M]. 王斐，译. 北京：中国人民大学出版社，2017:29-36.

之后有爆发式增长。我们在面临这样的投资时要保持谨慎态度。

马斯洛的需求模型

人本主义心理学家亚伯拉罕·马斯洛在其经典著作《动机与人格》一书中，将人类的需求归结为五类，具体的概要如下。

基本需要：生理需要，主要指生存需求，如食物、水等。

安全需要：安全，稳定，依赖；免受恐吓焦躁和混乱的折磨；对体制、秩序、法律、界限的需要等。

归属和爱的需要：爱、情感和归属，如朋友、心爱的人、妻子、孩子等。

自尊需要：自尊、自重、来自他人的尊重的需要。分为两类：第一，对于实力、成就、适当、优势、胜任、面对世界时的自信、独立和自由等的欲望；第二，对于名誉或威信（来自他人对自己尊敬或尊重）的欲望。

自我实现需要：独特的创造性事业。[1]

上述五个层次分类是逐个层次递进的，当一个人在无法满足生存需求的时候，他是不会想到更高层次的需求的。而当一个人一旦脱离了生存威胁的困扰时，其他的需求会立马涌现出来。现代社会由于细致的分工，都有相应的产业来满足这五个层次的需求。比如农业、渔业、农业机械、饲料、养殖业、屠宰业、食品加工业、饮料业、纺织业等都是满足生存需求的产业；军工业、制药业、医疗服务业、保险业、房地产业、公用事业等是满足安全需要的产业；社交服务业、教育业、汽车业等是满足归属和爱的需要的产业；彩妆、旅游、整形、奢侈品业、古玩业等是满足自尊需要的产业；而最高层次的自我实现需要与自我有关，个性化很强，并非一个通用的产业能够满足。

---

[1] 亚伯拉罕·马斯洛. 动机与人格[M]. 许金声，等译. 北京：中国人民大学出版社，2007:16.

由于社会财富分布是金字塔式的，我们会发现随着产业所满足需求层次的不同，产业的产品所追求的性能和报价都具有很大差异。比如大宗农产品业生产的产品是为了满足人类最基础的生存需求，人类在消费这种类型的产品时，主要目的是从中获取能量，因此我们看到不同企业、不同地区甚至不同国家所产的大宗农产品差异性不大。但是，当我们去看奢侈品行业时，由于这个产业满足的是第四层次需求，即尊重的需求，我们看到这个行业的产品就会千差万别，而且由于财富的金字塔式分布，并不是所有人都能够实现第四层次需求，奢侈品的价格也因此十分昂贵，并不是所有人都能够支付得起的。但是，如果从稳定的角度考虑，大宗农产品这个产业的需求极为稳定，只要人类仍然生存在地球上，这个产业就不会发生任何实质的改变；相反，奢侈品行业的变化性极大，在不同时期、不同文化背景下大家所追求的奢侈品并不相同。我们观察婚庆产品的变化就能够理解这种类型的产业需求侧并不是十分的稳定。在我国，改革开放之前结婚的必备品包括手表、自行车、收音机和缝纫机。到了 20 世纪 80 年代，结婚必备的产品变化为彩电、冰箱、洗衣机和录音机。到了 21 世纪，结婚必备产品则变为房子、车子和旅行。

像白酒、酱油这样类型的产业满足的是人类生理需求，笔者将这种需求称为"底层需求"，这些满足于底层需求的产业会历经中华民族成百上千年的发展而经久不衰。酱油产业就具有高度的饮食文化底蕴。我国自西汉时期就有了豆酱的文字记载，关于"酱油"这个名称，最早的文字记载是在宋朝林洪的《山家清供》中："韭菜嫩者，用姜丝、酱油、滴醋拌食，能利小水，治淋闭。"还有："嫩笋、小蕈、枸杞头、入盐汤焯熟，同香熟油、胡椒、盐各少许，酱油、滴醋拌食。"这说明在宋朝，酱油就已经成为老百姓的一种寻常调味品而被广泛应用于烹调了[1]。

目前，酱油在日本、韩国等亚洲国家及中国台湾地区都被广泛地使用。即便是高度发达的后工业国家日本，仍然有龟甲万这样的酱油龙头企业。这足以说明，酱油产业经过工业化革命的洗礼，仍然保持着顽强的生命力。经过数千年的历史长河检验，至今我们仍然在使用酱油，可见酱油的不可替代性极强，这是其产品本身的性质决定的。在工业社会的发展过程中，有很多行业最终会被替代，究其原因是这些产业的需求侧并非是底层需求，而是可选需求或过渡性需求。比如，味精就属于"过渡性需求"，最终很可能会消失在茫茫的历史发展大潮中。

根据中国调味品协会的数据，2008年酱油及食醋在调味品市场中的份额为26.7%，味精为29.7%；到了2016年，酱油及食醋的在调味品市场中的份额已经达到了35%，而味精则下降到了19.8%。味精作为工业化进程中的一个产物，由于造价相对低廉，在我国的人均收入不高时，味精成了重要的调味品，也因此我国成为味精第一大生产国与消费国。但是近些年随着居民收入不断提高，消费者开始摒弃味精，工信部的落后产能名单中也一直都存在着味精这个产业。

大部分产业的需求都会随着经济增长而增长。伴随着人均GDP增长，人均汽车拥有量、人均医疗支出、人均教育支出等都会与之同步增长。例如影响全球前20经济体人均汽车拥有量的主要因素是人均GDP，伴随着人均GDP的增长，人均汽车拥有量也随之增长。但也有一些产业是伴随经济增长，需求却逐步萎缩的产业，比如烟草产业。由于吸烟会导致疾病的理念被广泛接受，伴随着经济增长，越来越多的人意识到了吸烟的危害。所以，可以预测烟草产业未来的需求会处于长期下降的趋

---

[1] 详见鲁肇元. 酱油生产技术(一) 酱油的起源及酱油生产工艺的沿革[J]. 中国调味品, 2002 (1): 43–46.

势中。还有一些产业与文化有关，与经济的相关性不大。比如牛奶的人均消费量与人均 GDP 的关系就不大，详见第一章关于这部分的内容。

在实践中，要研究清楚一个产业未来的需求是保持增长、稳定还是萎缩，有几个方面是需要注意的：第一，尽量将产业的生命周期放到历史长河中去观察，看这个产业是否能够穿越相当长的历史周期，这个产业是否属于历史发展进程中诞生的暂时性产业。第二，需要进行跨国数据比较，样本越多越有利于我们找到问题的关键。世界银行、世界卫生组织、联合国和经济合作与发展组织（Organization for Economic Co-operation and Development，OECD）为我们提供了很多细致的跨国数据，可加以利用。第三，利用跨学科的方法去挖掘真正的需求。我们在面对一个产业的需求侧分析时要追根溯源到心理学或者进化论的理论层面去解释，这样能够形成严格的逻辑闭环，为我们提供扎实的投资依据。

基业长青真的存在吗？

在企业战略管理的学术研究内有一个"圣杯"叫"基业长青"。无数的企业战略管理学者都在努力寻找一套标准化的模式，让企业能够按照该标准模式去执行。这些学者们想要达到的效果是，只要企业不遗余力地执行了其提供的标准化模式，企业就能够"基业长青"。在美国的 30只最高回报率股票那一节，我们看到随着时间的拉长，这些伟大的企业的投资回报率却是逐年降低的。当时间拉长至 80 年时，从投资年化回报率的角度去看，基本上看不出这些企业有哪里伟大。

罗森维在《光环效应：何以追求卓越，基业如何长青》一书中对两本寻找"圣杯"的著作——《追求卓越》和《基业长青》——进行了后续跟踪研究。按照罗森维的观点，这些寻找"圣杯"的研究成果都是光环效应的产物。光环效应指的是，一家企业财务或者股价表现得非常好的时候，总能够找到其管理方面做得好的地方，例如"以客户为中心""管理高效""明智的并购"等等。

彼得斯在其《追求卓越》一书中，提炼了 8 点，来区分卓越的公司与平庸的公司，分别是：崇尚行动、贴近顾客、自主创新、以人促产、价值驱动、不离本行、精兵简政和宽严并济。彼得斯的研究方法是这样的：第一步，选取了跨多个行业的 62 家优秀的样本公司。第二步，利用这些公司 1961 年至 1980 年的财务及股价数据进行样本剔除，经过这个步骤，总样本被剔除了 19 家，剩下了 43 家。第三步，对 43 家中的 21 家进行了深入的采访。

柯林斯在其《基业长期》一书中的研究方法主要是这样的：1989 年，他选择 700 个具有代表性的 CEO 进行调查，要求每个 CEO 最多提名 5 家他们认为"最为高瞻远瞩"的公司，统计排名后，取 CEO 最常提到的前 20 家公司，然后再剔除 1950 年之后成立的公司，剩余 18 家公司。这 18 家公司分别是：花旗银行、宝洁、菲利普·莫里斯、美国运通、强生、默克、通用电气、诺思通公司、3M 公司、福特汽车、IBM、波音、迪士尼、万豪酒店、摩托罗拉、惠普、索尼和沃尔玛。然后柯林斯又选取了与这 18 家公司业务相近的 18 家对照公司。柯林斯对这 36 家公司的资料进行搜集、采访、分析，最后得出的结论如下：①伟大的公司造钟，而不是报时。②利润之上的追求。③保存核心，刺激进步。④胆大包天的目标。⑤教派般的文化。⑥泽强汰弱的进化。⑦自家成长的经理人。⑧永远不够好。⑨协调一致。⑩构建愿景。

罗森维[1]对彼得斯研究涉及的 35 家卓越公司的股价与标普 500 指数进行了比较。1980 年至 1984 年，标普 500 指数的涨幅为 99.47%，在

---

[1] 彼得斯的研究在1980年完成，因此罗维森是比较他完成之后的这些公司的股价表现。罗维森对柯林斯的评估同理。

这 35 家卓越的公司当中，有 12 家公司涨幅超过标普 500 指数，其余 23 家公司则跑输标普 500 指数；1980 年至 1989 年标普 500 指数的涨幅为 404.4%，在这 35 家卓越的公司当中，有 13 家公司涨幅超过标普 500 指数，其余 18 家[1]公司不及标普 500 指数。

同样，罗维森也对柯林斯[2]研究的 17 家公司进行统计，1991 年至 1995 年，标普 500 指数上涨了 115.44%，柯林斯研究的 17 家公司当中有 8 家公司跑赢，9 家跑输；1991 至 2000 年，标普 500 指数上涨了 399.78%，柯林斯研究的 16 家公司当中有 6 家跑赢，10 家跑输。

罗森维的后续研究给了这些寻找"圣杯"的研究一个沉重的打击，股票市场证明了这些曾经十分伟大的公司，并不能够"基业长青"。在投资的实践中，我们既要从产业结构出发，又要从产业需求侧的人性出发，谨慎地去评估每家公司的未来。

我们也可以从另外一个角度去想：假设企业能够基业长青，我们的生活会发生怎样的变化？如果企业能够基业长青，那么福特的 T 型车就会一直沿用到今天，IBM 的大型计算机会一直沿用到今天，诺基亚的 3530 手机也会一直沿用到今天，我们的生活就会没有一点进步。正是因为产品不断地展开破坏性创新，产业不断形成的规模效应对消费者进行渗透，我们才能够享受到越来越多性能优越且价格便宜的产品。企业的诞生与消亡很类似于生态系统的物种进化，唯有更适合环境、具备更多技能的物种才能够生存，并没有哪一个物种掌握了固定的技能之后就可以高枕无忧，永远地生存下去。这才是商业的本质。

---

① 因有些公司退市或没有找到股票价格数据。
② 柯林斯的研究在1991年完成。

第四部分

控制风险：
如何有效规避投资风险

前文我们谈了投资的三个支柱，分别是认识的途径、市场的本质和商业的本质。我们力图去达到老子所说的"知常"的境界，海纳百川，客观公正。在最后一部分，我们来讨论下风险控制，也即投资的第四支柱。风险控制包括三大部分，分别是负面清单、买入价格以及卖出时机。本部分会逐一进行分析。

第9章　　　建立负面清单：一种有用的投资工具

> 查理在他漫长的一生中，持续不断地研究收集关于各
> 种各样的人物、各行各业的企业以及政府管治、学术研究
> 等各领域中的人类失败之著名案例，并把那些失败的原因
> 排列成正确决策的检查清单，这使他在人生、事业的决策
> 上几乎从不犯重大错误。
>
> ——李录，《穷查理宝典》中文版序言

笔者根据自己对商业的理解，总结了三大类会导致商业失败的错误。分别是：商业模式因素、外部因素和企业自身因素。这三大类因素又可以细分为 12 个因素，这是一个不断增长、合并、剔除的清单。伴随着阅历的增长，这份清单也可能会产生动态的变化。因此，笔者所做的更多的是抛砖引玉。投资者在实践中一定要总结自己的清单，这种思维方式是很有用的工具。

什么样的商业模式有问题？

商业模式主要是由企业创始人或者企业的核心管理者构建的，商业模式如果有问题，则所有的努力都可能化为乌有。

"卖出期权"式的商业模式

正常企业的商业模式是买入期权模式，即企业通过投资固定资产、无形资产、研发支出，形成类似于"期权费"的支出，以博取将来更高的收益。而有一部分企业却是完全相反的，其通过持有某些资产而形成利息收入，相当于收入了"期权费"。但当其持有的资产出现损失时，损失却是无限大的，特别是高杠杆的金融业就是"卖出期权"式商业模式的典

型。笔者之所以称之为"卖出期权"式商业模式，是因为这种商业模式类似于期权交易中的期权卖方，期权卖方在正常情况下可以赚到期权费，实现利润。但是，当黑天鹅事件发生时，期权卖方的亏损会无限大，会直接导致破产。巴菲特深谙这种商业模式所带来的风险，他在 2010 年致股东的信中对保险业有如下的描述："当致命的连锁效应发生时，一个微妙的关联就可能导致全面的崩溃，当保险业者在衡量自身再保险安排的健全性时，必须谨慎地试探整个连环和所有参与者的抗压性，并深切地思考当一件大灾难万一在非常困难的经济状况下发生时该如何处理，毕竟只有在退潮时，你才能够发现到底是谁在裸泳。"

第二章中提及的 LTCM 案例就是一个典型的"卖出期权"式商业模式。LTCM 从事着对股票波动率和对互换息差的投机，就是在赌这些资产的某项最终会收敛，想赚其收敛的钱。但当市场的突发事件导致其不收敛时，由于高杠杆[①]，自己的损失就会无限大，直接导致破产。同样，我们也可以看绝大多数的金融机构都在从事这样的行当。例如银行业，银行业最大的收入来源即存贷息差，银行以 5% 的成本向投资者融资（对于储户来讲，就是按照 5% 的利率去存款），再以 7% 的收益向贷款者放款。这样，中间的 2% 就是息差，是银行毛利润的主要来源。

假想有家银行的资本金为 10 亿元，按照巴塞尔协议的约束，它最多可以将资产规模做到 125 亿元[②]。其中所有者权益为 10 亿元，负债为 115 亿元，资产负债率为 92%。按照 2% 的息差计算，125 亿元的资产每年可以为银行带来 2.5 亿元的毛利润。假设其他成本（费用、税）为毛利润的 30%，则净利润为 1.75 亿元。即该银行持有 125 亿元的资产，每

---

① 是否没有高杠杆就万事大吉了呢？如果没有高杠杆的话，在扣除交易费用后，你会发现这些套利机会根本无法达到无风险收益率，也就根本没有动力去套利。

② 即10÷8%=125。

年可以带来 1.75 亿元的净利润。我们假设这家银行完全不分红，将每年的净利润再完全加入所有者权益里，继续进行放贷业务。则对该银行未来 20 年的经营情况估计如表 9-1 所示。

表9-1 假想的银行未来估计一

时期	所有者权益/亿元	总资产/亿元	净息差	毛利润/亿元	税费成本	净利润/亿元
第1年	10.00	125.00	2%	2.50	30%	1.75
第2年	11.75	146.88	2%	2.94	30%	2.06
第3年	13.81	172.58	2%	3.45	30%	2.42
第4年	16.22	202.78	2%	4.06	30%	2.84
第5年	19.06	238.27	2%	4.77	30%	3.34
第6年	22.40	279.96	2%	5.60	30%	3.92
第7年	26.32	328.96	2%	6.58	30%	4.61
第8年	30.92	386.52	2%	7.73	30%	5.41
第9年	36.33	454.16	2%	9.08	30%	6.36
第10年	42.69	533.64	2%	10.67	30%	7.47
第11年	50.16	627.03	2%	12.54	30%	8.78
第12年	58.94	736.76	2%	14.74	30%	10.31
第13年	69.26	865.69	2%	17.31	30%	12.12
第14年	81.38	1017.19	2%	20.34	30%	14.24
第15年	95.62	1195.20	2%	23.90	30%	16.73
第16年	112.35	1404.36	2%	28.09	30%	19.66
第17年	132.01	1650.12	2%	33.00	30%	23.10
第18年	155.11	1938.89	2%	38.78	30%	27.14
第19年	182.26	2278.20	2%	45.56	30%	31.89
第20年	214.15	2676.88	2%	53.54	30%	37.48

发财了！我们发现了一个连续 20 年净利润增速达到 17.5% 的生意。

可惜的是，我们的生活是有极限的，树不可能长到天上去。上述分析中我们没考虑的是，如果资产有损失该如何处理，因为会有很多人借了银行的钱而不还，银行只能把这些确认为资产损失。我们假设，每年有1.5%的坏账率。则对该银行未来20年的经营情况估计如表9-2所示。

表9-2 假想的银行未来估计二

时期	所有者权益/亿元	总资产/亿元	净息差	坏账率	资产损失/亿元	毛利润/亿元	税费成本	净利润/亿元
第1年	10.00	125.00	2%	1.50%	1.88	2.50	30%	−0.13
第2年	9.88	123.44	2%	1.50%	1.85	2.47	30%	−0.12
第3年	9.75	121.89	2%	1.50%	1.83	2.44	30%	−0.12
第4年	9.63	120.37	2%	1.50%	1.81	2.41	30%	−0.12
第5年	9.51	118.87	2%	1.50%	1.78	2.38	30%	−0.12
第6年	9.39	117.38	2%	1.50%	1.76	2.35	30%	−0.12
第7年	9.27	115.91	2%	1.50%	1.74	2.32	30%	−0.12
第8年	9.16	114.46	2%	1.50%	1.72	2.29	30%	−0.11
第9年	9.04	113.03	2%	1.50%	1.70	2.26	30%	−0.11
第10年	8.93	111.62	2%	1.50%	1.67	2.23	30%	−0.11
第11年	8.82	110.23	2%	1.50%	1.65	2.20	30%	−0.11
第12年	8.71	108.85	2%	1.50%	1.63	2.18	30%	−0.11
第13年	8.60	107.49	2%	1.50%	1.61	2.15	30%	−0.11
第14年	8.49	106.14	2%	1.50%	1.59	2.12	30%	−0.11
第15年	8.39	104.82	2%	1.50%	1.57	2.10	30%	−0.10
第16年	8.28	103.51	2%	1.50%	1.55	2.07	30%	−0.10
第17年	8.18	102.21	2%	1.50%	1.53	2.04	30%	−0.10
第18年	8.07	100.93	2%	1.50%	1.51	2.02	30%	−0.10
第19年	7.97	99.67	2%	1.50%	1.50	1.99	30%	−0.10
第20年	7.87	98.43	2%	1.50%	1.48	1.97	30%	−0.10

从上表我们会发现这个生意每年都在亏钱，连续亏了 20 年。当然现实中，银行业并不会像我们所举案例这样极端。有些年景的银行坏账率会很高，而在大部分年景里，银行的坏账率会维持在一个相对较低的水平。银行本身从事的就是"卖出期权"式的商业模式，在太平年景赚"期权费"，在崩溃的年景，银行的亏损是无限大的。如果银行的坏账率达到了 8% 这个水平（即巴塞尔协议规定的银行资本充足率的水平），那么，银行会在 1 个会计年度内亏光所有的股东权益，这是美国的银行业经历过多次破产潮的原因，也是银行需要不断募集资金补充资本的原因。募集资金补充资本对于股东来讲是很大的噩耗，因为股权被不断地稀释。也是基于这个原因，我们看到古今中外资本市场上银行的估值基本上在 2 倍市净率以下。

由于银行业经常在经济危机时发生破产潮，银行业的国际联盟——巴塞尔银行监管委员会对各国的银行业提出国际标准，即我们常说的《巴塞尔协议》。这个协议的内容很复杂，但核心只有一点，就是围绕银行的资本充足率进行自律规范。《巴塞尔协议》所规定的"资本"与通用会计准则计算的"所有者权益"有一定的区别，简单理解，银行的资本是通过所有者权益加加减减之后计算出来的，因为有些负债科目有类似于权益（比如超长期债券）的性质。在《巴塞尔协议》的框架下，不同类型的资产适用不同的风险加权权重，最终计算出风险资产的总额。资本除以风险资产总额后得到的就是资本充足率。由于银行业的商业模式是持有资产赚取息差，银行有通过杠杆实现资本回报率提升的内在冲动，但杠杆越高，对抗风险的能力就会越差。因此，《巴塞尔协议》的这一约定限制了银行业使用杠杆的最大倍数。由于《巴塞尔协议》的约束，银行业要做大其总资产的前提便变成了要多募集资本金，而资本金的扩张对股东价值是一个负向的作用。

银行业资产的好坏与宏观经济联系紧密，当经济开始陷入困难时，银行业资产的不良率就开始走高。原因有两点：第一是，经济太平时期表面上看银行业的资产的确足够分散，各个资产之间的关联度也不高。但当经济危机发生时，这些看似足够分散的资产就突然产生了关联，使得所有资产的估值都在下降，这导致了银行业持有的资产价值缩水。第二是市场的激烈竞争。比如前几年在国内非常流行的买入返售业务[1]，这个业务别的银行都在做，别的银行都在赚钱，抵制住诱惑而不做的管理层是无法向其上级交代的。截至笔者写下这些文字时，该业务已经导致了几家银行陷入了尴尬的境地。

"卖出期权"式的商业模式并不仅仅限于银行，美国的证券业也在从事着这类生意。2008 年金融危机，导致美国的著名投行贝尔斯登破产。回顾一下贝尔斯登破产的经历，我们会看到这种商业模式蕴含着不易被察觉的风险。

证券公司主要从事的业务有如下四种，分别是经纪业务、自营业务、承销业务和资产管理业务。其中经纪业务指的是代理客户去买卖股票、债券或者其他金融产品，客户需要支付给证券公司佣金，客户买卖什么金融产品的风险由客户自己承担。因此，经纪业务是证券公司风险最低的业务。自营业务指的是证券公司可以利用自有资金去投资股票、债券或者其他金融产品，赚的是资产增值的钱，这部分的风险由证券公司自己承担。承销业务指的是证券公司为企业发行股票、债券或者其他金融产品的业务，企业需要向证券公司支付发行费用。资产管理业务指

---

[1] 买入返售业务，是曾经出现的一种银行同业业务类型。其最少需要两家银行完成。A 银行持有资产，将资产卖给 B 银行的同时与 B 银行签署一份远期购回协议，约定在未来的某个时间点以某个价格买回该资产。这个业务的效果是，对于 A 银行来讲，它通过 B 银行放大了自己的杠杆倍数；对于 B 银行来讲，它获得了一笔由银行承兑的低风险资产。后来银监会出台了监管规定，禁止银行再继续这种业务。

的是证券公司可以发行金融产品销售给客户，证券公司将募集到的资金进行投资，收取固定比率的管理费，或者约定与客户进行收益分成。

由于市场竞争加剧，美国的证券公司交易佣金收入的占比从 1973 年开始长期下降，到了 21 世纪之后，证券公司的交易佣金收入占比已经下降到了 16%。这意味着证券公司在失去其风险最低的业务品种，为了保持业绩的增长，证券公司不得不去寻找别的业务品种来填补佣金收入下降所产生的空缺。

贝尔斯登的固定收益业务在 2002 年至 2006 年这段时间内迅速增长，到了 2006 年，固定收益业务产生的利润占贝尔斯登利润的 45%。金融机构非常乐意持有固定收益类资产。一般情况下，这类资产的收益率也是固定的。这类业务是这样进行的[1]：A 企业可以以其持有 B 企业的应收债权作为抵押发行 ABS（资产支持证券），C 投资银行可以用自有资金去购买这些 ABS。这样交易的结果是，A 企业可以拿到资金，将未实际收到款项的债权盘活，C 投资银行可以获得这部分资产产生的利息。C 投资银行的资金由它的负债产生，C 投资银行可以向客户揽储，向其他金融机构拆借资金，这样可以放大杠杆，该笔固定收益资产本质上仍然是我们前文提及的"息差业务"。

在当时的美国，利润最大的固定收益金融产品就是 CDO（抵押贷款证券产品），CDO 的运作过程与上文所举例的 ABS 基本相同，A 银行将其持有的房地产贷款债权进行打包，以这个资产包作为 CDO 的抵押品，A 银行会聘用评级公司对这些底层贷款资产进行评级，投资者可以投资这种 CDO 产品。通常情况下，评级越低的 CDO 的利率就会越高，这些

---

[1] 此处仅列举了一个最简单的例子，各类金融机构在开展固定收益业务时有各种交易结构，主要是由产品设计人员完成的，因此并非标准化的业务，也没有统一的模式。但大体上的交易原理与本案例类似。

评级低的 CDO 就被称为"次级抵押贷款证券产品"，次贷危机这个名称也由此而来。

投资 CDO 有两个问题：第一个是杠杆，第二个是 CDO 的流动性。

为了追求更高的投资回报率，投资 CDO 时需要放大杠杆。假设 CDO 的产品期限为 5 年，利率为 5%。如果不用杠杆，投资到期后这笔投资的年化回报率就是 5%。如果能够按照 4% 的成本借到钱，把杠杆放大到 20 倍，那么年化回报率就可以达到 25%。正是由于这个杠杆的放大导致 CDO 资产一旦有减值损失的迹象，就会直接把本金亏光。

还有一个问题是流动性导致的。由于金融机构能借到的钱大部分都是短期的，而且只有借短期的钱参与 CDO 投资才划算（一般情况下，金融机构之间拆借的钱是期限越短，利率越低）。另一方面，在借不到钱的情况下，还有另外一个选择就是卖掉 CDO，偿还借款，降低投资的杠杆倍数。但是，CDO 的交易对手基本上都是金融机构，交易金额很大，交易笔数很低，因此，CDO 的流动性很差，想卖出时会发现市场上并没有人接盘。同样，金融机构之间的拆借利率也会间歇性走高，这些都导致这个沙滩城堡完全经不起风浪。

事实上，美国的房地产泡沫早在 2005 年就已经开始破灭[1]。伴随着房地产价格下降，买房子的人开始不偿还贷款，这就导致 CDO 内的资产开始变坏。贝尔斯登旗下的两只基金都是主要投资 CDO 的，由于抵

---

[1] 主要表现是新屋开工数量从2005年开始急速下降。整体的传导过程是，新屋开工数量下降→房价下降→购买意愿下降→房价下降→房地产市值低于贷款偿还额→个人房地产债务违约→CDO资产质量下降→金融机构融资利率走高→金融机构流动性消失→金融机构破产。

押贷款市场的行情不景气，这两只基金没有足够的流动性 ① 应对投资者赎回。这两只基金在 2007 年 8 月 1 日关闭，导致投资人总计损失了 15 亿美元。而贝尔斯登自身也持有大量的 CDO。在贝尔斯登发生危机之后，各家金融机构都迅速将贝尔斯登列入黑名单，不向其拆借资金，这家巨头就这样轰然倒下。

业界主要把 2008 年金融危机的原因归结于 CDO 这个金融产品，但其实 CDO 不过是金融机构们参与房地产市场投机的一种形式。最本质的原因仍然是人性贪婪导致的疯狂的房地产投机泡沫。当底层资产泡沫破灭之后，凡是参与这个游戏的人都难逃厄运。

对于这个先天具有缺陷的商业模式，也有正面的案例，那就是伯克希尔·哈撒韦。伯克希尔·哈撒韦是巴菲特掌舵的企业，巴菲特在应对卖出期权式业务时从来都是保持谨慎的态度。伯克希尔的负债很重要的一部分来源于其保险公司产生的"浮存金"，投保人会向保险公司缴纳保费，保险公司通过计算各种风险事件的概率来对保费进行定价。假设有只保险产品的投保人总计有 100 人，该保险主要是对投保人意外身故之后进行赔付，投保的金额为 1 万元，赔付金额为 10 万元。假定意外身故的概率为 5%，保险公司在收到保费 100 万元之后，有 5 个人陆陆续续身故了，总计的支出是 50 万元，最终该产品结束时保险公司获得的收益是 50 万元。但是这赔付的 50 万元并非一次性的支出，而是未来的不确定支出，保险公司获得的这 100 万元现金相当于无息负债，这就是巴菲特所说的"浮存金"。巴菲特利用这些"浮存金"去参与股票及债券市场的

---

① 金融产品管理的其中一个方面就是流动性管理。具体以贝尔斯登的CDO产品来看，其负债端即客户委托资金，其资产端即CDO。而产品是开放式的，即意味着客户是可以赎回其持有的基金份额的。为了应对赎回，通常情况下金融产品管理者并不会将基金资产持有100%的CDO，而是配置成大部分CDO，少部分现金。现金的作用，就是为了应对投资者赎回。

投资。相比于有息负债，这种"浮存金"方式的风险极低，这也是铸就了伯克希尔辉煌业绩的一个重要原因。

商业模式构建不完整

在上一章中，我们对商业模式四要素进行了阐述，商业模式的四要素包括：客户在哪、提供什么服务、如何收费和竞争力（如何限制他人从事该业务）。这当中任何一个要素出现了问题都会导致企业出现问题。

1. 客户定位不清晰

商业最终的目的都是为人服务，没有挖掘出人的需求，自然不知道客户在哪。马斯洛需求模型对人类的整体需求做了总览概括，如果我们发现商业模式违反了马斯洛需求模型，那么我们需要保持警惕。商业模式只能顺应人心，不能跟人心对抗。前文提及的预调鸡尾酒就是不知道客户在哪的案例。

同样，国内的婴幼儿奶粉及用品产业也是一个没搞清楚自己客户在哪的典型案例。近几年，中国消费者的婴幼儿用品的相当比例都是通过各种各样的渠道去海外购买而来的，包括奶粉、奶瓶、纸尿裤、护肤品等。马斯洛需求模型的第二层次需求就是人类有追求安全的需要，国内的这些产品恰好给不了消费者安全感。所以，我们看到，虽然国家已经放宽生育政策，加上居民收入也强劲提升，这两项因素已经形成了强劲的需求扩张，但是观察这些产业内部的企业时，我们会发现这些企业过得并不好。最根本的原因就是这些企业搞不清楚客户的需求，客户最大的需求就是需要安全的产品，价格倒成了其次。

2. 产品或服务不清晰

在分析清楚客户需求之后，企业需要有能力去生产出满足客户需求的产品或者服务，这也是企业的使命。一个好的互联网产品，其提供的价值是非常清楚的。比如微博就是用来了解新鲜八卦的，微信就是用来聊天和分享各种想法的，知乎就是用来找我不懂的问题的答案的，美图秀秀就是用来修照片的，饿了么就是用来叫餐的，滴滴就是用来打车的，摩拜就是用来骑车的。

但是，有些产品就是搞不清楚究竟是拿来做什么的，几年前有个创业团队曾经推出了一个管理大学课程的APP，通过这个APP可以导入自己本学期的课程表，安排自己的时间，团队CEO对该产品的定位是"泡妞"。令人大跌眼镜的是，即便是这样一个定位完全不知是什么的产品却仍然得到了互联网巨头的投资，而且投资规模对于创业团队来讲并不算小。截止到2018年底，笔者并未看到这个产品的普及。最根本的原因在于，产品定位不清晰。这个APP能否在将来崭露头角仍未可知，但是可知的是如果它能够广泛传播，其所提供的功能一定是清晰的。

通用电气是一家从事多元化业务的制造企业，它的产品从信用卡到飞机引擎，甚为广泛。杰克·韦尔奇在《赢》一书中写道：

> 1981年，我成为GE（通用电气）的CEO，随后发起了一项声势浩大的运动："我们要在每个业务领域都成为数一数二的领导者，要修整、出售甚至关闭现有的落后业务。"

在这样的战略指导之下，通用电气逐步退出了那些诸如电视机、小家电、空调和煤炭等竞争激烈、已经沦为商品化的行业，而是将资源投向了新能源、医疗、飞机引擎等新技术产品的开发。这个战略成就了其辉煌的业绩。

3. 无法收费

企业不是慈善机构，它必须具备产生现金流的能力。如果无法收费，企业就不得不靠外部输血，这样的情况在创业初期比较普遍，但如果一直持续下去，企业是无法生存的。

消费者是否愿意为某种产品或者服务买单总计有两点原因：第一，产品是否满足了需求。如果一个产品或者服务根本无法满足消费者的需求，消费者肯定是拒绝买单的。当消费者去餐厅吃饭的时候，消费者发现餐厅的菜里有活体虫子，消费者会拒绝买单，因为产品根本没有满足他的需求。同样，和尚不会为一把普通的梳子买单，但他可能会为一把古老的梳子买单，因为如果他有收藏爱好，那这把梳子就满足了他收藏的需求。如果消费者十分渴望得到这个产品，那么他就会慷慨地掏腰包。

第二，在满足需求的基础上，消费者是否买单则取决于产品的供给量是否充足。价格一定是对短缺物品才能够形成的，空气对消费者至关重要，但是空气的供给量无限大，所以空气是免费的。瓶装水出现之前，除了小部分干旱地区外，水资源的供给量也接近无限大，没有人会为水买单。但是，瓶装水满足了消费者可以就近便捷地获得清洁水源的需求，加之其供给量有限，所以，消费者愿意为瓶装水买单。

供给量的多少与产业供给侧的竞争情况有关。从媒体资讯这个产业的发展历程我们就可以看清楚，曾经报纸产业是一个利基市场。消费者到报刊亭用 1 元钱购买一份报纸，获得今天的新闻，从边际成本角度分析，报纸文章的边际成本几乎为 0，假设记者的工资是 8000 元 / 月，他每月的任务是完成 20 篇新闻，则每篇新闻的成本为 400 元。假设每一份报纸有 50 篇新闻，报纸的发行量是 100 万份，则平均到每一份报纸上的新闻成本为 2 分钱。消费者支付的那 1 元钱主要是报纸的印刷和运输成本，印刷和运输成本不会因为报纸发行量的增加而下降。因此，在这个产业内没有供应商敢把价格定在 1 元钱以下，因为那样会无法支付印刷和运输成本。

但是互联网普及后就完全颠覆了报纸的边际成本构成。复制一个网页的边际成本几乎为0，一篇文章的边际成本也几乎为0。所以，互联网产业的供给者价格不可能维持在1元钱点击一次。激烈的竞争之下，一定会把价格压低到0，价格之所以为0，原因在于边际成本几乎为0。迄今，门户网站已经成为过去式，笔者依旧记得在学生时代每天打开电脑浏览新浪网新闻的时光，目前几乎没有网民继续保持这个习惯了。无论是移动终端提供的服务，或者其他方式提供的服务，如果这个服务无法限制其他的竞争者进入，那么最终的结果就是，价格会围绕产品的边际成本上下波动。这也是互联网公司很难找到收费模式，进而赚钱的重要原因。

所以问题的本质归结于两点：第一，产品满足消费者需求了吗？第二，其他的供给者是否能进入这个产业？

史玉柱在对产品的收费模式上曾经下过大功夫。在他二次创业时（做脑白金），他曾带领他的团队到公园与老人聊天，发现脑白金这个产品虽然深受老年人的喜爱，但是老年人不想买，因为舍不得花钱。"所以根据这种情况，我们就觉得，要卖脑白金，不能跟老头老太太说话，要跟他的儿子或者女儿说话。跟老头老太太说没有用。"[①] 这个产品后来主打的"送爸妈"销售点就是这样产生的。

同样，史玉柱在为其网络优势寻找收费模式时，也是经过一番探索的。根据史玉柱的分析，史玉柱认为游戏主要是满足了人类"自尊"的需求，是马斯洛需求层次理论的第四个层次。因此，游戏的收费对象主要是对这些需要满足"自尊"的大号玩家收费，而其他免费玩家的主要作用是让游戏活跃及好玩。

4. 无法形成竞争力

在过度商品化的产业内，由于产品的差异性不大，竞争的结果就是

---

① 史玉柱. 史玉柱自述：我的营销心得[M]. 北京：同心出版社，2013:3.

产业的投资回报率围绕社会平均投资回报率上下波动。仅有供给吃紧的年份，产业才能获得超额收益。早期的苹果公司就处于这样尴尬的境地，虽然苹果公司是第一家开发可视化界面个人计算机的公司，但是它没办法限制微软和 IBM 这样的公司抢夺市场份额，因此其经营业绩一直乏力。乔布斯回归苹果公司之后，开发出了 iPhone 这样的产品，并通过纵向一体化的策略改变了产业结构，限制了其他开发商直接进入 iPhone 所构建的 iOS 生态系统，此举取得了巨大的成功。关于限制其他竞争者进入的策略，在护城河章节中有详细的阐述，不再重复。

模式复杂与前景不明

有些产业赚钱的方式很复杂，不是所有人都能够理解它们的产品是如何生产的，这点与投资者的能力圈有关系。有些产业则处于瞬息万变的环境中，客户可能今天喜欢这样的产品，第二天就改变了想法，投资者根本无法对其未来有一个准确的估计。巴菲特对于这两个问题的表述如下：

> 在经历 25 年企业管理与经营各种不同事业的岁月之后，查理跟我还是没能学会如何去解决难题，不过我们倒学会如何去避免难题，在这点上我们倒做得相当成功。我们专挑那种一尺的低栏，而避免碰到七尺的跳高。[①]

> 投资人必须谨记，你的投资成绩并非像奥运跳水比赛的评分方式，难度高低并不重要，你正确地投资一家简单易懂而竞争力持续的公司所得到的回报，与你辛苦地分析一家变化不断、复杂难懂的公司可以说是不相上下。[②]

① 引自：巴菲特致股东的信 1989，Warren Buffett. Berkshire Hathaway Inc. Shareholder Letters [EB/OL]（1990-03-02）[2018-10-06].https://berkshirehathaway.com/letters/1989.html.
② 引自：巴菲特致股东的信 1994，Warren Buffett. Berkshire Hathaway Inc. Shareholder Letters [EB/OL]（1995-03-07）[2018-10-06]. https://berkshirehathaway.com/letters/1994.html.

在一块动荡不安的土地之上，是不太可能建造一座固若金汤的城堡的，而具有这样稳定特质的企业却是持续创造高获利的关键。[①]

如果说我们有什么能力，那就是我们深知要在具备竞争优势的范围内，把事情尽量做好，以及明白可能的极限在哪里。而要预测在快速变化的产业中经营的公司，其长期的经营前景如何，很明显已超出我们能力范围，如果有人宣称有能力做类似的预测，且以公司的股价表现作为佐证，则我们一点也不会羡慕，更不会想要去仿效。相反，我们会回过头来坚持我们所了解的东西。如果不幸偏离轨道，那也一定是不小心，绝非慌张莽撞想要得到合理的解释。还好可以确信的是伯克希尔·哈撒韦永远有机会找到它能力范围内可以做的事。[②]

商业模式的复杂性和商业前景的明朗性都是因人而异的，因为每个人的能力圈不尽相同。对于酷爱时装的女性来讲，她们会很有把握地预测接下来会流行什么样的款式。而对于酷爱游戏的玩家来讲，他也会有把握预测一款游戏究竟会不会成为爆款。

警惕产业环境的恶化

外部因素指的是企业自身之外的因素，主要与企业所处的产业环境有关，包括企业的上下游、竞争者和替代品。

上游成本的上涨

如果企业无法将上游成本的上涨转移至下游，就会导致企业的利润降低，甚至亏损。火电产业就一直处于这样的尴尬局面中，当经济向好

---

① 引自：巴菲特致股东的信 1987，Warren Buffett. Berkshire Hathaway Inc. Shareholder Letters [EB/OL]（1988-02-29）[2018-10-06].https://berkshirehathaway.com/letters/1987.html.

② 引自：巴菲特致股东的信 1999，Warren Buffett. Berkshire Hathaway Inc. Shareholder Letters [EB/OL]（2000-03-01）[2018-10-06].https://berkshirehathaway.com/letters/1999.html.

时，煤炭的需求增加，就会导致煤炭的价格上涨。而煤炭作为火电厂的上游，火电厂的成本也会随之上涨。但火电的上网电价是由发改委统一制定的，火电厂不能自行决定上网电价。因此，火电产业很难将煤炭的价格上涨转嫁给下游的客户。于是，火电产业会出现一种奇怪的现象，经济强劲增长的背后，其盈利能力却下降了。例如，2008 年至 2010 年电力消费增速有一次强劲的增长，这是由经济刺激计划产生的需求扩张导致的。随后，伴随着经济的常态化，从 2010 年开始电力消费的增速开始下降。但 2008 年至 2010 年这段时期内大唐发电的毛利率却处于历史低位，而从 2010 年开始，大唐发电的毛利率才逐步提升。

再比如，阿胶作为中国特色的滋补品具有强大的文化影响力，目标客户定位于女性。我们不对这个产品的客观效果做评价[1]，但消费者渴望得到这种类型的产品，并认可东阿这个品牌的唯一性，因此消费者愿意支付高价格，这导致了阿胶产业很容易将上游的成本抬升转嫁至下游。例如 2000 年左右东阿阿胶的零售价格在 140 元 / 公斤[2] 左右，到了 2017 年东阿阿胶的零售价格大概在 4600 元 / 公斤左右[3]。毛驴存栏量的不断下降，直接导致了驴皮价格不断上涨，所以阿胶企业就将成本上涨的压力转移至下游了。

下游需求的消失

下游需求的消失有多种原因，如 S 曲线渗透率到顶、技术进步导致替代品出现、消费文化的改变、流行趋势过气等，都有可能导致下游需求的消失。

我们考虑这样一个模型，假设经济体内总计有 100 人和一家生产汽

---

[1] 阿胶补血的效果究竟如何，是一个较大的风险点。
[2] 丁立威, 丁乡. 驴皮资源趋紧 阿胶价格攀升[N]. 中国中医药报, 2004-05-26(023).
[3] 徐婷婷. 阿胶价格疯涨 驴皮稀有难求[N]. 健康时报, 2017-3-31(023).

车的厂家。那么，汽车厂商第一年生产 2 台汽车，市场的需求量总计为 100 台，供给量为 2 台，按照供求模型，汽车的价格会很贵，而且销售得也很快。这也是很多耐用品行业初期非常赚钱的一个重要原因。诸如电视行业初期、空调行业初期都是如此。第二年，厂家发现生产 2 台汽车完全无法满足需求，决定扩张产能，将去年所获得的利润再投入，新增了生产线，最终达到了每年能够生产 4 辆汽车的能力，此时经济体内的需求量为 98 台，汽车厂商仍然赚得盆满钵满。汽车厂商就这样不断地卖汽车，赚了钱就扩张产能，我们假设汽车厂商的产能从第二年开始每年以 30% 的速度增长，那么我们分析的产能需求如表 9-3 所示。

表9-3 耐用品市场渗透率模型测算表

时期	产能/台	市场需求/台
第1年	2	98
第2年	4	94
第3年	5	89
第4年	7	82
第5年	9	73
第6年	11	62
第7年	15	47
第8年	19	28
第9年	25	3

我们观察这个表格，表格的第二列，市场需求＝总需求－已经实现的需求（对企业来讲就是累计销售量）。我们会发现，在第 9 年之前，市场的供给总是小于市场的需求。这时候的企业已经连续赚了 8 年，每年都赚得盆满钵满而忘乎所以。但到了第 9 年，市场的需求突然就坍缩了，小汽车的需求由 28 辆变为了 3 辆，而企业的产能仍然为 25 辆。企业一

下子就面临了产能过剩的局面，非常多的企业就是这样不知所措地轰然倒下。笔者称这个拐点为"需求断崖"，这是耐用品行业一个非常与众不同的特点，也是导致耐用品生产企业产能过剩的根本原因。

另外，除了 S 曲线问题之外，消费文化的改变和产品的过气也会导致需求的消失。比如伴随着对有些产品认识的提高，我们会意识到这些产品对健康是有害的，比如烟草。有些产品则是因为流行趋势的改变导致了需求的消失，餐饮业、服装业和咖啡业就深受这点影响。关于替代品竞争导致的需求消失接下来会进行讨论。

供给侧的扩张

产业的供给侧扩张会导致产业的产品或服务价格降低，产业的利润率降低。扩张有两种类型，分别是新进者进入产业引发的扩张和产业现有供应商的扩张，这两者产生的效果相同。

2007 年之前，由于城市建设需求增长强劲，带动了钢材需求持续增长。钢材的价格持续增长，钢材产业的主要生产企业毛利率也随之走高，整个行业一片繁荣乐观景象。[1]

钢铁产业具有比较高的门槛，包括资源、劳动力和资本都需要大量投入，因此，这个产业很少有新进者威胁。在连续 10 年的钢铁价格上涨、利润增长背景下，整个产业的企业开始不断地扩张产能。在当时的环境看来，这个产能的扩张也是十分有道理的，因为钢铁行业下游的房地产、机械、汽车都在强劲增长。

问题是钢铁业激烈竞争导致了所有企业同步扩张产能，产能扩张的速度大于需求增长的速度（证据是粗钢产能利用率不断下降）。因此，在充分竞争的产业领域内，众多企业的理性决策带来了整个产业向下游让

---

[1] 详见第四章中市场先生那一节引用的新闻。

利的结果。由于价格的极速调整，需求扩张的速度并不能弥补价格下降给产业带来的损失（证据是，钢铁业的销售收入虽然在增长，但利润却一直在下降）。

一个十分有意思的现象出现了，钢材的价格从 2010 年开始不断地下降，但是钢材的产量却不断地上升。钢铁业从 2010 年至 2014 年存在供给曲线失灵的情况。价格下降，利润率下降，但产量却反而上升。这是由企业决策导致的，企业想利用新增产能，通过以量补价的形式弥补投资损失，但最后事与愿违。投资要避开产品无差异、供给侧充分竞争的领域，即便是这些产业有些年份或许会由于短暂的产业供小于求带来盈利。

钢铁产业作为工业的基础性产业，在各国的发展轨迹基本相同，由于铁路、基建、房地产、汽车工业等都是工业化过程的主要工业部门，人均钢材的生产量可以作为一个渗透率指标来衡量钢铁行业的渗透率。美国的经验显示，伴随着工业化进程的加速，钢铁的人均产量迅速上升。但钢铁产业的耐用品属性会遇到需求断崖，导致了产量长期下降。我国的钢铁产量已经达到了美国顶峰时期的产量水平（1950 年至 1970 年之间）600 吨 / 千人[①]。人均粗钢量增长已经进入了 S 曲线的最后一段区间，未来要快速增长不大可能。

替代品加剧竞争

最初，替代品的性价比不如成熟产品，这导致了大部分企业在战略上判断不应该进入替代品领域。然而，随着时间推移，替代品的技术不断进步，最终能够和成熟产品进行竞争，企业陷入创新者窘境（详见第八章中关于信息技术产业部分的讨论）。

---

① 这是这段时间内美国的大公司中有很多钢铁公司的身影的原因。

　　新产品的出现，导致了旧产品的需求完全消失。同时，掌握新产品技术的公司成功逾越了 S 曲线和耐用品市场需求断崖。前文中提及的英特尔由存储芯片向 CPU 的逾越、小天鹅从双缸洗衣机向全自动波轮再向滚筒洗衣机的逾越都是类似的。在产业内部发生的这种替代品竞争，总会有产业内部的公司抓住机会。但当创新是从产业外部发起时，产业内部的企业就会措手不及。

　　我们看到的是，手机从 2007 年至 2011 年这段时间开始对固定电话发起替代，固定电话的市场渗透率开始掉头向下，手机的性价比相对固定电话是不言而喻的。在此之前，两者的市场渗透率是同步上升的。与大多数替代品刚诞生的情况一样，最初的手机价格贵，手机的通话费也贵。彼时手机的便利优势，还不足以让消费者直接扔掉固定电话。但是从 2007 年开始，手机的渗透率逐步增长，而固定电话的渗透率却掉头向下，原因就在于手机的性价比开始凸显其优势，如图 9-1 所示。

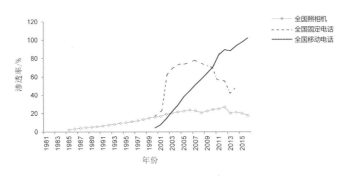

图9-1　手机、固定电话、照相机的市场渗透率[①]

　　同样，智能手机从 2011 年至 2016 年这段时间开始对照相机进行替

---

① 数据来源：中经网统计数据库。

代。在智能手机出现之前，普通的诺基亚手机也有照相功能，但是当时的手机像素非常低，诺基亚手机对相机的替代效果并不明显。因此，在那段时间里照相机的渗透率仍然处于缓慢上升的趋势中。智能手机革命之后，手机的像素大大地提高了，现在除了专业的摄影师和摄影发烧友之外，很少有人愿意背着一个巨大的相机出行了。

由此可知，发生在产业外部的这种创新替代，对于产业的打击往往是毁灭性的。

小心企业内部的那些"坑"

公司发生问题，除了商业模式因素、外部环境因素导致的之外，很大一部分的因素是公司自身的管理因素。

产品问题

很多企业都是由于产品安全和严重的质量问题最终走向了穷途末路。我国的典型案例有白酒塑化剂事件、三聚氰胺奶粉事件、鱼腥草注射剂事件，外国的典型案例有汽车设计缺陷事件、电力公司的冷却水污染事件等。

这类事件给投资者的教训很多，在具体分析一家公司时，需要仔细检查它提供的产品或者服务是否会存在这样的问题。具体的投资实践中，向行业内部人士请教是一个行之有效的做法。通常情况下，业内人士知晓行业的一些"潜规则"。这些信息在公开的分析报告、上市公司的公告中都很难见到，因为一旦媒体报道类似事件，会立马引起市场的反应。

笔者在研究乳制品产业时曾与不少业内人士有过交流，对于奶农向生奶中掺三聚氰胺这类物质有过了解，目前的奶业在这方面控制得很好。但问题在于，消费者是否清楚事实，他们仍然认为奶粉还是买进口的比较放心。

其次是实地调研。就是去实地看企业的车间、仓库，了解企业的品质管理。以水龙头为例，一个品牌水龙头的价格经常会达到 600 元，对于消费者来讲，这是一件很难理解的事情。60 元与 600 元的水龙头究竟有什么差别？在实地调研某工厂后，笔者发现贵就是有贵的道理。从材料上来讲，纯铜材料就是要贵些。这个行业内有个别厂商以次充好，比如用铝质水龙头灌入水泥后增加重量冒充铜。实地调研的项目最容易理解的是材料，除此之外更为重要的是产品精度和安全。欧美对水龙头析出物的检测标准可以说是达到了严苛的程度，因为水龙头长期浸泡在水中，如果软管、金属这些材质不达标最终会析出有害物。笔者在这家工厂看到了 70 多项有害物检测标准，实验室人员忙碌地在检测各项指标。这些信息，如果没有实地调研是难以获得的。因此，对于一笔重要的投资，实地调研必不可少。

管理层问题

第一，经营层与股东之间有实质矛盾。由股东大会选举董事会，由董事会聘任经营管理层，这是现代企业治理结构的通行做法。有些公司的经营管理层是公司的灵魂人物，比如乔布斯。乔布斯被解聘之后对苹果公司的打击非常大。国内的上市公司也有类似的情况，特别是对于新进的股东。通常情况下，新进的股东会利用各种方式换掉原来的管理层，如果原有管理层是兢兢业业且对业务精通的，这是一个相当大的损失。对于经营层、股东之间的矛盾，投资者唯一能够做的就是在这些矛盾尚未得到有效处理之前尽量避开。除非投资者本身就有足够的股权，亲自主导董事会的绝对话语权。

第二，经营管理层对不该创新的领域进行创新。对于有些类型的产品，消费者之所以选择该产品就是因为产品本身具有"熟悉的味道"，一旦这种"熟悉的味道"已经根深蒂固，企业的管理层就不能对这种类型的产品"瞎折腾"。假设茅台的管理层宣布更换茅台的生产技术，酿造新茅台，后果可想而知。

第三，经营管理层道德极差。我们之前提及的所有负面清单大多是客观原因或者管理层无能，但是如果管理层主观上有财务造假、触犯法律、贱卖上市公司资产、职务犯罪等行为，这家公司就不能投资。在具体的投资过程中，可以去查询中国裁判文书网、中国知网的报纸检索系统、企业历年的年度报告等，去弄清楚企业是否涉及诉讼、监管处罚、媒体负面报道等。

财务造假的企业肯定会在其财务报表上留下蛛丝马迹，这些蛛丝马迹大多都是违反常识的。但辉山乳业的财务造假手段是远超出同行的利润率。而要找到其造假的证据，难度是极大的，成本也相对很高，并不适合个人投资者。在投资实践中，我们需要对企业财务报告的异常现象多留个心眼，比如利润率远超同行、营业收入连续高速增长、大额的资本化支出、应收账款长期挂账、现金流情况与营业收入和利润匹配度低、产品销售单价或者成本与同行有明显差别、存在实际控制供应商或者客户的情况、存货商誉等资产具有明显减值迹象却未足额计提损失、担保或隐匿性负债等，谨记不要去碰资产负债率高的企业。而对于这种财务造假企业的识别，并无他法，唯有多看、多研究，最终形成对不同行业的财务指标的大概范围的判断。

投资并购问题

企业如果想进入不熟悉的领域，可以通过自主出资设立或者收购方式进入。进入不熟悉的领域对经营管理层的挑战极大，所谓隔行如隔山，但是很多公司的管理层对这件事有瘾。近年来，A股中企业并购后失败的案例比比皆是，很多并购看似赚钱，其实最终被并购方根本无法完成承诺业绩，不得不卖出股票兑付业绩承诺，股票价格也受到了影响。更有甚者，有些被并购方干脆做起了老赖，业绩承诺不达标，导致并购了的上市公司商誉减值承担巨额损失。

巴菲特对企业频繁收购的表述如下：

> 投资人永远可以以蟾蜍的价格买到蟾蜍，而若投资人愿意用双倍的代价资助公主去亲吻蟾蜍的话，最好保佑奇迹会发生，许多公主依然坚信她们的吻有使蟾蜍变成王子的魔力，即使在她的后院早已养满了一大堆的蟾蜍。

值得注意的是，对于拥有特许权的企业管理层来讲，想要抵制这个诱惑是有难度的。拥有特许权的企业可以凭借其主营业务产生大量现金，而且这个特许权事业并不需要继续投入资金，这就会导致企业大量的现金躺在其资产负债表上。这是很考验人性的，因为人往往见不得这么多钱躺在账上。禁不住诱惑的管理层就会利用这些资金去收购一些自己并不熟悉的资产，而大多数的情况下，这些新收购进来的资产并没有"特许权"性质，相当平庸。

巴菲特在其 2004 年致股东的信中有如下的表述：

> 去年是我没有做好分内的工作，我本来希望能够谈成几个数十亿美元的并购案，好让我们能够再增加稳定的盈余创造能力，可惜我一事无成，此外我也找不到什么股票可以买，就这样到年底伯克希尔的账上累积了高达430亿美元的现金及等价物，真伤脑筋，明年查理跟我会更努力地将这些闲置资金转化为较吸引人的资产，不过我们实在是不敢打包票。

巴菲特能够在账上放 430 亿美元的现金，试想：如果换作是其他 CEO，会如何向董事会交代？巴菲特之所以能够做到，一方面是因为其在伯克希尔占有大量的股份，没人能将他赶下台。而最根本的原因是他能够经得住诱惑。巴菲特清楚地知道，不熟悉、没有前景的领域不能投资。对大部分的企业管理层来讲，他们并不具备巴菲特所具备的这两项优势：第一，大部分的管理层经不住诱惑，而且过度自信；第二，董事会认为管理层如果有大笔现金躺在账上是管理层无能的表现，管理层是有"花钱"压力的。笔者认为，在主营业务不需要继续投入资金、大量的现金躺在账上的情况下，最好的处置方法是回购自己公司的股份或者进行现金分红。

投资实践中，我们需要去细查每年企业的现金流量表中的投资活动现金流出部分都最终流向了哪里，其投资活动现金流出形成了什么样的资产，这些资产为后来企业的利润贡献有多大。这是评估企业管理层能力的一个重要方法。

第10章　　合理的价格：买好的不如买得好

> 安全边际总是取决于付出的价格。它在某个价格会很
> 大，在其他一些价格会很小，而价格更高时，它便不复存在。
>
> ——本杰明·格雷厄姆

我们从市场的本质这个问题出发，谈到了商业的本质，什么样的商业是好生意、什么样的商业是差劲的生意。现在，我们又回到了我们的出发点——价格这个问题上，因为价格是所有问题的落脚点。想要做投资，最终就是评估出一个能够接受的价格，如果市场先生给出的价格低于这个能够接受的价格，那是非常值得高兴的事情。

估计未来营业收入及IRR

所有的生意最根本的就是营业收入，没有营业收入的生意都是空谈。因此，我们对一家公司价值评估的出发点也是准确估计其营业收入。能否准确估计营业收入，与投资者的能力圈及商业模式的稳定性都有关系。越是熟悉的领域，对这个领域把握也就越准确；同时，商业模式越稳定，则对未来营业收入的估计也就越准确。

我们在分析企业的过程中，第一步是分析企业所处的产业链及产业竞争情况，看企业在这个产业链中所处的位置及竞争力。第二步是分析企业是否具有特许权。分析出这个，我们就清楚企业未来要提升销售收入主要依靠的是提价策略还是销量策略。第三步是分析企业的管理层和销售团队的能力，这是除了产业结构之外，企业主观能动性的发挥空间。第四步是筛查我们提出的负面清单，看看企业是否处于这些负面清单之

内。第五步是根据基本的假设去预测企业未来的营业收入。第六步是根据预测的营业收入估计企业未来的现金流，计算出投资企业的合理价格或者 IRR。想要得到准确的 IRR，应该以相对准确地估计企业未来的经营状况为前提。如果对企业未来经营状况的估计有较大偏差，那么我们计算出的 IRR 也是不准的，不能作为投资依据。

IRR 的计算是这样的，假设我们作为公司的收购者，要将公司全部买下来，所需付出的对价就是公司的总市值。那么，公司的总市值就是第一期现金流出。我们收购整个公司之后，能够得到接下来公司运营后产生的现金净额，即公司未来的现金流，以此作为流入。这样，我们能够构建一个系列现金流管控模式，测算后得出的 IRR 就是我们投资的 IRR。

在实际投资过程中，一定要仔细研究投资对象的每个问题，并将分析的结果记录下来。因为每过一段时间之后，我们会对商业模式或者估值问题有更深的理解。这些记录在我们回过头去看自己当时的想法和逻辑时，对拓展我们的能力圈很有帮助。

以丽江旅游为案例，进行营业收入的预测。

背景介绍

丽江旅游主要有 4 个板块的业务。其 2016 年总收入为 7.8 亿元：索道运输收入 4.5 亿元，占比 57%；印象演出收入 1.6 亿元，占比 21%；酒店经营收入 1 亿元，占比 12%；餐饮服务收入 0.2 亿元占比 3%。[①] 其中索道运输主要是公司经营的玉龙雪山上的三条索道，供游客观光使用。酒店业务是丽江旅游自己投入资金建设的，主要提供住宿和餐饮服务。印象演出指的是丽江旅游推出的舞台剧，通过销售门票实现收入。

---

① 此处占比总和并非100%，因为会计上并不能严格按照业务分类，存在内部交易抵销等情况。

整体上看，丽江游客数与全国游客数相关，玉龙雪山三条索道的游客数与丽江游客数相关。由于人均收入提高，中国的旅游业正处于爆发期。旅游业作为可选消费品，其整个行业与人均收入正相关性很强。

索道板块：无竞争对手。上市公司的实际控制人（丽江玉龙雪山旅游开发有限责任公司）与上市公司有反不正当竞争协议，丽江玉龙雪山旅游开发有限责任公司不会再新建索道。另外，新建索道需要经过建设部审批，且索道建设对自然景观具有破坏性，审批难度很大。

酒店板块：酒店业的竞争情况近几年有所好转，但可以预见的是，伴随着民宿快速发展，该产业仍然很难获得超额回报。从资本回报率的角度分析，公司管理层在未来应该停止加大对酒店的投资。

演艺板块：由于演艺事业的市场护城河较低，演艺板块收入下降，从现金流的角度考虑，演艺事业在未来不会继续消耗现金，仅是收入的下降。

总体上讲，索道板块的商业前景稳定，并可伴随人均收入的增长而持续增长。由于市场竞争，酒店板块的长期回报率会低于平均资本回报率。演艺事业会逐步萎缩，其商业前景取决于管理层能否开发出更好的演艺产品。

基本假设及现金流预测

1. 索道板块

第一，索道平均每 10 年需要改造一次，玉龙雪山的索道改造支出为 1 亿元，云杉坪索道改造支出为 5000 万元，牦牛坪索道改造支出为 3000 万元，则摊销至每年的资本化支出为 1800 万元，基本与索道的折旧相抵销（依据是历史上历次对索道的改造及投资，丽江旅游在 2004 年出资 2166 万元收购丽江牦牛坪旅游索道有限公司 60% 的股权，2007 年云杉坪索道改造投资额为 3196.87 万元，2010 年玉龙雪山索道改造工程投资额为 8845 万元）。

第二，索道接待客源与每年全国出游人数的增长情况高度相关。未来 5 年按照年化 9% 的幅度增长，第 5 年至第 10 年下降至 5%。第 10 年后，增长率下降为 3%。再之后零增长（这个假设相对保守，2006 年至 2016 年全国游客增长速度为 9.04%，2011 年至 2016 年索道游客的增长率为 8.41%，丽江旅游 2016 年的游客接待数是 401 万人，按照这个速度的假设，我们期待的是到 2026 年，丽江旅游每年接待游客数会达到 760 万人）。

第三，玉龙雪山索道最大接待人数为 285 万人，云杉坪索道最大年接待量为 380 万人、牦牛坪索道最大接待人数为 96 万人。索道供给侧为最大运营能力，但可以通过改造扩张产能。与其他索道对比，最需要扩张的是玉龙雪山索道，假设其扩张的最大运力会达到 380 万人 / 年。

第四，票价每年以 3.5% 的速度提价（近 15 年票价增速 5.91%，近 10 年的票价增速是 3.36%）。

第五，来丽江的人数中有 11% 会坐索道（根据历史的拟合结果进行估计）。

第六，从 2048 年开始，按照永续年金 15% 的折现率折现。

2. 酒店板块

预计未来每年造成现金损失 5000 万元（因为酒店市场的强烈竞争，这个假设是在不继续新建酒店的前提下做出的，如果公司未来继续新建酒店，这个现金损失金额会扩大）。

3. 演艺板块

预计未来 5 年内以 30% 的速度下降。至 2021 年，该板块不再产生现金收入。

基于这些假设，对丽江旅游的财务预测结果如表 10-1 所示。

表10-1 丽江旅游未来现金流的估计

年份	索道现金流	酒店现金流	演艺现金流	总现金流
2015	2.87	−0.60	0.33	2.60
2016	3.13	−0.50	0.23	2.86
2017	3.53	−0.50	0.16	3.19
2018	3.98	−0.50	0.11	3.60
2019	4.50	−0.50	0.08	4.07
2020	5.07	−0.50	0.05	4.63
2021	5.51	−0.50	—	5.01
2022	5.99	−0.50	—	5.49
2023	6.51	−0.50	—	6.01
2024	7.07	−0.50	—	6.57
2025	7.69	−0.50	—	7.19
2026	7.96	−0.50	—	7.46
2027	8.24	−0.50	—	7.74
2028	8.52	−0.50	—	8.02
2029	8.82	−0.50	—	8.32
2030	9.13	−0.50	—	8.63
2031	9.45	−0.50	—	8.95
2032	9.78	−0.50	—	9.28
2033	10.12	−0.50	—	9.62
2034	10.48	−0.50	—	9.98
2035	10.84	−0.50	—	10.34
2036	11.22	−0.50	—	10.72
2037	11.62	−0.50	—	11.12
2038	12.02	−0.50	—	11.52
2039	12.44	−0.50	—	11.94

续表

年份	索道现金流	酒店现金流	演艺现金流	总现金流
2040	12.88	−0.50	—	12.38
2041	13.33	−0.50	—	12.83
2042	13.80	−0.50	—	13.30
2043	14.28	−0.50	—	13.78
2044	14.78	−0.50	—	14.28
2045	15.30	−0.50	—	14.80
2046	15.83	−0.50	—	15.33
2047 年永续年金折现	105.53	−3.33	—	102.20

按照总市值 45 亿元，全部买下公司的现金流出是 45 亿元，得到的未来现金流如我们上表预测的总现金流，计算出 IRR=12.52%。

在估计未来营业收入和 IRR 需要注意的几个问题：

第一，我们在预测时做了很多假设，这些假设都是依据历史上确定的线性关系做出的，而当公司的经营状况发生重大变化之后，我们需要适当修正对公司的预期。假设丽江旅游在未来出售其酒店板块业务，并将索道产生的现金用于回购股票或者派发股利，那么对整体的 IRR 提高一定是有帮助的。相反，如果其继续投资酒店，加大消耗现金板块业务的投资则会降低企业价值。因此，我们要在投资的过程中定期检查公司的业务，看看公司的内涵价值是在增加还是减少，适当修正我们对现金流的预测。

第二，对于未来的预测仅是大体方向上的预测，并不可能有精确的预测结果。所以，在做出上述的假设时，我们需要进行最为保守的估计。如果一家公司在保守的估计下仍然能够产生超越市场平均收益率的 IRR，那么，我们就认为这家公司是值得投资的。

第三，并非所有企业的未来现金流都能够预测。这分两种情况，一种是客观上不可预测。这是由企业或者企业所处产业的特性决定的。有些是由于其商业模式不稳定或尚未构建完整；有些是由于产业的技术进步过快；有些是由于产业的需求侧不稳定，这些类型的企业都是无法预测其现金流的。另外一种是受限于能力圈，有些产业我们并不十分了解，没有掌握到影响产业的关键因素，我们也不能贸然对其未来进行预测。

完整的企业分析步骤

综合运用本书前几章所提及的各种方法，一个完整的企业分析有如下的几个步骤。

静态分析

根据前几章的内容，企业的静态分析框架总结如图 10-1 所示。

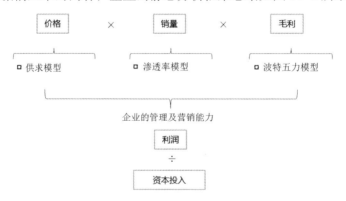

图10-1 企业的静态分析框架

其中，价格是由供求关系决定的。如果消费者渴望得到产品（需求刚性），且产业的供给被牢牢地掌握在一家或者少数几家企业手中，那么产品的价格就会飙升，企业的毛利率就非常高。

销量是由产品渗透率模型决定的，由 S 曲线决定产业的销量和寿命。同样，S 曲线会产生"创新者窘境"，成功逾越 S 曲线的企业也会斩获超额收益。产品渗透得快还是慢，由五个特性决定，分别是相对优势、兼容性、复杂性、可试验性和可观察性。

产业的毛利率是由波特五力模型决定的，分别体现在上下游议价能力、当前竞争、新进者威胁和替代品威胁。

最后是企业的主观能动性：董事长懂不懂业务，是否敬业，企业的销售能力如何。

动态分析

接下来是企业的动态评估过程，动态评估主要是面向企业的未来。第一是，企业在可展望的未来范围内，能否不断地抵抗入侵者对其入侵，这体现为企业的护城河是否足够深，如企业是否具有强势品牌、专利权、法定许可、客户转换成本、网络效应和利基市场这几种护城河类型。在可展望的未来，这些护城河将变得更深还是更浅。第二是，产业前景的稳定性及成长性如何。即这个产业的需求侧是否足够稳定，产业能否活得够久。

风险控制

风险控制包括了负面清单的筛查和 IRR 的计算。

我们以贵州茅台为例进行一个完整的案例分析。

贵州茅台投资分析

首先是茅台的行业分析。

行业分析

行业分析首先从茅台的产业链开始。

1.行业的产业链

具体包括：

1）上游

根据贵州茅台的 2017 年年报，其成本构成如表 10-2 所示。

表10-2 贵州茅台的成本构成

成本构成项目	本期金额/元	本期占总成本比例/%
直接材料	3,479,538,095.10	58.83
直接人工	1,766,002,997.44	29.86
制造费用	483,938,052.26	8.18
燃料及动力	185,183,581.99	3.13
合计	5,914,662,726.79	100

直接材料占成本的 58.83%。直接材料主要包括高粱、小麦和水。据贵州茅台的招股说明书显示，茅台酒的原料为高粱和小麦，高粱必须是贵州茅台镇或周边地区的优质糯高粱，小麦也以本地品种为主。对原料不仅要进行感官检查，还要进行物理和化学分析以确保质量。酿酒所用的水必须是符合卫生标准，满足饮用要求，无色透明、微甜爽口、溶解物少，不浑浊、煮沸后无沉淀的赤水河水。

其次是直接人工成本，占比 30% 左右，主要是酿酒工人的工资。

2）中游

中游主要是指对原料进行加工至成品酒的过程。

茅台酒的生产工艺流程分为制曲与制酒两道工序。茅台酒的制曲生产工艺大致是：用优质小麦为原料，破碎、加水、加母曲，经过踩曲后，培养与贮存一定的时间，最后磨成粉状，即可投入制酒生产。制酒的生产工艺是：用纯净小麦制成的高温大曲和高粱作为酿酒原料，经二次投料，九次蒸煮，八次摊凉、加曲、堆积，八次发酵，七次摘酒，分型贮存，勾兑出厂。茅台酒的生产时间是：端午踩曲、重阳投料，一月一个小周期，一年一个中周期，六年一个大周期。

茅台酒的高温制曲，是在每年端午节开始，重阳节结束。选择气温高、湿度大、空气中微生物的种类和数量多且活跃的炎热的夏天踩曲，曲块发酵温度较高，俗称高温大曲。它是我国首创的工艺。高温制曲对形成茅台酒独特的风格有重要的作用。

高温堆积发酵。高温堆积发酵是历代酒师在实践工作中总结出来的、有别于其他白酒酿制的独特工艺。因为高温制曲，曲药中仅存活耐高温的细菌，而酵母则几乎绝迹，采用与一般大曲酒类似的工艺则无法产酒，因此，为了弥补这一不足，历代工人在实践中摸索发明了"堆积发酵"这一工艺。在堆积发酵过程中，通过网罗、繁殖、筛选，各种适宜酿酒的微生物在品种、数量及其量比关系上趋于合理，实质上起二次制曲的作用。这不仅弥补了高温制曲的不足，而且增加了茅台酒的香味。

高温接酒。茅台酒的接酒温度在 40 ～ 50℃。高温接酒可以挥发部分对人体有刺激性的低沸点物质，同时增加香味物质。经过贮存后，酒的酱香更加突出，香味更加幽雅。

茅台酒的生产从投料到出商品酒约需经过六年时间：制曲及贮存一年，制酒生产一年，生产的"新酒"陈酿三年，勾兑后贮存一年。茅台酒经过陈酿，在贮存过程中发生一系列物理化学变化，风格更加突出。

茅台酒勾兑是保证茅台酒特有风格的重要一环，其中不加任何添加物，全部用不同酒龄、不同轮次、不同香型、不同酒度的半成品酒勾兑而成，是科学与艺术的完美结合。

3）下游

截至 2017 年底，茅台的国内经销商 2979 个，国外 104 个。前五名客户销售额 371553.92 万元，占年度销售总额 6.39%。（可对比 2000 年时，总计有分布全国各地的 300 多家经销商。最大的 5 家经销商的销售额约占本公司销售总额的 13%。经销商数量取得了较大幅度的增长。）

2. 波特五力模型

1）上游议价能力

据公开媒体的报道，2017 年的贵州茅台高粱收购价格为 7.2 元 / 公斤，2018 年为 8.2 元 / 公斤。据贵州农民发帖称，茅台的高粱收购价格从 2010 年至 2017 年一直维持在 7.2 元 / 公斤[①]。查阅相关资料，2017 年市场上公开的高粱价格为 2.84 元 / 公斤，进口高粱的到岸价格为 1.88 元 / 公斤[②]。茅台使用的高粱与普通高粱质量差异不大，价格不可能大幅度上涨。上游议价能力很弱。

2）下游议价能力

茅台是通过下游经销商进行销售的。经销商以出厂价向茅台酒厂拿货，再以零售价格向外销售，这中间的差价就是茅台经销商的利润空间。

其中，出厂价是茅台酒厂定的，零售价格是由市场的供求决定的。长期看，茅台的零售价格主要是由人均收入增长决定的。但是在不同的时期内，茅台的价格也会受到投机行为的影响，当市场预期茅台价格大幅的上涨时，经销商会大量囤货，导致茅台供应量减少，进一步导致价格上涨，形成泡沫（2010 年至 2011 年茅台的价格就有投机泡沫）。

茅台的特殊生产工艺，导致其产量很小。2017 年茅台酒基酒的产量为 4.28 万吨（8560 万瓶），系列酒的产量为 2.1 万吨。2017 年全国白酒的产量为 1200 万吨，茅台占比为 0.53%。

茅台酒有别于普通白酒，从投料到出厂需要 6 年的时间。2017 年，茅台酒的销量为 3 万吨，这些酒都是 2012 年生产的。我们利用 2006 年至 2011 年茅台年报公布的茅台酒及系列酒产量数据与 2011 年至 2016 年

---

① 徐慧，武媛媛. 否认压制粮农 茅台称已涨高粱收购价[N]. 北京商报，2018-02-01(004).
② 魏桥. 高粱价格或将保持上涨态势[N]. 新农村商报，2017-11-15(09).

茅台年报公布的成品酒销量进行拟合，解释力度可以达到 81.3%，如图 10-2 所示。

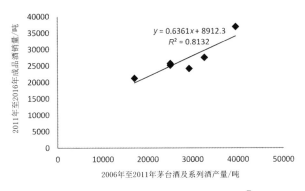

图10-2 滞后5年的产量与销量的关系[①]

按照城市居民人均 2 千克 / 年[②]的白酒购买量计算，茅台的市场渗透率仅为 1.84%。这个渗透率十分低，说明只有金字塔顶端的小部分富人才能够消费茅台。因此，茅台的零售价格会伴随着人均收入的增长而提升。

与此同时，茅台的价格也会因为人均收入的下降而下降。根据世界主要经济体的运行历史，一般只有在重大的经济危机、房地产泡沫破灭时才会导致人均收入的下降，这不是一个常态，但是也会间隔一段时间发生。这个是茅台酒零售价格下降的风险。

---

① 数据来源：茅台年报。
② 通过CEIC 数据库只能够查到截至2011 年底的城市居民人均白酒购买量数据，为2 千克/ 年。根据世界卫生组织提供的数据，2014 年的人均烈酒消费量为3.72 升/ 年（世界卫生组织统计口径为纯酒精），折算50 度白酒为人均7.44 升/ 年。世界卫生组织的数据比较接近人均白酒的产量数据，2017 年人均白酒产量为8.62 升/ 年。如果按照世界卫生组织的数据进行计算，茅台的渗透率为0.5%。

3）当前的竞争

白酒市场是典型的金字塔式市场，产品差异性强。因此，产业的供给侧分化，比如其他品牌的白酒就无法渗透茅台的客户群体。

4）新进者威胁

品牌白酒具有较深的护城河。首先体现在产品的口感上，因为酒的口感需要独特的自然环境和长期的工艺积累才能够提升。其次体现在消费者认同上，这也是需要长期的积累才能够实现的。最后体现在销售渠道上，在全国铺设销售渠道一样能形成进入壁垒。目前尚未发现有新进者威胁。

5）替代品

替代品主要是高端进口红酒及洋酒。根据胡润百富的《2013 中国高净值人群另类投资白皮书》，高净值人群酒类投资占总品类投资的 48%，其中葡萄酒投资占 39%，超过中国白酒。根据胡润的《至尚优品—中国千万富豪品牌倾向报告 2018》，其定义的高净值人群指的是拥有 1000 万元资产以上的人群，这部分人群是茅台消费的主要群体。富豪最青睐的是红酒，其次是白酒。因此，红酒在一定程度上会对茅台形成替代品冲击。但同样我们也看到，茅台的青睐度达到 45%，在送礼排行榜上居第五位，在送礼上并没有其他酒类品牌超过茅台。这足以证明的是，高端红酒的消费场景更多是个人收藏，而茅台的消费场景更多是在交际过程中使用。因此，这形成了不同的市场细分。

茅台的品牌普及程度远大于高端红酒，消费者对茅台的认识相对普及化，对红酒的认识相对个性化。因此，在饭局的场合消费茅台的场景大于高端红酒，私募投资人但斌有这样的表述："比方说今天晚上 10 个人吃饭，请红酒就 2000 元一瓶，还要说半天是哪产的，一人一瓶都不够，得 2 万多。但如果是茅台的话，10 个人 5 瓶，就 5000 元钱，便宜多了。"

综上所述，虽然这个替代性威胁存在，但不是特别严重。不过我们也不能掉以轻心，应该持续关注茅台与其他高端品牌酒类的竞争结果。

护城河评估

1. 事业类型

事业类型的特征如表 10-3 所示。

表10-3 事业类型特征

事业类型	特 征
强特许权事业	1. 能轻松提价而不担心市场占有率或销量大幅下滑 2. 营业额在只需追加少量资本支出，且不需要特殊管理技能的情况下就能大幅增长。
弱特许权事业	1. 逐步提价，市场占有率或销量稳定 2. 营业额在只需追加少量资本支出，且不需要特殊管理技能的情况下就能大幅增长 3. 市场规模较强特许权事业窄
强一般事业	1. 产业内市场占有率及盈利能力第一 2. 形成强规模效应，竞争对手难以复制 3. 特殊管理技能发挥重要作用 4. 能够保留现金，无须频繁资本支出
弱一般事业	1. 产业竞争激烈，企业要不断追加资本支出以维持毛利 2. 产品同质化强，产业沦为商品化的产业 3. 管理技能是企业生存的关键

2. 产品服务定价权

茅台具有产品定价权。茅台的市场渗透率仅为 1.84%，茅台的独特酿造工艺导致其香型具有差异性，周总理等国家老一代领导人一直将茅台应用于外交和政务领域，这使茅台形成了强势的"国酒"品牌，这些原因决定了茅台具有定价权，消费者渴望得到茅台酒，因此，二级市场的供给严重小于需求，茅台的定价如图 10-3 所示。

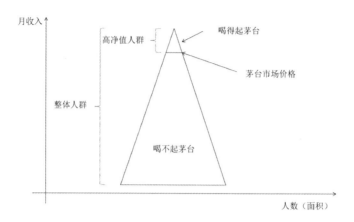

图10-3 茅台的定价示意

由于消费者渴望得到茅台,茅台的产量又无法满足所有的消费者需求,市场就会进行拍卖。好比艺术品的拍卖,一件艺术品由于它的供给不能扩大,就只能采用拍卖的形式,最终的结果就是价高者得。茅台的市场价格是消费者月收入的函数。[①]因此,只要消费者仍然渴望得到茅台、茅台的渗透率不大额提升,茅台酒厂就能够牢牢地掌握茅台定价权。

3. 商业前景成长性

茅台是一个双轮驱动策略。根据茅台的历史情况,茅台的营业收入增加既有销量的增长贡献,也有提价的贡献。

未来提价幅度。茅台的提价幅度与居民收入的提升有关,居民收入的提升则是经济增长的结果。在不发生重大经济危机、战争和动乱的前提下,未来10年内我国的GDP增速预计会维持在6%左右的水平。

未来产量增长的幅度。根据茅台2017年年报,茅台酒的设计产能是3.59万吨,实际产能是4.28万吨;系列酒的产能是1.77万吨,实际产

---

① 大多数供给侧无法扩张的产品的价格都满足这个特性。

能是 2.09 万吨。经过与茅台的证券事务代表核实，这是由于酿酒本身就不是一个标准化的产业，实际产能是一直高于设计产能的。

4. 资本支出及现金产生能力

茅台的现金产生能力是一个经典榜样（见图 10-4），如果有上市公司的现金流量表能够类似于茅台，那么它的商业模式一定具备护城河。

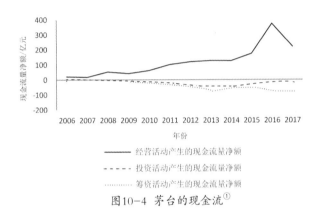

图10-4 茅台的现金流[①]

我们看到，近 10 年茅台的经营活动现金流量净额一直保持着强劲增长。投资活动现金流量净额和筹资活动现金流量净额一直处于很低的流出水平。投资活动现金流量净额中最主要的就是资本支出，资本支出的目的是形成固定资产，包括茅台的酿酒厂房、储酒、酿酒设备等。筹资活动现金流中主要是分红的流出。茅台的现金流情况与大部分企业具有明显不同，大部分企业的资本支出形成的固定资产并不能够有效地带来经营活动现金流入，或者即便是带来了现金流入也不得不继续投资；同时，大部分企业的筹资活动都会有财务费用支出，特别是资产负债率高的企业。而茅台资产负债表上的现金 / 总资产这个指标一直在提高。

---

① 数据来源：网易财经。

展望未来，如果茅台能够继续保持产能扩张，我们相信其固定资产会带来经营现金流，因为其渗透率十分低。但也有负面的影响因素，如果茅台的管理层将现金拿去收购一些与茅台主营业务不相关的其他资产，有可能会导致现金浪费，损害茅台的价值。

5. 销售团队实力

整体上讲，茅台对其经销商的把控能力很强。经销商必须先打款，茅台才发货，销售实力强劲。

6. 负面清单

按照本书第9章相关内容进行逐项检查，对照贵州茅台是否存在负面清单中所列举的情况，如表10-4所示。

表10-4 负面清单筛查

检查项目	解　释	是否适用
1. 企业产品质量、安全问题严重	产品严重质量问题，导致下游客户购买习惯彻底改变，导致了企业产生现金流的商业模式瓦解	否
2. 经营层与股东之间有实质矛盾	股权的纷争导致了企业核心管理层的离职	否
3. 商业环境、商业前景极度复杂或不明朗	行业的性质，决定了行业的模式处于瞬息万变的过程中，因此无法对企业未来10年的商业模式做出合理的估计	否
4. 商业模式构建不完整	商业模式的四要素包括：客户在哪、提供什么服务、如何收费和竞争力（如何限制他人从事该业务）。这当中任何一个要素出现了问题都会导致企业出现问题	否
5. 市场渗透率到顶	耐用品市场渗透率已经到顶，市场无法再扩大，传统的产品再也无法刺激下游的购买欲望，企业需要革新产品，但企业经营管理层并不能完成革新	否

续表

检查项目	解　释	是否适用
6. 市场投资人一致看好	大家都觉得前景很好，行业门槛较低，投资人很好找，企业无法形成护城河，导致企业前期估值很高，后期竞争激烈	否
7. 企业严重依赖特殊人力资源实现收入	企业必须借助核心专业人才，才能够实现运转和经营，但核心专业人才与企业股东并非同一人	否
8. 经营管理层职业道德极差	财务造假、管理层触犯法律	否
9. 上游成本涨价	企业无法将上游成本的抬升转移至下游，导致企业的利润降低或亏损	否
10. 未来产业供给侧扩张	产业的供给侧扩张会导致产业的产品或服务价格降低，产业的利润率降低。扩张有两个类型，包括新进者进入产业引发的扩张和产业现有供应商的扩张，这两者产生的效果相同	否
11. 有强势替代品	由于最初替代品的性价比不如成熟产品，企业从战略上判断不应该进入替代品领域。最终，随着时间的推移，替代品的技术不断进步，最终能够和成熟产品进行竞争，企业陷入"创新者窘境"	待持续跟进观察
12. 管理层频繁的并购失误	由于企业的主营事业出现各种问题，或者由于企业管理层错误的经营思路，企业管理层频繁介入自己不了解的领域，消耗股东的现金	否
13. 卖出期权式的商业模式	正常的企业生产模式是买入期权模式，在这种情况下，企业通过投资固定资产、无形资产、研发支出，形成类似于"期权费"的支出，以博取将来更高的收益。而有一部分企业则是完全相反的，通过持有某些资产形成利息收入，相当于收入了"期权费"，但当其持有的资产出现损失时，损失却是无限大的，特别是高杠杆的金融业非常具有这样的特征	否

续表

检查项目	解　释	是否适用
14. 管理层对不该创新的领域创新	对于有些类型的产品，消费者的选择就是因为产品本身具有"熟悉的味道"的属性，一旦这种"熟悉的味道"已经根深蒂固，企业的管理层不能对这种类型的产品"瞎折腾"	否

估值评估

1. 基本假设

任何的估值都需要做出基本假设，这些假设是站在当下出于保守的估计，未来也可能出现恶化或者表现超出预期。如果我们的假设发生了重大变化，则需要谨慎地对公司进行重新评估。

（1）人均可支配收入未来 10 年以 6% 速度增长，第 11 年至第 20 年为 4%，之后维持为 2%。这个假设与未来的经济增长有关，这个估计不保守也不冒进。

（2）茅台酒的销售量扩张，未来达到 4.8 万吨之后零增长——这个假设较为保守。我们仅按照目前茅台的实际产能加上茅台已经公告的产能建设计划进行计算。实际上，未来茅台仍然可以继续扩张其产能，而扩张的速度并不好估计。保守起见，在此假设零增长。

（3）茅台的出厂价和零售价维持同比例增长关系——这个假设是由历史规律得出的，在历史上看茅台的出厂价与零售价是线性关系。

（4）茅台的零售价格与人均可支配收入增长维持同比例增长关系——这也是历史规律，茅台的零售价格与人均可支配收入增长关系为：以 1993 年至 2017 年的数据计算，茅台零售价格 = 0.0377 × 人均可支配收入 + 53.269，解释力度为 67.4%。解释力度相对低是 2010 年至 2012 年的茅台零售价格，那是泡沫导致的。

（5）茅台酒占收入比维持在 94% 不变。根据 2011 年至 2017 年的数据计算，茅台酒的收入占公司整体营业收入的均值为 93.6%。这个比例改变的可能性不大，因为茅台系列酒是茅台酒酿造过程的产物，其比例相对固定。

（6）销售利润率维持 44% 不变——这个假设相对保守，茅台的销售利润率自 2006 年至 2017 年的历史数据均值为 46.8%，未来伴随着茅台的提价，其销售利润率很可能会继续走高。

（7）永续年金折现利率为 15%，此折现率很保守，事实上绝大多数机构在采用折现率时都是 7% 左右。因为 15% 几乎是社会平均资本回报率的 2 倍，但 15% 也是笔者投资所能够接受的最低回报率。

（8）2050 年后茅台净利润不增长，按照永续年金折现模型折现。

（9）资本支出与折旧在未来保持相当——这是一个较为保守的假设，当资本支出大于折旧时，净利润的失真性就更严重；反之，当资本支出小于折旧时，净利润的失真性就相对较低[1]。由于茅台的主要资产建设周期基本完成，其未来的折旧与资本支出大体相当，我们可以直接用茅台的净利润作为现金流进行计算。

按照这些假设，预测茅台的盈利如表 10–5 所示。

表10–5 茅台未来盈利预测表

年份	人均可支配收入/元	茅台酒零售价格/（元·瓶$^{-1}$）	茅台酒出厂价/（元·瓶$^{-1}$）	茅台酒销量/万吨	茅台酒销售收入/亿元	营业收入/亿元	净利润/亿元
2016	33616.25	1000	820	2.29	367.14	388.62	167.18
2017	35633.23	1400	820	3.02	495.37	582.18	270.79
2018	37771.22	1477.24	967.6	3.28	634.83	675.35	297.16
2019	40037.49	1562.68	1023.56	3.67	751.49	799.46	351.76
2020	42439.74	1653.25	1082.88	3.22	696.91	741.4	326.21

---

[1] 因为在会计上，净利润是扣掉折旧的，自由现金流则是扣掉资本支出的。折旧大于资本支出时，在不考虑其他因素下，净利润大于自由现金流。反之，净利润小于自由现金流。

续表

年份	人均可支配收入/元	茅台酒零售价格/（元·瓶⁻¹）	茅台酒出厂价/（元·瓶⁻¹）	茅台酒销量/万吨	茅台酒销售收入/亿元	营业收入/亿元	净利润/亿元
2021	44986.13	1749.25	1145.76	3.93	900.86	958.36	421.68
2022	47685.29	1851	1212.41	4.28	1038.52	1104.81	486.12
2023	50546.41	1958.87	1283.07	4.45	1142.66	1215.6	534.86
2024	53579.2	2073.2	1357.96	4.62	1255.53	1335.67	587.69
2025	56793.95	2194.4	1437.34	4.79	1377.79	1465.74	644.92
2026	60201.58	2322.87	1521.49	4.79	1458.47	1551.56	682.69
2027	62609.65	2413.65	1580.95	4.79	1515.47	1612.2	709.37
2028	65114.03	2508.07	1642.79	4.79	1574.75	1675.26	737.12
2029	67718.59	2606.26	1707.11	4.79	1636.4	1740.85	765.97
2030	70427.34	2708.38	1774	4.79	1700.52	1809.06	795.99
2031	73244.43	2814.58	1843.56	4.79	1767.2	1880	827.2
2032	76174.21	2925.04	1915.91	4.79	1836.55	1953.78	859.66
2033	79221.18	3039.91	1991.15	4.79	1908.68	2030.51	893.42
2034	82390.02	3159.37	2069.4	4.79	1983.69	2110.3	928.53
2035	85685.63	3283.62	2150.78	4.79	2061.7	2193.29	965.05
2036	89113.05	3412.83	2235.42	4.79	2142.83	2279.6	1003.02
2037	90895.31	3480.02	2279.43	4.79	2185.01	2324.48	1022.77
2038	92713.22	3548.56	2324.32	4.79	2228.04	2370.26	1042.91
2039	94567.48	3618.46	2370.11	4.79	2271.94	2416.95	1063.46
2040	96458.83	3689.77	2416.81	4.79	2316.71	2464.58	1084.42
2041	98388.01	3762.5	2464.45	4.79	2362.37	2513.16	1105.79
2042	100355.77	3836.68	2513.04	4.79	2408.95	2562.71	1127.59
2043	102362.88	3912.35	2562.6	4.79	2456.46	2613.26	1149.83
2044	104410.14	3989.53	2613.16	4.79	2504.92	2664.81	1172.52
2045	106498.34	4068.26	2664.72	4.79	2554.35	2717.39	1195.65
2046	108628.31	4148.56	2717.32	4.79	2604.77	2771.03	1219.25
2047	110800.88	4230.46	2770.97	4.79	2656.19	2825.74	1243.32
2048	113016.9	4314.01	2825.69	4.79	2708.65	2881.54	1267.88
2049	115277.23	4399.22	2881.51	4.79	2762.15	2938.46	1292.92
2050	117582.78	4486.14	2938.44	4.79	2816.73	2996.52	1318.47

续表

年份	人均可支配收入/元	茅台酒零售价格/（元·瓶⁻¹）	茅台酒出厂价/（元·瓶⁻¹）	茅台酒销量/万吨	茅台酒销售收入/亿元	营业收入/亿元	净利润/亿元
永续年金							8789.79

2. ROE-PB 模型

假设在未来，茅台的历年分红是净利润的 50%，则预测茅台的 ROE 如表 10-6 所示。

表10-6 茅台未来ROE预测表

年份	净利润/亿元	分红/亿元	所有者权益/亿元	ROE
2016	167.18	83.59	758.99	22.03%
2017	270.79	135.40	960.20	28.20%
2018	297.16	148.58	1108.77	26.80%
2019	351.76	175.88	1284.66	27.38%
2020	326.21	163.11	1447.76	22.53%
2021	421.68	210.84	1658.60	25.42%
2022	486.12	243.06	1901.66	25.56%
2023	534.86	267.43	2169.09	24.66%
2024	587.69	293.85	2462.94	23.86%
2025	644.92	322.46	2785.40	23.15%
2026	682.69	341.34	3126.74	21.83%
2027	709.37	354.68	3481.43	20.38%

投资要求年化回报率为15%，根据 ROE-PB 模型计算的 ΔPB=0.4654，按照目前 9.33 倍估值[1]，容忍 2027 年的 PB 估值为 4.34

---

① 本段分析写于2018年春。

倍。如果股价为 500 元时，*PB* 为 6.86 倍，容忍 2027 年的 *PB* 估值为 3.2 倍，这个估值很可能在接下来继续支撑 15% 以上的年化收益率。因此，根据 *ROE-PB* 模型，500 元是安全边际。

3. 现金流折现模型

直接以市值作为资金的流出，股价为 685 元时，利用现金流公式计算的 IRR 为 7.87%，当股价为 500 元时，计算的 IRR 是 10.2%[①]。

4. 反身性形成可能性

目前，茅台的二级市场价格已经开始触顶回落，未来如果整体市场情绪继续走坏，出现 500 元以下的价格，则会形成安全边际。

在茅台的这个分析案例中，我们综合了本书前文所提及的方法，对其进行系统的估计。从笔者的经验看，这个分析方法非常有效，在实际投资过程中，可以不断地积累自己的工作底稿，以此扩大能力圈。

---

① 我们在利用现金流计算IRR时，预测的未来现金流就是净利润。总市值作为第一期现金流出，从第一年开始的净利润作为现金流入，以此计算的IRR相对偏低。第一，这种计算方法没有考虑公司现有资产的变现价值，比如茅台账面上的现金高达878亿元。第二，这种方法没有考虑到未来市场的预期。

第11章　卖出时机：股神巴菲特的三种策略

> 论其有余不足，则知贵贱。贵上极则反贱，贱下极则
> 反贵。贵出如粪土，贱取如珠玉。财币欲其行如流水。
>
> ——《史记·货殖列传》

投资的本质是把目前的现金换成一项资产，这个资产可以在未来产出更多的现金，扣除掉通胀后，我们计算出 IRR。如果这个 IRR 超越了社会平均回报率，这笔投资就是成功的投资，反之则是失败的投资。

在投资的期初，我们利用本书前三部分的方法去合理地预测一笔投资的 IRR，会出现两种结果。第一种结果是预测错误。这可能是由对关键信息的疏忽、逻辑链条不成立、伪线性系统和概率空间发生突变造成的。结果就是企业的经营状况达不到我们的预期，或者企业的经营状况在最初阶段是按照我们预测的方向发展的，但是在受到了外部冲击或者恶劣的新任管理层冲击后，开始走下坡路。第二种结果是预测正确。在支付合理价格的前提下，加之我们预测准确，这将是一笔很好的投资。结果是，最开始时市场先生逐渐变得高兴，情绪开始逐步变为乐观，估值也一路走高，最后当市场先生狂喜的时候，会对公司给出很高的估值。在预测错误和市场先生狂喜这两种情形下，我们都需要进行卖出或者减持操作。

此外还有另外一种情形，市场整体估值过高引起系统性下跌，这种全面的下跌足以勾起人类大脑在漫长的进化过程中根深蒂固的逃跑思维，绝大多数的投资者会在这种思维方式的驱使下不顾一切地卖出，市场先生的情绪很低落，最后会把市场整体估值压低。我们在面临这种情况时，

需要区别对待。如果我们持有的公司基本面恶化，则要果断地在市场高位卖出；如果公司的基本面并未受到影响，公司的商业前景依旧稳定，那么在这样的情况下是加仓的好机会。

我们搜集了 1977 年至 2016 年巴菲特历年披露的位居市值前 10 名的普通股投资数据，总计涉及 80 只股票，巴菲特在这 80 只股票中累计获得 790 亿美元收益。按照绝对收益金额进行排序，排名前 15 名的股票名单如表 11-1 所示。

表11-1 巴菲特普通股投资收益排名（截至2016 年）①

公司名称	买入时间/年	卖出时间	持有年数	成本/亿美元	市值/亿美元	绝对收益/亿美元	绝对收益倍数	年化收益率
可口可乐	1988	2016	29	12.99	165.84	152.85	12.77	9.18%
富国银行	1991	2016	26	127.3	275.55	148.25	2.16	3.01%
美国运通	1994	2016	23	12.87	112.31	99.44	8.73	9.88%
宝洁	2005	2015	11	3.36	46.83	43.47	13.94	27.06%
吉列	1991	2004	14	6	42.99	36.99	7.17	15.10%
中国石油 H 股	2003	2006	4	4.88	33.13	28.25	6.79	61.42%
房地美	1988	1999	12	2.94	28.03	25.09	9.53	20.67%
盖可保险	1977	1995	19	0.46	23.93	23.48	52.37	23.16%
资本城/ABC	1986	1995	10	3.45	24.68	21.23	7.15	21.74%
穆迪公司	2001	2016	16	2.48	23.26	20.78	9.38	15.02%
高盛	2013	2016	4	6.54	27.27	20.73	4.17	42.90%
美国银行	2006	2016	11	32.39	52.33	19.94	1.62	4.46%

————————————

① 数据来源：历年巴菲特致股东的信。

续表

公司名称	买入时间/年	卖出时间	持有年数	成本/亿美元	市值/亿美元	绝对收益/亿美元	绝对收益倍数	年化收益率
迪士尼沃尔特	1996	1999	4	2.81	15.36	12.55	5.47	52.90%
Ameriprise 金融公司	2005	2005	1	1.83	12.43	10.6	6.79	579.23%
慕尼黑再保险公司	2010	2014	5	29.9	40.23	10.33	1.35	6.11%

上表中的这 15 只股票的绝对收益为 674 亿美元，占巴菲特 1977 年至 2016 年这期间普通股投资获得的整体收益的 85%。因此，芒格有这样的说法："如果你把我们 15 个最好的决策剔除，我们的业绩将会非常平庸。你需要的不是大量的行动，而是极大的耐心。你必须坚持原则，等到机会来临，你就用力去抓住它们。"这 15 只股票是巴菲特在 1977 年至 2016 年间投资最为成功的案例，我们重点研究下这些案例中的买入和卖出策略。

根据不同的投资动机，我们将这 15 只股票的投资分为四组，分别是：长期投资、价值低估投资、被动投资和套利，如图 11-1 所示。

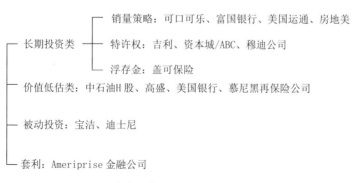

图11-1　巴菲特投资最成功的前15只普通股分类

上述分类中，我们重点研究的是长期投资类和价值低估类这两类投资案例。对宝洁的投资是因为宝洁收购了吉列，巴菲特选择持有宝洁的股份；对迪士尼的投资是因为迪士尼收购了资本城/ABC，巴菲特选择持有迪士尼的股份。这两项被动投资后续都卖出了。Ameriprise 金融是由美国运通分拆上市的，巴菲特在其上市的时候卖出了其股份，这笔交易的本质是对美国运通的减持。

卖出经营不达预期的股票

卖出慕尼黑再保险公司股票的原因是其基本面未达到预期，而卖出房地美和穆迪股票的原因是其基本面恶化。

慕尼黑再保险公司

这是一家总部位于德国的再保险公司，主要从事再保险业务。巴菲特从 2010 年开始买入，在 2011 年加仓，其后的 2012 年至 2014 年间持股不动，2015 年开始出售。从整体上来讲，这笔投资的回报率非常低，这笔投资动用了 29.9 亿美元，从 2010 年至 2014 年的累计投资回报率为 34.55%，5 年间年化投资回报率为 6.11%。

巴菲特在伯克希尔·哈撒韦 2016 年度的股东大会上表示："再保险业务对我们来说已经没有什么吸引力了。保险业收入很多和利率相关。简单来说，再保险面临激烈竞争。保险生意提供者多了，但需求并未增加，回报就会变差。"

让我们回到 2009 年的时间点上，彼时慕尼黑再保险的 ROE 为 11.8%，PE 为 8.4 倍，PB 为 0.94 倍。假设从 2009 年至 2019 年这 10 年里，慕尼黑再保险能够维持其 ROE 的水平，即 11.8% 的水平，期末的 PB 值上升到 1，根据 ROE-PB 模型，我们能够计算出这期间的投资回报率为 13.76%。如果期末的 PB 能够上升到 1.12 倍，这笔投资回报率就能够达到年化收益率 15%。

早在 20 世纪 60 年代，巴菲特就开始接触保险事业的投资。1998 年，巴菲特对通用再保险公司进行并购，并购资金高达 220 亿美元。1998 年通用再保险的净利润为 9.67 亿美元，并购的 *PE* 为 22.73 倍。显然，巴菲特并不只是看上了通用再保险公司的净利润，而是通用再保险的浮存金。"9·11"事件之后，巴菲特对这笔投资很是恼火，但是度过了这段时间的煎熬之后，再回顾发现通用再保险的投资是相对成功的，伯克希尔·哈撒韦自 2000 年以来产生了大量的浮存金，如表 11-2 所示。

表11-2 伯克希尔·哈撒韦的浮存金规模[①]

年份	伯克希尔·哈撒韦的浮存金/ 百万美元
1990	1,632
2000	27,871
2010	65,832
2016	91,577

由于伯克希尔·哈撒韦未能控股慕尼黑再保险，这笔投资显然是无法获得浮存金支配权的，慕尼黑再保险也一直是伯克希尔·哈撒韦强有力的竞争对手。这笔投资由于投资金额较大，进入了前 15 榜单，位列第 15 名。由于慕尼黑再保险的经营状况并未能够达到预期，巴菲特在 2015 年卖掉了其所投资的股份。

房地美

巴菲特在 1988 年开始投资房地美。房地美主要从事的业务是购买银行业的住房抵押贷款资产，并通过证券化的方式将资产卖出，以此赚中间的差价。这是一个典型的"卖出期权式"的商业模式，其商业的运作

---

① 数据来源：巴菲特致股东的信（2016）。

方式如图 11-2 所示。

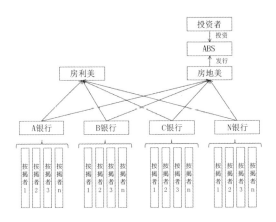

图11-2 房地美和房利美的业务模式

房地美 1988 年的年报显示其所有者权益为 1584 百万美元，资产为 34352 百万美元，净利润为 381 百万美元，*ROE* 达到了 24%，市盈率不到 8 倍。

美国股市经历了 1987 年的股灾之后，1988 年仍处于相对低迷的环境当中。而对于房地产市场而言，由于美国的劳动力人口在 20 世纪 80 年代就开始见顶，套户比[①]超过了 1.1，住房开工数量也开始下降[②]，80 年代末期的美国投资者对房地产的前景不抱乐观态度。因此，在这样的背景下，刚刚上市的房地美就产生了这样一个被低估的机会。

显然，巴菲特的看法与市场普遍看法是不同的。巴菲特在 1988 年 12 月 19 日的《财富》杂志上专门写过一篇文章来讲述房地美的投资价值。巴菲特写道："1970 年至 1987 年，传统的住房贷款市场以超过 13%

---

① 套户比是衡量住宅存量充裕程度的国际通用指标，计算方法是厨卫浴齐全的成套住宅套数除以常住家庭户数，一般认为其均衡线为1.1。

② 赵李南. 中国的房地产业向何处去[M]. 桂林: 广西师范大学出版社, 2018:73-85.

的复合年增长率稳健成长，没有一年低于 5.5%。这个成绩确实可用辉煌来形容，其根本原因还是竞争的匮乏。房利美公司是唯一的参与者；两者的主要不同在于：房地美公司会将打包后的债券都转售出去，而房利美公司则会自己持有相当数量的债券。"①

我们看到房地美的 *ROE* 表现十分出众（见图 11-3），巴菲特对房地美的投资主要源于房地产贷款市场进入的"行政特许权"。由于行政许可门槛，具备购买银行业房地产贷款资产资格就只有房利美和房地美。

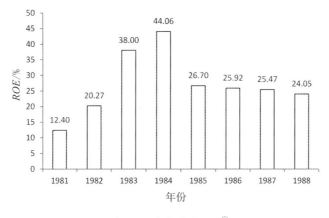

图11-3 房地美的*ROE*②

由于 20 世纪 70 年代布雷顿森林体系瓦解，货币主义开始盛行，同时伴随着两次石油危机，美国的通胀十分严重。80 年代，在保罗·沃克尔的铁腕政策之下，通货膨胀被成功压制，美国的利率也从高点开始下行。美国的民众虽然已经摆脱了住房拥挤的困扰，但此时市场对住房的投资开始加大，一方面房地产价格开始上涨，另一方面通过住房抵押贷

① 卡萝尔·卢米斯. 跳着踢踏舞去上班[M]. 张敏, 译. 北京：北京联合出版公司, 2017:153.
② 数据来源：房地美历年年报. http://www.econ.yale.edu/~shiller/data.htm.

款去加杠杆投资，这个过程从 80 年末期开始形成了正反馈。房地美在这样的大背景下，业务开始强劲增长，如图 11-4 所示。

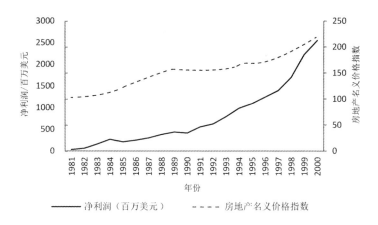

图11-4 房地美的净利润与美国住房价格指数（1981 年至2000 年）[①]

在 1981 年至 2000 年期间，房地美的股价也大幅度上涨，巴菲特获得了年化 20.67% 的收益率。在这个辉煌的年代，房地美股票的价格也大幅跑赢了标普 500 指数，如图 11-5 所示。

---

① 数据来源：房地美历年年报. http://www.econ.yale.edu/~shiller/data.htm.

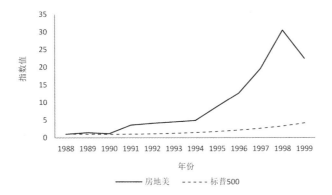

注: 图中的纵坐标值是将1988年房地美股票价格和1988年标普500指数设为基点1,
对数据进行指数化折算后得到的。

图11-5 房地美股票价格与标普500 指数[①]

2000 年, 巴菲特卖出了其所持有的房地美股票。2000 年, 房地美
的 PE 为 20.26 倍。这个估值对于房地美 2000 年时 23.7% 的 ROE 来讲,
是一个相对合理的估值, 并未高估。据卡萝尔·卢米斯的说法, 巴菲特曾
经与布轮德赛尔 (当时房地美的 CEO) 多次会面, 发现他一味追求 "两
位数" 的利润增长率, 比如 15%。巴菲特说, 管理层想要这样出色的业
绩, 只能 "开始对数字造假"[②]。2007 年, 美国联邦住房供给机构监察办
公室对布轮德赛尔起诉, 最终布轮德赛尔被罚没了 1600 万美元。

美国的房价泡沫在 2005 年开始破裂。伴随着房价泡沫破裂, 房地
产贷款的违约率迅速走高, 终结了房地美 "卖出期权式" 的商业模式, 房
地美终究付出了巨大的 "期权赔付费用"。2007 年至 2011 年, 房地美累
计亏损了 940 亿美元, 如图 11-6 所示。

---

① 数据来源:雅虎财经。
② 卡萝尔·卢米斯. 跳着踢踏舞去上班[M]. 张敏,译. 北京: 北京联合出版公司, 2017:152.

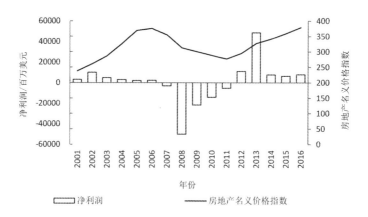

注：图中的右纵坐标值是将1988年房地美股票价格和1988年标普500指数设为基点
1，对数据进行指数化折算后得到的。

图11-6 房地美的净利润与房价指数（2001年至2016年）①

　　笔者在公开资料上并没有找到巴菲特是否对"房地美的生意模式依
赖于房价上涨"这个逻辑的明确判断，但从巴菲特的投资周期看，其恰
好在美国房地产泡沫的顶峰之前出售了房地美的股票。其中原因可能不
只是房地美的财务政策问题，还有可能是巴菲特看透了房地产市场背后
更为长远的逻辑。巴菲特在其2007年致股东的信中有如下的表述：

　　1997年至2000年的萧条应该被视为更大范围内的常规住房
市场的煤矿瓦斯预警。但是投资者、政府和评级机构从住房建筑行
业的衰退中没有得到任何启发。相反，令人大惑不解的是，同样的错
误在2004年至2007年在常规住房市场中得到重复：借贷者愉悦地
把钱借给根本还不起的人；贷款者也毫不犹豫地签署了分期付款协
议。双方都希望通过房地产价值的上涨来为这项根本不可能实现的
安排买单。《飘》中女主人公郝思嘉说得好：车到山前自有路，明天再

---

① 数据开源：房地美年报、财富。

考虑也不迟。如今我们经济的各方面都品尝到了这种行为的苦果。

虽然说，这段话并非直接与房地美的投资相关，但却透露出巴菲特对起源于 20 世纪 80 年代末期的这次房地产泡沫是有过深思熟虑的。房地产泡沫的迅速放大，有可能是巴菲特卖出房地美股票的另外一个原因。

事后看，巴菲特的这个卖出堪称神作，虽然之后房地美的股价有所上涨，但是涨幅并没有多少。2007 年金融危机发生之后，房地美的股价一路下挫到了 0.2 美元。

穆迪公司

2000 年卖出了房地美之后，巴菲特在 2001 年投资了穆迪。穆迪的主要业务是为各种类型的金融产品提供评级服务，赚取服务费。2001 年穆迪的营业收入为 7.97 亿美元，净利润为 2.12 亿美元，市盈率为 15 倍[1]。

美国的信用评级市场主要包括了三家评级公司，分别是穆迪、标普和惠誉。这三大评级机构控制了美国和欧洲评级业务 95% 的市场份额。由于监管机构及投资者都会对所投资的产品评级有相应的要求，比如银行机构在投资债券时会有相应的制度规定，只能投资 AA 级别以上的债券，这就导致了债券发行方必须聘用评级机构对自己的信誉做出评级。评级机构的名气越大，采用其评级结果的金融产品发行方就越多，投资者也就越认同评级机构，这又形成了一种具有"网络效应"的护城河，因此穆迪这类的评级机构销售利润率可以高达 30%。

穆迪的业务不仅在美国开展，还在美国之外的地区开展。2001 年穆迪的美国业务收入和美国之外的业务收入基本上各占一半。21 世纪以来，

---

① 穆迪的递延收入，经常导致穆迪的所有者权益为负值，ROE 的指标对于穆迪没有意义。因此，对于穆迪的投资，我们就不分析其 ROE 了。从另外一个角度理解，穆迪的投资回报率是无限大的，因为穆迪去赚取利润并没有要求股东投入资本，实质上很类似于"政府税收"。

全球各国的房地产价格都普遍上涨，伴随着各国的金融自由化发展趋势，这些评级机构的收入与利润都迅速增长。

金融危机发生之前，在 2001 年至 2006 年这 5 年期间，巴菲特对穆迪投资累计获得的回报率为 564.33%。2001 年至 2006 年，穆迪的 *PE* 由 15 倍上升至 31 倍，穆迪的净利润从 2001 年的 2.12 亿美元增长至了 2006 年的 7.53 亿美元。

然而，2007 年到来的次贷危机改变了这个高额的投资回报率。与上一小节所讲的房地美不同的是，穆迪本身并不持有与房地产有关的金融资产，因此，金融危机对穆迪来讲更多的是收入减少，而不会导致资产损失。从这点上讲，穆迪与房地美具有明显的差异，这是两者的商业模式差异导致的。因此，我们看到的是虽然穆迪收入和利润受到金融危机的严重影响，但是穆迪并未因为金融危机遭受实质损失。

巴菲特从 2009 年开始减持穆迪，至 2012 年大约减持了其投资的 50% 左右，减持的市盈率在 14 至 17 倍之间，而后穆迪的股价走势证明了这次减持是非常错误的选择，如图 11-7 所示。但回到当时，这样做也许是最好的选择。在 2010 年至 2013 年期间，穆迪面临了众多的诉讼，包括：被美国金融危机调查委员会（FCIC）多次问询，美国证监会（SEC）警告其发布虚假评级，股东起诉穆迪公司的不公平评级引起投资损失，以阿布扎比商业银行和华盛顿州金县共同领导的 14 个起诉者联合起诉穆迪的不公平评级引起投资损失，这给穆迪的未来蒙上了非常大的阴影。而巴菲特本人也被 FCIC 多次邀请出面作证，巴菲特拒绝了多次之后，FCIC 最终想出的办法是，给他发一张传票，强制巴菲特出庭作证[①]。

---

① 吴晓鹏. 直击 FCIC 听证会，巴菲特出庭力挺评级机构[N]. 21 世纪经济报道,2010-06-03(001).

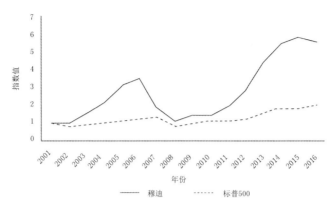

注：图中的纵坐标是将1988年房地美股票价格和1988年标普500指数设为基点1，对数据进行指数化折算后得到的。

图11-7 穆迪股价与标普500[1]

关于穆迪给出的评级结果误导投资者，以至于投资者遭受损失的逻辑相对较难成立，因为金融危机并非单单是由评级机构造成的，而是由房地产泡沫导致的，而房地产泡沫的原因，正是全体参与房地产投机的投资者自身。由于金融泡沫是典型的复杂系统，处于自组织临界状态，科学家尚未能发明一种好的工具解决复杂系统的预测问题。因此，预测难度很大，超出人类目前的认知能力。

巴菲特减仓一半之后，至今仍然持有穆迪股份。穆迪的商业模式决定了它一旦摆脱了诉讼之后，股价又迅速地走高。

减持估值过高的股票

巴菲特投资的前 15 名案例中，富国银行、美国运通和中石油 H 股是因为估值过高卖出的。但相比之下，巴菲特对这三家公司的投资动机并不相同，巴菲特对于富国银行和美国运通一直持有，只不过是在高

---

① 数据来源：雅虎财经。

估时进行减持；而对于中石油 H 股的卖出是彻底地卖出。主要原因是富国银行和美国运通这两家公司是巴菲特投资的长期标的，这两家公司具有其所喜爱的长期竞争力，其投资的目的主要是想赚公司产生的"*ROE* 钱"，而不是"估值上升的钱"。相反，与中石油 H 股的交易更像一次套利交易，其并不是想赚公司的"*ROE* 钱"，而是想赚公司"估值上升的钱"，即在价值做低估的时候买入，在价值被高估时候卖出。

富国银行

前文中我们有讲到，银行业是一个典型的"卖出期权式"商业模式的产业。因此，管理银行业的第一要务就是控制风险，防止资产出现高额损失，这要求银行业要有精通业务的管理层。巴菲特从 1989 年开始买进富国银行，买入的市盈率为 5 倍左右。

在 1989 年至 1992 年的这段时间，美国的经济经历了短暂的衰退。虽然这次短暂的衰退没法跟 1997 年亚洲金融危机和 2007 年的次贷危机那样让人记忆深刻，但是这次衰退对美国银行业的打击却是非常沉重的。1989 年，美国银行破产数量高达了 531 家，这个数字在二战之后的美国是史无前例的。即便是 2008 年的金融危机导致的年银行最大破产数量也仅为 157 家。

巴菲特在其 1990 年致股东的信中有如下的表述：

> 我们是在1990年银行股一片混乱之时买进富国银行股份的，几个月来有些原本经营名声不错的银行，其错误的贷款决定却一一被媒体揭露。随着一次又一次庞大的损失数字被公布，银行业的诚信与保证也一次又一次地被践踏，渐渐地投资人越来越不敢相信银行的财务报表数字。趁着大家狂卖银行股之际，我们却逆势以2.9亿美元，5倍不到的市盈率（若是以税前获利计算，则市盈率甚至不到

3 倍)，买进富国银行10% 的股份。

这是一个典型的利用第二层次思维投资的案例，如果没有 20 世纪
90 年代初的这场银行危机，富国银行的股价也不会如此便宜。这次危机
的始作俑者仍然是房地产，以洛杉矶为首的美国西海岸房地产泡沫破灭
是其主要原因。洛杉矶素有"天使之城"之称，1989 年洛杉矶的房地产
价格在疯狂的投机下见顶，带动了整个美国西海岸房地产价格泡沫破灭。

在这样的背景下，当时美国股票市场对银行股的前景十分担忧，大
幅甩卖银行股，富国银行的股票价格在 1990 年下跌了 50%。巴菲特却不
这样看待富国银行的前景，巴菲特对富国银行的风险承受能力进行了细
致分析。在1990 年致股东的信中，巴菲特做了如下的说明：

> 当然，拥有一家银行的股权，或其他任何企业，绝非没有风险，
> 像加州的银行就因为位于地震带而必须承担客户受到大地震影响
> 而还不出贷款的风险。第二个风险是属于系统性的，也就是严重的
> 企业萧条或是财务风暴导致这些高财务杠杆经营的金融机构，不管
> 其经营得多好都会面临较大的危机。最后，市场当时主要的考虑点
> 是美国西岸的房地产因为供给过多而有崩盘的风险，连带使得融资
> 给这些投机者的银行也要承担巨额损失，而也因为富国银行就是市
> 场上最大的不动产借款银行，一般都认为它最容易受到伤害。①
> 以上所提到的风险都很难加以排除，当然第一点与第二点的
> 可能性相当低，而且即使是房地产价格大幅下跌，对经营绩效良好
> 的银行来说也不致造成太大的问题，我们可以简单地算一下，富国
> 银行目前年收入超过10 亿美元，税前利润超过3 亿美元。如果银行

① Buffett W. Berkshire Hathaway Inc. Shareholder Letters [EB/OL]（1991-03-01）[2018-10-06].
https://berkshirehathaway.com/letters/1990.html.

的所有480亿美元贷款中的10%（不仅仅是房地产贷款）在1991年遭遇了问题，而且这些贷款产生了平均30%的本金损失（包括放弃的利息），那么该公司将大致保持盈利平衡。

若是真有一年如此，虽然我们认为这种情况发生的可能性相当低，我们应该还可以忍受，事实上在伯克希尔·哈撒韦选择并购或是投资一家公司时，头一年不赚钱没有关系，只要以后每年能够有20%的股东权益报酬率就可以。尽管如此，加州大地震使得投资人害怕新英格兰地区也会有同样的危险，这导致富国银行在1990年几个月间大跌50%以上。虽然在股价下跌前我们已买进一些股份，但股价下跌使我们可以开心地用更低的价格捡到更多的股份。

结果正如巴菲特所料，1991年的富国银行损失了13.4亿美元的贷款资产，这些损失导致富国银行1991年的净利润仅为2100万美元。但从1991年开始，伴随着美国经济的好转，富国银行的净利润就开始了强劲增长。在银行破产潮中能够存活下来，这要归功于富国银行的管理层对银行风险的管理能力十分出众。

1997年至2001年期间，巴菲特开始对富国银行减持，累计减持了其富国银行仓位的四成，巴菲特减持的主要原因是富国银行估值过高。

伴随着富国银行净利润的一路走高，富国银行的估值也开始走高，到1997年富国银行的市净率高达3.9倍（见图11-8）。前文中，我们有特别提及《巴塞尔协议》对银行资本的约束，正是这个约束导致了银行业的市净率不可能很高。最初的银行业诞生于贸易结算行业，比如A商人由意大利去往西班牙做生意，他需要携带资金，非常不方便。但他可以找一家银行帮他完成结算。即他在意大利存入资金，到了西班牙之后，可以直接要求这家银行在西班牙的分支机构将货款支付给B。这当中就会存在资金沉淀期，在这段时间内，银行可以把这笔资金拿去投资或者放贷，产生收入。我们需要注意的是，从银行的角度来讲，上述这个生意中并没有任何人要求银行股东投入资本，这家银行的股东可以 0 资金投入，而完成这个生意。

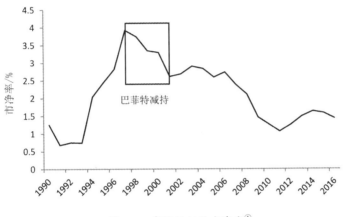

图11-8 富国银行的市净率[①]

但《巴塞尔协议》禁止这样空手套白狼的生意，银行持有的资产规模务必以股东投入资本为前提。比如股东投入了 100 亿元的资本，简单来讲，按照《巴塞尔协议》的约束，这家银行的资产规模最大可以做到 100 ／ 8%=1250 亿元。银行业的利润计算公式如下：

净利润＝资产总额 × 净息差 − 营业费用 − 资产损失 − 税

银行的资产总额增长务必以投入资本增长为前提，营业费用和资产损失与资产规模有关，可以看作总资产的一个固定比率。净息差与宏观环境及行业竞争态势有关，但基本上是一个固定值。因此，上述公式可以简化为：净利润＝ f（总资产），这个函数是一个正相关函数。同时，按

---

① 数据来源：http://www.stockpup.com/data／。

照《巴塞尔协议》的要求，所有者权益 / 8%= 总资产。因此，银行业的净利润就是所有者权益的函数，银行业的净利润增长的前提是所有者权益增长。

这是一个很尴尬的结果，根据 ROE-PB 模型，PB 的增长是以 ROE 增长为前提的。而银行的净利润增长要求所有者权益增长，净利润增长 2 倍，所有者权益也需要跟着增长 2 倍①，股东不得不继续投入资本，或者被稀释股权，所以银行业的 PB 是不会大幅抬升的。

巴菲特在对富国银行高位减持之后，从 2003 年开始一直对富国银行进行加仓，特别是 2007 年金融危机发生之后，巴菲特对富国银行累计加仓超过 90 亿美元。与买入是同样的原因，加仓就是因为其被低估了。

美国运通

巴菲特在 1991 年买入了美国运通的可转换优先股，到 1994 年将这些可转换优先股转换成了普通股。1994 年美国运通的市净率为 2.21 倍，ROE 为 19.35%。

20 世纪 80 年代末期，伴随着美国运通在信用卡领域面临的激烈竞争，Visa 金卡和万事达金卡以低价策略开始对美国运通卡展开竞争。Visa 金卡和万事达金卡的年费为 40 美元 / 年，而美国运通的绿卡为 45 美元 / 年，金卡为 65 美元 / 年。1988 年，美国运通的绿卡是应用最为广泛的信用卡，按持有人数计算的市场份额高达 40%，按照持有量计算的市场份额高达 41.4%，Visa 金卡和万事达金卡的市场份额为 37%。② 到了 1995 年，Visa 和万事达控制了美国的 74% 的信用卡消费市场，而美国运

---

① 现实中，会因为银行的杠杆率、净息差、坏账率以及费用率导致净利润与所有者权益增长的比率不大相同，但基本符合这样的趋势。
② Rule J B, Klein L. It's in the Cards: Consumer Credit and the American Experience[J]. *Contemporary Sociology*, 2002, 31(3):304.

通下降到了 18%。①

美国运通的领导层试图通过收购的方式建立起一家综合金融集团。但主营业务的激烈竞争以及频繁的收购行为，导致了美国运通的净利润迅速下滑。1989 年美国运通的净利润为 11.6 亿美元，到了 1992 年下滑到了 4.61 亿美元，这也是巴菲特最初只购买了美国运通的可转换优先股的原因，这个阶段投资美国运通的普通股会面临极大的不确定性。1994 年，巴菲特购买的优先股到期，巴菲特仍然对其是否行使转换权犹豫不决，直到与信用卡专家打了一场高尔夫球之后才决定持有美国运通的股票。②

信用卡业务具有典型的网络效应特征，每增加一名美国运通的持卡用户，美国运通的品牌价值对于商家的影响就增加一分；同样，每增加一名加入美国运通的商户，美国运通的信用卡对顾客的吸引力也就增加了一分。巴菲特正是看中了这个网络效应护城河带来的高 *ROE*。

2005 年，美国运通剥离了 Ameriprise 金融公司，Ameriprise 单独在纽交所上市。上市后，巴菲特将 Ameriprise 减持卖出。这次减持的实质是对美国运通的减持，因为当时美国运通的市净率估值高达 6.25 倍。

这次减持之后，美国运通的估值迅速回落。与富国银行的不同在于，在金融危机期间巴菲特并没有对美国运通加仓，但是美国运通的管理层回购了大量的股份。

中石油 H 股

2003 年巴菲特买入中石油 H 股，买入时市盈率在 4.4 倍左右。在 2006 年卖出，卖出时市盈率在 15 倍左右。

早在 1994 年巴菲特就投资过原油期货，巴菲特在 1994 年投资了

---

① Hufbauer G C, Wada E. Unfinished Business: Telecommunications after the Uruguay Round[J]. *Gary Hufbauer*, 1997:63.

② 卡萝尔·卢米斯. 跳着踢踏舞去上班[M]. 张敏, 译. 北京: 北京联合出版公司, 2017:217.

4570 万桶石油期货，并在 1996 年开始逐步获利平仓。在 1997 年致股东的信中巴菲特表示，1994 年投资原油期货的主要原因是原油的价格被低估了。

国际原油的价格一直以来对各国的经济影响很大，特别是 OPEC（石油输出国组织）成立之后。OPEC 具有一定的石油定价权，也由此引发了三次石油危机。在布雷顿森林体系解体之前（20 世纪 70 年代），国际原油的价格走势一直相对稳定，这是以黄金为后盾的国际货币结算体系决定的。伴随着黄金退出历史舞台，美元正式成为国际结算货币，而美元的印刷数量增速相比黄金开采要快得多，这导致了石油价格在布雷顿森林体系解体之后大幅上涨。

石油价格是由供求决定的，石油价格上涨，会使得一些原本开采成本较高的油井具有了开采价值，引发供给扩张，从而导致石油价格下降。同时，石油的价格降低，会使得原本有开采价值的油田变得没有价值，导致供给减少，进而导致石油价格上升。

1994 年，原油下降到了 15 美元/桶，这个价格基本上触及了很多产油公司的成本线。当年主要石油公司的净利润率如下：艾克森为 5%，美孚公司为 3.68%，雪弗龙为 5.4%，阿莫科为 6.64%，德士古为 2.69%，壳牌为 3.75%，大西洋富田为 1.56%，西方石油为 3.49%。这对于通常净利润率为 10% 左右的产业来说，1994 年左右的石油业惨不忍睹。在这样的背景下可以确认，石油的价格相对是被低估的。

根据 1997 年巴菲特致股东的信，巴菲特的石油期货交易获利 6200 万美元，按照 10 倍的投资杠杆计算，这笔投资的收益率将近 100%。可见巴菲特有时候还是会参与其他类型的投资的。

与其同理的是，中石油的盈利情况与油价息息相关，如图 11-9 所示。

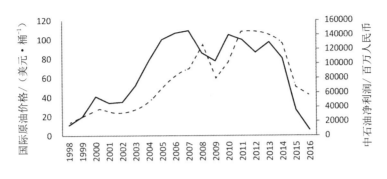

图11-9 中石油的净利润与国际原油价格[①]

石油这个产业的特殊性就在于，石油公司的产量一般相对稳定。因为新开发油田并不是那么容易的一件事，已经开发好的油田也不会在短期内枯竭，所以石油公司的石油产量会在一定时期内相对稳定。根据 CEIC 数据库提供的数据，2003 年中石油的原油产量为 774 百万桶，2007 年的产量为 834 百万桶，4 年期间累计增长了 7.5%。因此，石油公司的净利润会与油价有极大的相关性，与销量的相关性并不大。

显然，石油公司并不能主导石油价格。石油作为全球基础性大宗贸易产品，由于套利，石油价格在全球范围内遵循一价定律[②]。从这个角度来讲，石油公司既没有产品的定价权，也没办法有效地提升产品的销量。因此，石油公司并不适合投资者进行长期投资。巴菲特买中石油 H 股的主要依据是其老师格雷厄姆的"捡烟蒂"策略，而不是其与芒格的"以合理的价格买入伟大的公司，并长期持有"策略。巴菲特在其 2007 年致股东的信中有如下的表述：

---

① 数据来源：CEIC、中石油年报。

② 一价定律可简单表述为：当贸易开放且交易费用为零时，同样的货物无论在何地销售，用同一货币来表示的货物价格都相同。

　　去年我们有一笔很大的卖出。在2002年和2003年，伯克希尔·哈撒韦用4.88亿美元买入中石油公司1.3％的股权。按这个价格，这个中石油公司的价值大约为370亿美元。查理和我那时感觉该公司的内在价值大约应该为1000亿美元。到2007年，两个因素使得它的内在价值得到很大提高：油价的显著攀升以及中石油的管理层在石油和天然气储备上下的大功夫。到去年下半年，公司的市值上升到2750亿美元，我们在与其他大型石油公司比较后，认为这是它应有的价值。所以，我们把手里中石油的股票卖了40亿美元。

　　2003年，中石油的净利润为84.11亿美元，*ROE*为19.51%，国际原油的价格为29美元左右。2003年，巴菲特买入中石油时其*PE*估值为4.4倍，彼时康菲石油的*PE*估值为9.83倍，雪弗龙的*PE*估值为12.79倍，艾克森美孚的*PE*估值为13.51倍。如果未来中石油的估值能够达到10倍市盈率，那么其市值大概为840亿美元。如果油价上涨到40美元左右，中石油的净利润会立马超过100亿美元。随后，2004年就立即印证了这个逻辑，2004年油价达到38美元，中石油的净利润达到了125亿美元，市盈率达到了11.13倍，巴菲特投资获利155%。显然，此时已经达到了巴菲特和芒格的"合理估值"。

　　由于全球经济在这段时期内强劲增长，石油价格攀升，可以这样讲，只要石油价格继续攀升，这笔投资就会继续享受这个戴维斯双击[①]的过程。但石油价格是不可能一直上涨的，因为这是"商品化"的产业。当石油价格处于60美元以上时，全球范围内的各种类型油井都会具备开发价值，包括美国的页岩气也具有了开发价值，这会导致石油供给量快

[①] 戴维斯效应，就是有关市场预期与上市公司价格波动之间的双倍数效应。也就是说当一个公司利润持续增长使得每股收益提高，同时市场给予的估值也提高，股价得到了相乘倍数的上涨，也叫戴维斯双击。

速增长，进而导致石油价格下跌。[1]

2006 年巴菲特卖出中石油，卖出时 PE 为 15.4 倍。2006 年，康菲的市盈率为 6.27 倍，雪弗龙的市盈率为 8.79 倍，艾克森美孚的市盈率为 10.31 倍。根据巴菲特的操作记录，当时巴菲特主要考虑的是中石油的估值贵了。[2] 石油产业高额的资本支出和相对低的利润率，导致其市盈率估值一直维持在 10 倍 PE 左右。

长期持有价值股

可口可乐和盖可保险这两家公司，巴菲特从未卖出过。巴菲特曾经承诺永久持股的股票有三只，分别是资本城 /ABC、盖可保险和华盛顿邮报。然而，巴菲特所承诺永久持股的两只后来却卖出了，其中资本城 /ABC 在 1996 年被迪士尼收购，华盛顿邮报在 2013 年被亚马逊收购。唯独盖可保险在 1995 年成为伯克希尔·哈撒韦的全资子公司，退出了股票市场交易。其中，资本城 /ABC 和华盛顿邮报都属于媒体事业，资本城 /ABC 主要运营电视台，华盛顿邮报是报纸产业。这两个产业都遭遇了由互联网发起的"创新者窘境"，产业前景的不理想是巴菲特卖出这两家公司股票的根本原因。

可口可乐公司和盖可保险在巴菲特普通股投资中从未被减持过，一直被持有到现在。两者的逻辑并不相同，可口可乐公司为股东赚取了高额的 ROE，而盖可保险则提供了低成本的浮存金。

---

[1] 详见 https://www.rystadenergy.com/newsevents/news/press-releases/global-liquids-cost-curve。

[2] 巴菲特卖出中石油 H 股之后，转手就买了康菲石油。因为当时康菲石油的市盈率很低，刚刚超过 6 倍。从这点上看，巴菲特并未对当时的油价有太多的考虑。伴随着金融危机的到来，油价开始暴跌，康菲石油的股价也是一路腰斩。巴菲特在康菲石油的投资上折戟。根据卡萝尔·卢米斯《跳着踢踏舞去上班》一书，巴菲特在康菲石油上又把从中石油所赚的钱全部亏了回去。

可口可乐

1988 年，巴菲特买入可口可乐股票，买入时市盈率为 15 倍，市净率为 5 倍。在 1989 年和 1995 年，巴菲特进行了加仓，之后就一股没动过，一直至今。

可口可乐是一家靠销量增长带动营业收入增长的公司，由于广泛存在替代品，可乐的价格相对难以提升，靠提价策略带动营业收入增长基本不可能。但可口可乐的管理层把握住了全球市场，大幅提升了其销量，如图 11-10 所示。

由于销量大幅提升，可口可乐产生了强大的规模效应。从 20 世纪 90 年代开始，可口可乐的净利润率不断地攀升，由原来的 10% 左右攀升到了 20%。同样，这导致了可口可乐的 ROE 一致维持在 30% 左右。由于遍布全球的销售网络及消费者对可口可乐的认同度形成了强势护城河，在可乐这个产业内只有百事可乐可与之抗衡。

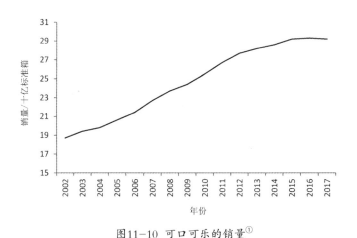

图 11-10 可口可乐的销量[①]

---

① 数据来源：公司年报。

1988 年，可口可乐的净利润为 10.45 亿美元，总市值为 148 亿美元。如果按照 0 增长的永续年金折现，我们可以计算得出当时投资可口可乐的 IRR 为 7%，并未达到巴菲特所要求的 15%。因此，巴菲特对可口可乐的买入判断一定是基于可口可乐未来净利润仍然可以实现增长的前提。

20 世纪 70 年代到 80 年代中期，可口可乐一直身处麻烦之中。首先是市场份额受到了百事可乐的强势竞争而不断下降。其次是被指责压榨种植园劳工、被指责环境污染、陷入与联邦贸易委员会反垄断诉讼、瓶子爆炸被日本媒体广泛关注、董事会内斗等。

在这样的背景下，1981 年可口可乐由新任董事长郭思达（Roberto Goizueta）掌舵。巴菲特在其 1989 年致股东的信中这样评价郭思达：

> 在20 世纪70 年代一度萎靡不振之后，可口可乐在1981 年新任总裁郭思达的带领下，焕然一新，郭思达加上唐·基夫（曾经是我在奥玛哈的对街邻居），经过思考并厘清公司的政策后，切实地加以执行新政策，使得本来就已是全世界最独一无二的产品又平添新动力，尤其是来自海外的营收更呈现爆炸性的增长。

正是基于对管理层的长期考察，巴菲特认为在这样的管理层带领下，可口可乐能够开拓海外市场，并带来销量的增长。事后的事实也证明了当时的估计是正确的，1988 年可口可乐开始开拓中国市场，这个巨大的市场为可口可乐的销量带来了强劲的增长。

1981 年至 1991 年，可口可乐的销量由 38 亿标准箱[①]增长至了 73 亿标准箱，年复合增速为 6.75%。净利润从 4.8 亿美元增长至 16 亿美元，

---

① 一标准箱大约为5.678 升。

年复合增速为 12.87%，这是可口可乐享受 5 倍市净率估值的根本原因。

　　由于可乐已经深度融入西方人的饮食文化，其商业前景极为稳定，再加上可乐是快消品，即便是可乐的渗透率已经达到 100% 也不会导致销量的大幅下滑。从 1988 年这个时点去展望未来，根据戈登增长模型，$P=148$，$D=10.45$，$r=15\%$，求出 $g=8\%$，即要求的可口可乐永续增长速度为 8%。如果以未来 30 年周期的现金流进行折现，则要求从 1988 年至 2018 年的这 30 年时间内的净利润增速达到 9.5%。站在 1988 年的时点上，虽然说 1958 年至 1988 年可口可乐的净利润增速达到了 12.56%，但是未来 30 年要求达到 9.5% 是件十分难以实现的事情[①]。因为我们活在一个限制极限增长的世界，我们身处的世界中，没有任何一个客观事物可以不断地以指数形态进行增长。

　　事后证明的确如此，1988 年至 2016 年可口可乐的股价年均收益率为 12.55%。由于巴菲特在中途的高估值区域加仓，其年化收益率降低至 9.2%。但是，并不能以此认定巴菲特这笔投资是失败的，从绝对额回报上看，这笔投资为伯克希尔·哈撒韦创造了 153 亿美元的投资利润，位列巴菲特普通股投资绝对额利润的第一名。原因在于，这笔投资的确定性极大，所以巴菲特敢下重注。巴菲特在 1988 年总计动用了 10.2 亿美元投资可口可乐（相当于 2021 年的 20 亿美元或 130 亿元人民币）。1988 年伯克希尔·哈撒韦的所有者权益为 49.38 亿美元[②]，这笔投资占了伯克希尔·哈撒韦所有者权益的 20%，占其投资组合的 30%。

---

① 这里最好的分析方式是画出可口可乐的渗透率曲线。但是可口可乐曾经有调整其销量的计算口径，历年的数据连续性难以实现，所以这个地方就没有画出这个渗透率曲线。但是可以预见的是，在 1988 年之前的渗透率是处于渗透率曲线的前半段，而 1988 年以后的渗透率处于曲线的后半段。由于可口可乐采用的是销量策略，当渗透率到顶时，净利润不可能继续维持增长。
② 这个数据是根据巴菲特致股东的信公布的历年投资回报率反推出来的，由于找不到伯克希尔·哈撒韦 1988 年的年报，这个数据可能会与实际的数据有一定的差异，但是差异不会很大。

我们经常可以发现好的投资机会, 但是能下重注的投资机会却少之又少。因为任何投资都伴随着风险, 我们去评估一笔投资的回报率时并不能仅以账面上的回报率作为依据, 而是要同时估计这笔投资回报承受了多大的风险。假设有 A 和 B 两个投资者投资股票指数, A 投资者从 2000 点买入到 3000 点卖出, A 投资者的收益为 50%。B 投资者从 3000 点买入到 4501 点卖出, B 投资者的收益率为 50.03%。那么, 谁的水平更高一点呢? 如果采用账面收益率去衡量, 显然是 B 投资者的水平高一点。但实际则不然, 实际上显然是 A 投资者的水平更高, 因为 A 投资者所承担的风险远低于 B。我们的大脑把 B 投资者的这种或然现象理所应当地当成了必然现象, 在概率世界里, B 有很多种可能性使其收益率达不到 50%; 同样, A 也有很多种可能性使其收益率达不到 50%。但是 A 的收益率达不到 50% 的可能性要远远低于 B, 这就是风险调整收益。

风险来源于我们对未来估计的不准确, 未来的估计是建立在大量假设的基础之上的, 也就是说, 这些假设变为现实的可能性越大, 则风险越低。可口可乐的这笔投资假设就是建立在可口可乐的销量能够持续增长基础之上的, 而这个假设实现的可能性极大, 不过就是销量增速的快慢而已。因此, 这笔投资的风险很低, 在投资期初就可以看清楚。所以, 巴菲特和芒格敢于对可口可乐下重注[1]。

盖可保险

巴菲特在 1977 年开始投资盖可保险, 并于 1996 年将盖可保险私有化。从 1996 年开始, 盖可保险成为伯克希尔·哈撒韦的全资子公司。保险业是伯克希尔·哈撒韦年化投资回报率能够达到 19% 的重要原因之一。我们看到, 伯克希尔·哈撒韦投资排名靠前的普通股年化收益率并不高,

---

[1] 芒格曾经在1996年的一次演讲中具体分析过可口可乐的前景及相应的假设,详见《穷查理宝典》第四章第四讲。

大多都在 10% 至 15% 之间，那么为何伯克希尔·哈撒韦的投资回报率能够达到 19%？原因就在于伯克希尔·哈撒韦的保险业为其提供了 0 成本的浮存金。0 成本的浮存金，相当于对伯克希尔·哈撒韦加了一个相对安全的杠杆 ①，这个杠杆有效地提升了伯克希尔·哈撒韦的投资回报率。

巴菲特在学生时代就开始接触盖可保险，这源于他的导师格雷厄姆是盖可保险的股东，巴菲特首次造访盖可保险是一个周末，与当时值班的副总裁戴维森聊了 4 个小时。在这次造访之后，巴菲特短暂地投资了盖可保险。在 1952 年，巴菲特卖掉了盖可保险，这件事使得巴菲特后悔不迭。在 1996 年致股东的信中，巴菲特对此事有如下的表述：

> 在1952年我以15259美元的价钱将全部的盖可保险股份出清，然后将所得资金投入西方保险证券公司，这项变心的举动，一部分的原因是西方保险证券当时的股价相当吸引人，市盈率只有1倍左右，然而在往后的20年间，当时被我卖掉的盖可保险股份的价值却成长到1300万美元，这样的结局让我体会到绝对不能卖掉一家明显的好公司的原则。

戴维森在 1970 年退休，盖可保险同时面临了激烈的竞争，管理层为了抢夺更多的市场份额，开始覆盖了更广的人群，其中就包括了那些低于 21 岁的驾驶员，他们经常出事故。盖可保险的管理层低估了保险的理赔概率，保单的定价过低，这使得盖可保险差点破产。

伯恩（Jack Byrne）在 1976 年开始就任盖可保险总裁，进行了大刀阔斧的改革，拯救了盖可保险。"伯恩检查客户信息时，发现公司需要更

---

① 因为浮存金的融资成本几乎为0，同时也没有到期期限，没有人催着你还钱。相比于普通的融资杠杆，浮存金杠杆较为安全。

新的这些保单价格定低了 9%。他废除了允许客户自己更新信息以延续保单的电脑系统。当盖可为保单重新定价时，40 万客户决定不再续保。总之，伯恩的行动令公司的保单持有人从 270 万人减少到 150 万人，盖可保险公司在全国的排名从 1975 年的第 18 名，下降到一年之后的第 31 名。尽管如此，公司在 1976 年亏损 1.26 亿美元之后，1977 年完成营业收入 4.63 亿美元，盈利达到了令人印象深刻的 0.586 亿美元。这是伯恩上任之后的第一个完整年度。"[①]

正是伯恩这种出色的业绩，使得巴菲特相信他能够让盖可重新步入正轨。巴菲特在 1977 年投入了 400 万美元。伴随着盖可保险的逐步企稳，巴菲特也不断地进行加仓，1979 年增加到了 2800 万美元，1980 年增加到了 4700 万美元。到 1995 年盖可退市之前，这笔 4700 万美元的投资已经价值 24 亿美元。

1995 年，巴菲特以对价 23 亿美元的价格并购盖可保险另外的 50% 股份，盖可保险成为伯克希尔·哈撒韦的全资子公司。1995 年盖可保险的净利润为 2.08 亿美元，并购的 *PE* 估值大概为 22 倍，巴菲特自己也认为这个并购价格是天价。显然，这次并购并不是单单看上了盖可的盈利能力，而是这个并购为伯克希尔·哈撒韦带来了 30 亿美元的浮存金。这笔并购的实质相当于这样一笔交易：拿 23 亿美元去购买一个能够产生年化回报率超过 20% 的投资标的，同时白送一笔 30 亿元的零息永续负债，这笔负债既不用还利息，也不用还本金。

---

① 罗伯特·哈格斯特朗, 罗素·罗兹. 巴菲特之道（学习篇）[M]. 杨之南, 译. 北京: 机械工业出版社, 2015:172.

参考文献

著 作

[1] 罗尔夫·多贝里 . 清醒思考的艺术 [M]. 朱刘华 , 译 . 北京 : 中信出版社 , 2013.

[2] 威廉·佩珀雷尔·蒙塔古 . 认识的途径 [M]. 吴士栋 , 译 . 北京 : 商务印书馆 , 2012.

[3] 黄帝内经 [M]. 北京 : 中华书局 , 2003.

[4] 霍华德·马克斯 . 投资最重要的事 [M]. 李莉 , 石继志 , 译 . 北京 : 中信出版社 , 2012.

[5] 陈克艰 . 上帝怎样掷色子 : 因果性、概率与归纳 [M]. 成都 : 四川人民出版社 , 1987.

[6] 纳特·西尔弗 . 信号与噪声 [M]. 胡晓姣 , 张新 , 朱辰辰 , 译 . 北京 : 中信出版社 , 2013.

[7] 布鲁斯·罗林布鲁斯 , 弗雷德·库特纳 . 量子之谜 : 物理学遇到意识 [M]. 向真 , 译 . 长沙 : 湖南科学技术出版社 , 2013.

[8] 罗伯特·希勒 . 市场波动 [M]. 文忠桥 , 卞冬 , 译 . 北京 : 中国人民大学出版社 , 2007.

[9] 安迪·格鲁夫. 只有偏执狂才能生存 [M]. 安然，张万伟，译. 北京：中信出版社，2002.

[10] 罗森维. 光环效应：何以追求卓越　基业如何长青 [M]. 张湛，译. 北京：北京师范大学出版社，2007.

[11] 罗伯特·西奥迪尼. 说服力：说明他人的 50 个秘密 [M]. 冯银银，译. 天津：天津教育出版社，2009.

[12] 阿伦·拉奥，皮埃罗·斯加鲁菲. 硅谷百年史：伟大的科技创新与创业历程 (1900-2013)[M]. 闫景立，侯爱华，译. 北京：人民邮电出版社，2014.

[13] E.M. 罗杰斯. 创新的扩散 [M]. 唐兴通，郑常青，张延臣，译. 北京：电子工业出版社，2016.

[14] 卡萝尔·卢米斯. 跳着踢踏舞去上班 [M]. 张敏，译. 北京：北京联合出版公司，2017.

[15] 刘慧敏. 未来蓝筹：中国行业龙头研究 [M]. 北京：社会科学文献出版社，2002.

[16] 梅拉妮·米歇尔. 复杂 [M]. 唐璐，译. 长沙：湖南科学技术出版社，2011.

[17] 赵李南. 中国的房地产业向何处去 [M]. 桂林：广西师范大学出版社，2018.

[18] 艾丽斯·施罗德. 滚雪球 [M]. 覃扬眉，丁颖颖，张万伟，等译. 北京：中信出版社，2009.

[19] 马克·鲁宾斯坦. 投资思想史 [M]. 张俊生，曾亚敏，译. 北京：机械工业出版社，2012.

[20] 约翰·博格. 共同基金常识 10 周年纪念版 [M]. 巴曙松，吴博，等译. 北京：中国人民大学出版社，2011.

[21] 罗格·洛温斯坦. 赌金者：长期资本管理公司的升腾与陨落 [M]. 孟立慧，译. 上海：上海远东出版社，2017.

[22] 乔治·索罗斯. 金融炼金术 [M]. 孙忠，侯纯，译. 海口：海南出版社，1999.

[23] 乔治·索罗斯. 开放社会：改革全球资本主义 [M]. 王宇，译. 北京：商务印书馆，2001.

[24] 史玉柱. 史玉柱自述：我的营销心得 [M]. 北京：同心出版社，2013.

[25] 弗洛伊德·诺里斯，克里斯汀·伯科尔曼.《纽约时报》100 年 [M]. 曹珍芬，等译. 北京：中国财政经济出版社，2002.

[26] 罗伯特·J. 希勒. 非理性繁荣 [M]. 廖理，施红敏，译. 北京：中国人民大学出版社，2004.

[27] 本杰明·格雷厄姆. 聪明的投资者 [M]. 王中华，黄一义，译. 北京：人民邮电出版社，2010.

[28] 米尔顿·弗里德曼，安娜·J. 施瓦茨. 美国货币史 [M]. 巴曙松，王劲松，等译. 北京：北京大学出版社，2009.

[29] 艾尔弗雷德·拉帕波特，迈克尔·J. 莫布森. 预期投资 [M]. 王志强，译. 上海：商务印书馆，2008.

[30] 郭士纳. 谁说大象不能跳舞 [M]. 北京：中信出版社，2010.

[31] 三谷宏治. 商业模式全史 [M]. 马云雷，杜君林，译. 南京：江苏凤凰文艺出版社，2016.

[32] 中国科学院经济研究所世界经济研究室. 主要资本主义国家经济统计集（1848-1960）[M]. 北京：世界知识出版社，1962

[33] 克雷顿·克里斯滕森. 创新者的窘境 [M]. 吴潜龙，译. 南京：江苏人民出版社，2001.

[34] 克莱顿·M. 克里斯坦森，迈克尔·E. 雷纳. 困境与出路：企业如何制定破坏性增长战略 [M]. 容冰，译. 北京：中信出版社，2004.

[35] 张学文. 熵气象学 [M]. 北京：气象出版社，1992.

[36] 小艾尔弗雷德·D. 钱德勒. 看得见的手 [M]. 重武，译. 北京：商务印书馆，1987.

[37] 希瑟·布里林特，伊丽莎白·柯林斯. 投资的护城河：晨星公司解密巴菲特股市投资法则 [M]. 汤光华，张坚柯，罗维，译. 北京：人民邮电出版社，2016.

[38] 钱德勒. 塑造工业时代 [M]. 罗仲伟，译. 北京：华夏出版社，2006.

[39] 迈克尔·库赫. 为什么我们会上瘾：操纵人类大脑成瘾的元凶 [M]. 王斐，译. 北京：中国人民大学出版社，2017.

[40] 亚伯拉罕·马斯洛. 动机与人格 [M]. 许金声，等译. 北京：中国人民大学出版社，2007.

[41] 战后日本经济编写组. 战后日本经济 [M]. 上海：上海人民出版社，1973.

[42] 汤姆·彼得斯，罗伯特·沃特曼. 追求卓越 [M]. 胡玮珊，译. 北京：中信出版社，2009.

[43] 詹姆斯·C. 柯林斯，杰卫·I. 波拉斯. 基业长青 [M]. 真如，译. 北京：中信出版社，2009.

[44] 老子. 道德经 [M]. 西安：陕西人民出版社，1999.

[45] 彼得·考夫曼. 穷查理宝典 [M]. 李继宏，译. 上海：上海人民出版社，2010.

[46] 杰克·韦尔奇，苏茜·韦尔奇. 赢 [M]. 余江，玉书，译. 北京：中信出版社，2005.

[47] 吴清，张洪水，周小全等 . 美国投资银行经营失败案例研究
[M]. 北京 : 中国财政经济出版社 , 2010.

期　刊

[1] 卡斯拉·费尔多斯 . Zara 供应链的极速传奇 [J]. 管理与财富，
2006(06): 41-41.

[2] 田振清，周越 . 信息熵基本性质的研究 [J]. 内蒙古师范大学学报
自然科学 (汉文) 版，2002(4): 347-350.

[3] 雷晓宇 . 刘鸿生 : 实业大亨的红与黑 [J]. 中国企业家，2006(14):
106-110.

[4] 鲁肇元 . 酱油生产技术 (一) 酱油的起源及酱油生产工艺的沿革
[J]. 中国调味品，2002(1): 43-46.

[5] 石梦，黄艳，陈汉文 . 贝尔斯登公司风险管理失败及其启示 [J].
财会通讯，2009(1): 30-33.

[6] 贺鸣 . 衡量牧场的饲料转化率 , 饲料成本和饲料成本收益 [J]. 今
日畜牧兽医 : 奶牛，2016(6): 65-68.

[7]Mankiw N G, Weil D N. The Baby Boom, The Baby Bust, and the
Housing Market[J]. *Regional Science & Urban Economics*, 1989 (19): 235-
258.

[8]Bakun W H, Lindh A G. The Parkfield, California, Earthquake
Prediction Experiment[J]. *Science*, 1985 (229): 619-624.

[9]Bessembinder H. Do stocks outperform Treasury bills?[J].*Journal of
Financial Economics*, 2018, 129(3):440-457.

[10]Schindler R M. Schindler.The Real Lesson of New Coke: The Value of Focus Groups for Predicting the Effects of Social Influence[J].*Marketing Research*, 1992, 4(4):22-27.

[11]Myoung C, Bassel Rifai and Pasha Sarraf. Pharmaceutical forecasting:throwing darts?[J]. *Nature*, 2013, (12): 737-738.

[12]Donoghoe N, Duane J, Kim J, et al. Pulling away from the pack in drug launches.[J]. *Nature Reviews Drug Discovery*, 2017, 16(11):749-750.

[13]Susan H, Rebecca H. Management Practices, Relational Contracts, and the Decline of General Motors[J]. *Social Science Electronic Publishing*, 2014, 28 (1) :49-72.

[14]Dustin S, Robert D. The Drunken Monkey Hypothesis[J]. *Natural History*, 2004, (10): 40.

报纸及电子文献

[1] 分享 "钢铁红利" 世界钢铁业下一里程碑在中国？ [N]. 中国工业报，2007-03-27(02).

[2] 连续 16 个月下滑：澳门深度调整 [N].21 世纪经济报道，2015-10-26(013).

[3] 丁立威，丁乡 . 驴皮资源趋紧 阿胶价格攀升 [N]. 中国中医药报，2004-05-26(023).

[4] 徐婷婷 . 阿胶价格疯涨 驴皮稀有难求 [N]. 健康时报，2017-03-31(023).

[5] 徐慧，武媛媛 . 否认压制粮农 茅台称已涨高粱收购价 [N]. 北京商报，2018-02-01(004).

[6] 魏桥. 高粱价格或将保持上涨态势 [N]. 新农村商报，2017-11-15(09).

[7] 吴晓鹏. 直击 FCIC 听证会：巴菲特出庭力挺评级机构 [N]. 21 世纪经济报道，2010-06-03(001).

[8] 中荷奶业发展中心. 中国奶业白皮书 2014[R/OL].（2015-02-04）[2018-10-08] http://sdddc.org/down/detail-103.aspx,2015-02-04.

[9] 汤玮亮，张宇光，王俏怡. 赏真茅台，赚明白钱 [EB/OL].（2016-03-11）[2018-10-08]. http://vip.stock.finance.sina.com.cn/q/go.php/vReport_Show/kind/lastest/rptid/3159121/index.phtml.

[10] 习风. 茅台价格上涨 80%？答曰：差不离！ [EB/OL].（2011-08-05）[2015-02-04] http://sdddc.org/down/detail-103.aspx.

[11]Shiller R J. Price-Earnings Ratios as Forecasters of Returns:The Stock Market Outlook in 1996[EB/OL].（2016-03-11）[2018-11-20] http://www.econ.yale.edu//~shiller/data/peratio.html.

[12]Kauflin J. America's Top 50 Companies 1917-2017[EB/OL].（2016-03-11）[2018-11-20] www.forbes.com.

[13]Rappaport A. Tips for Investing in Internet Stocks [N]. *Wall Street Journal*, 2000-02-24.

[14]Waters M. China Huishan Dairy (6863 HK): A Near Zero.[EB/OL]. (2016-12-18)[2018-10-12]https://www.muddywatersresearch.com/company/huishan/.

[15]Buffett W.A Discussion of Mr. Warren Buffett with Dr. George Athanassakos and Ivey MBA and HBA students [EB/OL]. (2008-03-31)[2018-10-06].https://www.ivey.uwo.ca/cmsmedia/2809438/buffett-2008.pdf.

执行力

执行力可以列为投资的第五支柱,本书总结的四大投资支柱包括:认识的途径、市场的本质、商业的本质和风险控制。这四大支柱大部分都是停留在分析层面的,主要由我们的大脑完成。但这四个支柱完成后,离赚钱还差一步,就是执行。中国有句古话叫"行百里者半九十",即目标是走一百里路,当走到九十里时,实际上仅仅完成了一半。同理,完成我们大脑中的分析,也仅仅是完成了一半,剩下的一半是执行。

二战时期,英国的间谍完成了很多看似根本无法完成的任务,凭借的就是坚决的执行力。如果按执行力去对职业进行排序,位列第一位的绝对是间谍。电影《冒充者》(*The Man Who Never Was*)改编自二战历史上一个真实的谍战故事。英国海军情报处的上尉尤恩·蒙塔古在1943年收到上级的一个任务:"利用任何手段,让德军相信英军不会在意大利的西西里岛登陆。"这是一个几乎不可能完成的任务,因为在当时的情形下,傻子都知道英军会在意大利西西里岛登陆。

正是这种众人皆知的事实,有了一定的发挥空间。蒙塔古需要构建一个计划,使得德军统帅希特勒认为:西西里岛的目标太过明显,英军要放弃在西西里岛登陆,英军的主要登陆地点是撒丁岛。经过分析与论证,最终蒙塔古的计划是让一具死尸伪装成意外身故的"马丁少校"。而这个"马丁少校"身上带了一份绝密文件，这份文件是英军总参谋部的实权人物皮尔德·奈副总参谋长给英国驻北非突尼斯的远征军司令部华德·亚历山大将军写的一封亲笔信。这封信的主要内容是向亚历山大推荐"马丁少校"，字里行间暗示着"马丁少校"将是亚历山大将军登陆撒丁岛作战的得力干将。这个造假是系统性的，包括"马丁少校"的父亲、未婚妻、住所、邻居等，全部造假一遍。德国的盖世太保经过各方面消息来源的核实后，还以为自己真的发现了英军的重大秘密，最终，这具尸体和这封信影响到了希特勒的大脑，进而也影响到了德军的军力部署。据估计，这一策略的有力执行挽救了大约 3 万英国军人的生命。

这个案例充分证明了执行力的重要性，整个计划耗时 4 个月时间，经过周密的部署，凭空伪造了一个不存在的人，并要考虑到每个执行的细节，应对盖世太保的核对。同样，我们在投资过程中也面临执行力问题，根据经验，投资过程中的最大执行障碍主要是恐惧，因恐惧买入的投资并不是一个好的投资。因为估值高的时候买入肯定是错的，而估值低的公司基本面肯定有点问题。虽然，我们能够通过科学的分析，进行第二层次思维的相关活动，但是具体执行时仍然面临我们动物性思维方式的考验。关于这点，并没有很好的解决方案。能做到的只是在分析过程中，我们所做出的假设要尽量严苛，并且考虑周密，形成一个检查清单。类似飞行员的做法，在每次飞机起飞之前仔细地根据检查清单核对每一条内容。一旦我们决定对某个标的投资，就要坚决地下注。对于把握性大、商业前景稳定的标的，要下大注、拿得久。

2018 年春
于厦门